Sicher anlegen in der Krise

Ein Ratgeber von Finanztest

Die Deutsche Nationalbibliothek verzeichnet diese Publikation in der Deutschen Nationalbibliografie; detaillierte bibliografische Daten sind im Internet über http://dnb.d-nb.de abrufbar.

1. unveränderter Nachdruck 2009

ISBN: 978-3-86851-307-3

Liebe Leserin, lieber Leser,

so schnell verändert sich die Welt. Ende Juni 2007 noch stand der Dax bei 8 000 Punkten und der Vorstand der IKB schickte sich an, das beste Geschäftsjahr aller Zeiten zu verkünden. Seine Bank war zu diesem Zeitpunkt fast zweieinhalb Milliarden Euro wert.

Knapp eineinhalb Jahre später – Ende 2008 – hat sich der Dax fast halbiert und die IKB ist ein Trümmerhaufen. Auch 30 000 Verbraucher leiden Not. Sie kommen nicht mehr an ihr Geld heran, das sie vermeintlich sicher auf isländischen Tagesgeldkonten angelegt haben. Menschen, die ihrem Bankberater vertrauten, haben gelernt, dass „Zertifikat" kein neues Wort für „Sparkonto" ist. Es bezeichnet eine riskante Wette am Finanzmarkt. Trotzdem liegen viele dieser Papiere in den Depots konservativer Anleger und bringen Verluste.

Wir alle haben gelernt, dass auch Banker Finanzprodukte kaufen, die sie selbst nicht begreifen, und dass sie sich gegenseitig nicht mehr über den Weg trauen, sobald die Luft dünn wird. Die Geldflüsse zwischen den Banken versiegen und die Banker haben mit ihrem Leichtsinn ganze Volkswirtschaften an die Klippe geführt.

Und doch können die meisten Sparerinnen und Sparer in Deutschland sagen: Es ist noch einmal gut gegangen. Die Spargroschen vieler Menschen sind über Einlagensicherungsfonds mehrfach gesichert, notfalls springen sogar die Kanzlerin und ihr Finanzminister in die Bresche. Auch um unsere vom Staat geförderte Altersvorsorge müssen wir uns wenig Sorgen machen und die Zinsen auf deutschen Tagesgeldkonten steigen. Immerhin.

Mit der Beratung in Banken allerdings ist es schwierig. Banken beraten nicht, sie verkaufen lieber. Deshalb haben wir Redakteure und Wissenschaftler bei Finanztest für Sie zusammengetragen, wie es jetzt sicher weitergehen kann. Wir wollen ihnen auf 176 Seiten unsere besten Tipps und Ratschläge für die Zukunft geben.

Außerdem möchten wir Sie beglückwünschen. Sie haben in Krisenzeiten ruhig agiert und damit auch für ein kleines Stück mehr Sicherheit gesorgt. Anders als viele hektische Finanzjongleure, die unser Finanzsystem an den Rand des Kollapses geführt haben.

H.-J. Tenhagen

Hermann-Josef Tenhagen, Chefredakteur Finanztest

Inhalt

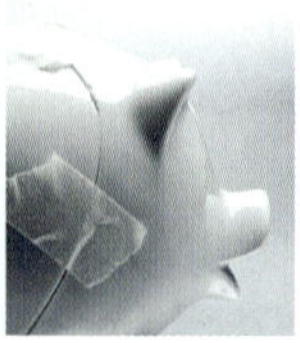

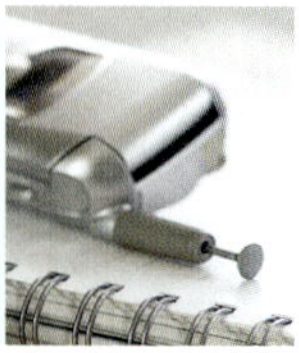

85 Wertpapiere im Anlagecheck

115 Krisensichere Altersvorsorge

139 Strategien für Anleger

161 Service

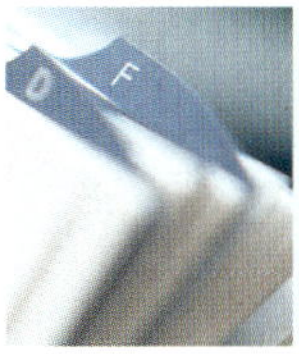

Finanzkrise früher und heute

Finanzkrisen zu allen Zeiten

Moderne Wirtschaftsgeschichte ist eine Abfolge von Krisen und Spekulationsblasen. Ihren Ausgang nahmen und nehmen die Krisen zumeist dort, wo Handel stattfindet – an der Börse.

Bereits im Jahr 1111 trafen sich in der toskanischen Stadt Lucca regelmäßig die Händler der Gegend. Im 14. Jahrhundert blühten dann die Handelsplätze in Pisa, Venedig, Florenz und Genua. Seit Anfang des 15. Jahrhunderts hießen die Handelsplätze dann Börsen. Denkbar ist, dass sich der Name vom Treffpunkt italienischer Geldwechsler in Brügge ableitet, der sich nahe des Hauses der Familie van der Beurse befand. Auf dem Gebiet des heutigen Deutschland kennen wir eine Börse seit dem Jahr 1540. Am Augsburger Sitz des Handels- und Bankhauses der Fugger versammelten sich Waren- und Edelmetallhändler, um an diesem Schnittpunkt wichtiger Handelsrouten Geschäfte zu machen.

Bankenpleiten infolge von Finanzmarktkrisen sind nichts Neues. Sie begleiten die Europäer seit Jahrhunderten. Das Bankhaus Fugger überstand als Hauptgeldgeber des Adelsgeschlechts der Habsburger zwei Staatsbankrotte der spanischen Krone. Den dritten im Jahre 1607 meisterten die Augsburger Bankherren nicht mehr. Mit Außenständen von mehr als 8 Millionen Dukaten gingen sie in die Pleite.

Kaum zu glauben: Tulpenzwiebeln bescherten Holland vor 370 Jahren die erste Finanzkrise.

Der „Neue Markt" des Barockzeitalters

Die Länder Spanien und Portugal als Hauptimporteure von Silber und Gold waren zu jener Zeit zwar mächtig. Durch Handel und Wandel reich wurden aber zunächst die liberalen Holländer. Sie ließen im ersten Drittel des 17. Jahrhunderts den Börsenirrsinn erstmals richtig blühen. Ihr Spekulationsobjekt: Tulpenzwiebeln.

Man kann sie nicht essen und die Pflanze selbst lässt nach ein paar Tagen die Blätter hängen. Dennoch wurde die Tulpenzwiebel zum Gegenstand übertriebener Spekulationen. Eine Tulpen-Manie entwickelte sich im beginnenden Barockzeitalter. Menschen zahlten Höchstpreise für Zwiebeln, ohne wirklich zu wissen, ob je eine Schönheit daraus erwachsen würde. Die Situation glich dem 360 Jahre später boomenden „Neuen Markt", in dem alle Welt Aktien von Firmen kaufte, die kaum mehr als eine Hightech-Idee an die Börse brachten. Ende der 1990er Jahre reichte es, wenn diese Ideen etwas mit Computer, Internet oder Handy zu tun hatten.

Damals waren die Tulpen aus Amsterdam noch keine Massenware. Von den ersten mehrfarbigen Züchtungen gab es jeweils nur wenige Zwiebeln. Weil aber wohlhabende holländische Kaufleute mit der schicksten Tulpe angeben wollten, stiegen die Preise für Tulpenzwiebeln rasant. Wer in der einen Saison keine Zwiebel abbekam, kaufte an den Terminbörsen die Zwiebeln des nächsten oder des übernächsten Frühjahrs, nur um diese Optionen kurz darauf mit riesigen Gewinnen weiterzuverkaufen. Bauern und Dienstmädchen konnten sich ganze Zwiebeln nicht leisten. Also erstanden sie Anteile von Zwiebeln oder Anteile an der bloßen Hoffnung, später einmal den Bruchteil einer Zwiebel ihr Eigen nennen zu dürfen. Besondere Gesetze entstanden, die die Zwiebelhändler schützten.

Die berühmte Tulpenzüchtung „Semper Augustus" kostete im Jahr 1624 noch 1200 Gulden. Ein Jahr später war sie 3000 Gulden wert und 1636 musste man 4600 Gulden, eine neue Kutsche sowie zwei komplett ausgestattete Pferde für die tolle Knolle zahlen. Überliefert ist aus diesem Jahr auch der Tauschwert für eine Zwiebel der Sorte „Vizekönig": 24 Wagenladungen Korn, 8 Mastschweine, 4 Kühe, 4 Fässer Bier, 1000 Pfund Butter und mehrere Tonnen Käse. Ein Jahr später gab ein Brauer für drei Tulpenzwiebeln seine Brauerei in Utrecht hin, deren Wert seinerzeit auf 30000 Gulden geschätzt wurde – nach heutiger Kaufkraft rund drei Millionen Euro.

Am 3. Februar 1637 kam es dann zu einer denkwürdigen Auktion in der Stadt Haarlem. Versteigert werden sollten einige Tulpenzwiebeln. Doch die wollte plötzlich niemand haben. Die Nachricht davon verbreitete sich sofort und nun wollten alle ihre Zwiebeln und Zwiebelkaufoptionen schnellstens loswerden. Der Preis fiel um 95 Prozent. Damit hatte die Vernunft gesiegt, doch halb Holland war verarmt. Für Spekulationsgeschäfte gab es auch damals keine Einlagensicherung.

1719: Die Südseeblase der South Sea Company platzt

Immerhin, die Zwiebeln gab es tatsächlich. Dass sich aber auch aus noch weniger als Tulpenzwiebeln eine hübsche Spekulationsblase blähen ließ, zeigten die Engländer etwa 80 Jahre später. 1719 bot die Aktiengesellschaft „South Sea Company" der britischen Regierung an, große Teile ihrer Staatsschulden zu übernehmen, wenn sie im

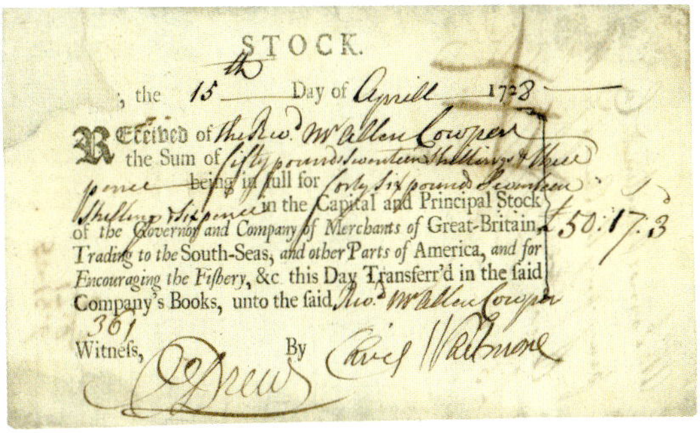
STOCK.

, the 15th Day of Aprill

Received of the Rev. Mr Allen Cowper the Sum of fifty pounds … being in full for forty six pounds … in the Capital and Principal Stock of the Governor and Company of Merchants of Great-Britain, Trading to the South-Seas, and other Parts of America, and for Encouraging the Fishery, &c this Day Transferr'd in the said Company's Books, unto the said Rev. Mr Allen Cowper

£50:17:3

361

Witness, By

Zuerst stieg die Aktie der South Sea Company rasant, dann soff sie ab. Anfang des 18. Jahrhunderts beflügelte die Company die Träume der Briten. Südseeschätze wollte sie heben. Doch tatsächlich versenkte die Company nur das Geld der Anleger.

Volksaktien kurz vor dem Crash

Dass eine Firma noch kurz vor dem Platzen einer Spekulationsblase neue Aktien auf den Markt wirft, kennen auch die Anleger in der Gegenwart. 1996 brachte die Deutsche Telekom ihre „Volksaktie" unter die Leute und legte 1999 und 2000 mit weiteren Tranchen nach. Anleger kam das teuer zu stehen. Die Telekom versprach zwar keine Übersee-Schätze und ein Geschäftsmodell hat sie auch. Doch mit dem Platzen der Hightech-Blase im Jahr 2000 ging der Kurs trotzdem in den Keller. Die Frage, ob die Telekom Anleger korrekt über den wahren Firmenwert informierte, ist immer noch Gegenstand eines Gerichtsprozesses.

Gegenzug ihr Kapital unbegrenzt erhöhen dürfe. Anschließend streuten die Verantwortlichen des Unternehmens Gerüchte von Schätzen in der Südsee, die die Company zu heben gedenke. Zwar mahnten Zeitgenossen, dass der Pazifik zu dieser Zeit von Spaniern und Holländern, Franzosen und Portugiesen beherrscht würde. Doch die South Sea Company tischte den Zweiflern Lügen von angeblichen Verträgen mit Spanien auf.

Den Gierigen unter den Briten war es egal. Im Windschatten der Südseevermarkter schmissen sich weitere Aktiengesellschaften an die euphorisierten Engländer heran. Eine versprach die Lösung aller Energieprobleme durch den Abbau großer Kohlevorkommen unter Wasser, eine andere versprach gar ein Perpetuum mobile zur Energieerzeugung. Geradezu visionär wirkt das Marketing einer weiteren Firma. Sie teilte Anlegern lediglich mit, dass ihre Unternehmung zwar nützlich sei, aber leider geheim bleiben müsse. Die Papiere fanden dennoch reißenden Absatz.

Am stärksten aber grassierte das Südseefieber. Der Kurs der South Sea Company hob ab, und die Gesellschaft gab immer neue Aktien aus. Mal eine Million Stück zu 300 Pfund, mal 1,5 Millionen zu 400 Pfund. Auch Neuzeichnern versprach sie eine Dividende von 10 Prozent, die Mitte des Jahres 1720 ausgeschüttet werden sollte. Als der Kurs über 1 000 Pfund angelangt war, bekamen die Direktoren kalte Füße. Sie begannen zu verkaufen. Jetzt dämmerte es auch Anlegern, dass kein Unternehmen in der Südsee Geld verdienen konnte, wenn niemals ein Schiff dorthin aufbrach. So schnell, wie eine Sternschnuppe über den Horizont rast, fiel der Aktienkurs der South Sea Company um 88 Prozent.

?

Warum kommt es immer wieder zu Krisen und Börsencrashs?
Börsen sind geprägt von Hoffnungen und Fehleinschätzungen. Mitunter steigt die Anlegereuphorie zu sehr und die Kurse entfernen sich von den wahren Werten, die sie verkörpern. Haben dann alle Begeisterten Aktien, sinkt die Nachfrage. Die Stimmung kippt, die Kurse brechen ein. Alle wollen ihre Gewinne sichern und verkaufen.

Vom Crash 1818 zur Dienstmädchen-Hausse

Wachstumseuphorie verleitetet nicht nur Aktionäre, sondern auch Politik und Wirtschaft zur Unvorsichtigkeit. Im März 1817 zog die 1792 gegründete New York Stock Exchange in die Wall Street, um gleich darauf ihre erste große Krise zu erleben. Die jungen Vereinigten Staaten von Amerika boomten und die damalige amerikanische Staatsbank (Second Bank of America) sowie die Banken der einzelnen Staaten drängten den Menschen in einer beginnenden Inflation Kredite auf, ohne Sicherheiten zu verlangen. Zudem durften Kunden ihre Konten großzügig überziehen und kauften Aktien auf Pump. Als die Staatsbanken reagierten und die Kreditvergabe einschränkten, fehlte den Amerikanern das Geld, alte Schulden durch neue zu tilgen. 1818 kam es zum Crash. Niemand konnte mehr investieren, Preise und Einkommen brachen ein. Tausende konnten ihre Kredite nicht bedienen und wanderten in die Schuldgefängnisse.

Das Wechselspiel von Wirtschaftswachstum, sorgloser Kreditvergabe zum Anheizen des Wachstums und dem anschließenden Katzenjammer ist ein klassisches Muster. Es ist in der aktuellen Finanzkrise genauso sichtbar wie in jenen Marktverwerfungen zu Beginn des zwanzigsten Jahrhunderts, die als Weltwirtschaftskrise in die Geschichte eingingen.

Bevor es dazu kam, verhießen die goldenen Zwanzigerjahre unaufhaltsames Wachstum. Die Fließbandproduktion machte Autos zu Produkten für den amerikanischen Massenmarkt, das Radio verbreitete Optimismus und der neue Tonfilm sorgte für Unterhaltung. Die Industrieproduktion stieg zwischen 1921 und 1928 um 4 Prozent im Jahr. Die Inflation war niedrig, die Zinsen auch und die Kurse an der Wall Street kannten nur eine Richtung – aufwärts.

Nicht nur Autos wurden zum Allgemeingut, auch Aktien galten als schick. Der Dow-Jones-Index stieg von 110 auf 150 Punkte. Weil davon auch Menschen mit geringem Einkommen profitieren wollten, hieß der Boom bald „Dienstmädchen-Hausse". Die neue Klientel ließ vor allem die Finanzbranche blühen. Anfang des Jahrzehnts agierten etwa 40 Investmentgesellschaften den Markt, 1927 gab es 300. Alle verdienten gut. 1928 stand der Dow Jones bei 300 Punkten und im Vertrauen auf ewig steigende Börsenkurse nahmen viele Anleger Kredite auf, um Aktien zu kaufen. Sie rissen den Aktienhändlern die Neuemissionen förmlich aus den Händen. Als die Investmentgesellschaft Goldman, Sachs & Company 1904 an die Börse ging, kostete deren Aktie 104 Dollar. Kein Jahr später stand der Kurs bei 222 Dollar.

„Für 100 Dollar gehört dieser Wagen Ihnen. Benötige Bargeld. Habe alles an der Börse verloren." In der Krise von 1929 halbierten sich die Börsenkurse der wichtigsten US-Unternehmen. Viele Menschen verloren Hab und Gut. Manch einer ging mit seiner Not auf die Straße.

1929: Schwarzer Donnerstag an der Wallstreet

Doch nach ersten Kursrückgängen im September 1929 forderten viele Banken ihre Schuldner auf, ihre als Kreditsicherheit hinterlegten Aktien zu verkaufen. Ende Oktober stand der Dow Jones leicht unter 325 Punkten. Am 24. Oktober, einem Donnerstag, begann der Handel an der Wall Street mit zahlreichen solcher Zwangsverkäufe. Doch für die Menge der Aktien fanden sich nicht genug Käufer. Die Kurse sanken. Das alarmierte andere Anleger, die nun ebenfalls verkaufen wollten. Ohne elektronische Handelssysteme konnte die Börse die Geschäfte nicht zügig abwickeln. Mit vielen Stunden Verspätung kam die Meldung, dass der Dow Jones auf 299 Punkte gefallen war.

Auf diesen Schwarzen Donnerstag folgten weitere schwarze Tage. Die sinkenden Kurse brachten immer mehr Kredite in Gefahr und immer mehr Banken forderten von immer mehr Schuldnern, ihre Depots aufzulösen. Obwohl Präsident Hoover die Nation beschwor, „die primäre Wirtschaft", also die Herstellung und Distribution von Gütern, funktioniere prächtig, war der Herdentrieb stärker. Am 29. Oktober 1929 rauschte der Dow Jones auf 230 Punkte nach unten, am 13. November erreichte er den Tiefststand von 198 Punkten. Die im Dow Jones gelisteten 30 größten Unternehmen der USA hatten innerhalb von zwei Monaten fast die Hälfte ihres Werts verloren. Das am Aktienmarkt vernichtete Kapital fehlte in der Nachfrage der „primären Wirtschaft", heute würde man von Realwirtschaft sprechen. Von den sinkenden Einkommen konnten Unternehmen und Privatleute ihre Schulden nicht zurückzahlen. Die Krise war da.

In Deutschland war die Zeit nach dem Ersten Weltkrieg von einer unkontrollierbaren Inflation geprägt. Reparationszahlungen an ehemalige Kriegsgegner und der Gebiets- und Bevölkerungsverlust belasteten die Wirtschaft schwer. Nur durch den Einsatz der Notenpresse war die Weimarer Republik in der Lage, ihre Verpflichtungen zu erfüllen. So kostete im Juni 1923 ein halbes Pfund Butter 7000 Reichsmark. Im Oktober kostete ein Liter Milch 5,4 Millionen Reichsmark und ein Brief wurde für zwei Millionen befördert.

Viele kleine Leute konnten nun mit dem Geld ihrer Sparbücher nichts mehr kaufen. Wer Sachwerte wie Immobilien besaß, dem ging es besser. Auch Menschen mit hohen Schulden profitierten. Mit dem Inflationsgeld konnten sie die leicht zurückzahlen. Sogar Aktionäre von Firmen, die die Krise überstanden, gewannen, wenn auch mit Verspätung. Als sich die Situation erholte, hatten sie Unternehmensanteile im Depot, die zumindest zeitweise wieder etwas wert waren.

Doch die amerikanische Krise von 1929 kam auch nach Europa. Amerikanische Banken forderten von den europäischen Ländern, ihre aus dem Ersten Weltkrieg rührenden Schulden zu begleichen. Gleichzeitig zogen amerikanische Investoren ihr Geld aus Europa ab. Daraufhin trieben auch die europäischen Banken ihre Außenstände ein und viele Länder errichteten Zollschranken, um die heimische Industrie zu schützen. Der internationale Kapitalfluss brach ab und bis 1932 nahm das Welthandelsvolumen um 25 Prozent ab.

Durch den Boom der 20er Jahre verführt, hatten viele Banken ihr Geld langfristig angelegt. Die Auslandsschulden waren aber meist kurzfristig. So gerieten viele Banken mit der Rückzahlung in Not. Einen ähnlichen Fehler hat in der aktuellen Finanzmarktkrise die Deutsche Pfandbriefbank begangen, die damit ihre Konzernmutter, die Hypo Real Estate Bank, in Existenznot brachte.

Damals waren Banken aber nicht so leicht zu retten wie heute. In Deutschland löste die Pleite der Darmstädter und Nationalbank 1931 Panik aus. Die Menschen hoben bei der bedeutenden Privatbank ihr Spargeld ab und verschlimmerten so die Krise. Die Reichsbank musste viele Institute stützen. Per Notverordnung gründete die deutsche Regierung eine Bankenaufsicht, die es zuvor nur für Sparkassen und Hypothekenbanken gegeben hatte.

Juli 1931: Empörte Kunden der Darmstädter und Nationalbank (Danatbank) in Berlin verlangten ihre Ersparnisse zurück. Doch die ehemals bedeutende Bank konnte nicht mehr zahlen. Die Weltwirtschaftskrise, die 1929 begann, hatte sie lahmgelegt. Kurz zuvor hatte die österreichische „Creditanstalt für Handel und Gewerbe" ihre Schalter geschlossen und Deutschlands größter Textilkonzern hatte die Insolvenz gemeldet.

An den Börsen ging derweil die Talfahrt weiter. Im Juli 1932 fiel der Dow Jones auf 41 Punkte und erreichte das Niveau von 1896. In Deutschland wurden die Börsen im Juli 1931 sogar geschlossen. Nach der Wiedereröffnung im September blieb die Erholung aus. Im Dezember lagen die Kurse 70 Prozent unter dem Niveau von 1929. Der neue amerikanische Präsident Roosevelt begegnete dem Fiasko ab 1932 mit Investitionsprogrammen. Das beflügelte den Dow Jones, doch die Situation blieb wackelig. In den 30er Jahren schlugen die Börsen immer wieder weit in beide Richtungen aus.

Schon während des Zweiten Weltkriegs planten die Alliierten für die Zeit danach. Sie konstruierten ein Weltfinanzsystem, das Krisen wie die der 20er- und 30er-Jahre verhindern sollten. Es entstanden der Internationale Währungsfonds und die Weltbank, die seither über die Stabilität des Weltfinanzsystems wachen.

Schwarzer Montag 1987

An nur einem Tag stürzte der Markt ab.

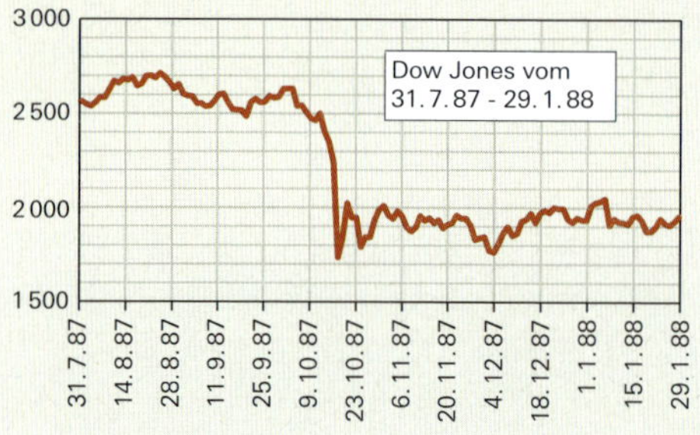

Ein schwarzer Montag im Jahr 1987

Dass die neuen Mechanismen und die Zusammenarbeit der demokratischen Staaten während des Kalten Krieges das Weltfinanzsystem zumindest etwas stabilisiert hatten, zeigte sich im Zuge der Krise von 1987. Am 19. Oktober 1987 verlor der Dow Jones an einem einzigen Tag 508 Punkte und riss die Aktienmärkte der Welt in die Tiefe. Trotzdem kam der Handel schnell wieder auf die Beine.

Die Vorgeschichte dieses Crashs: 1980 wählten die Amerikaner den Republikaner Ronald Reagan zum Präsidenten, der daraufhin die Wirtschaft ankurbelte. Er senkte Steuern und strich staatliche Sozialausgaben zusammen. 1982 zeigte das Wirkung. Die amerikanische Wirtschaft setzte zu einem Höhenflug an und beflügelte die Börsen weltweit. Weil der Dollar im Vergleich zu anderen Weltwährungen wie der Deutschen Mark aber immer stärker wurde, griffen Finanzminister und Notenbanken im Februar 1987 ein. In Paris vereinbarten sie das sogenannte Louvre-Abkommen und werteten den Dollar ab. Die Börsen reagierten verhalten, der Dow Jones sank langsam, aber stetig.

Am 17. Oktober kündigte der amerikanische Finanzminister James Baker dann eine Zinserhöhung an. Auf so etwas reagieren die Börsen in der Regel mit Kursabschlägen, doch diesmal schlug die Stunde der neuen, elektronischen Handelssysteme. Weil viele Anleger ihre Bestände mit sogenannten Stop-Loss-Orders gesichert hatten, wurden am Montag, dem 19. Oktober, viele Aktien automatisch verkauft, nachdem sie die von Anlegern gesetzten Marken nach unten durchbrochen hatten. Eine fatale Automatik übernahm die Börsen. Immer mehr Aktien kamen auf den Markt, die Preise sanken, immer neue Stoppmarken wurden ausgelöst. Am Abend verzeichnete der Dow Jones einen historischen Verlust.

Die Schwäche der Weltleitbörse ließ auch die Kurse der Aktien in Deutschland, Frankreich und Tokio purzeln. Ronald Reagen trat vor die Kameras und erklärte, dass mit der Wirtschaft alles in Ordnung sei. Alan Greenspan, der neue Chef der amerikanischen Notenbank, verkündete immer wieder, dass seine „Fed" den Markt jederzeit liquide halten könne. Das beruhigte die Märkte und die von Reagan angestoßene Hausse ging mit kleineren Unterbrechungen weiter. Seit 1988 konnten die Deutschen das am Dax ablesen, dem deutschen Aktienindex, der auf dem Niveau von 1 000 Punkten startete.

2000: Die Dotcom-Blase zur Jahrtausendwende

1999 führte die Börse mit dem Nemax einen weiteren Index ein. Er bildete den Markt junger, technologieorientierter Firmen ab und ihnen sollte die Zukunft gehören. Das zumindest glaubten viele Medien, Anleger und Firmengründer und ähnlich wie zu Zeiten der holländischen Tulpen-Manie begann ein Run auf die Aktien der Dotcom-Unternehmen. Aktienspekulation wurde in Deutschland zum Volkssport und beim „Neuen Markt" wollten alle dabei sein. Handelssysteme brachen unter dem Ansturm der Anleger zusammen, Kurse stiegen in den Himmel und im März des Jahres 2000 stellten dann die ersten Anleger fest, dass der Kaiser gar keine Kleider anhatte. Der Börsenwert vieler Firmen war nicht durch materielle Gegenwerte gedeckt, sondern bestand oft nur in ideellen Werten wie Marken und Geschäftsideen. Klugen Anlegern war das dann doch zu wenig und sie begannen, ihre Aktien zu verkaufen. Der Kurssturz der Neumarkt-Aktien begann und plötzlich wollten alle wieder raus aus den Unternehmen, denen eben noch die Zukunft gehörte. Das Ende der Krise überlebten viele Firmen nicht und viele Kleinanleger bekamen erstmals zu spüren, wie schmerzhaft es ist, wenn teure Aktien über Nacht zu unverkäuflichen Pennystocks werden.

Die Dotcom-Blase im Jahr 2000

Phantasie, Gier und Hoffnung trieben den Kurs, bis die Blase platzte.

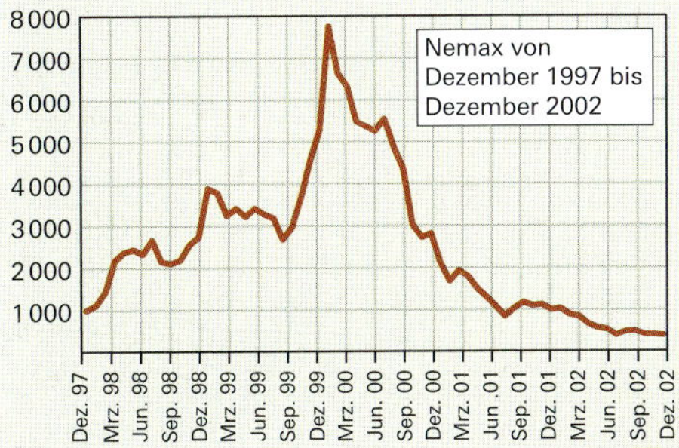

Wie die aktuelle Krise begann

Das Wort „Kredit“ kommt vom lateinischen Verb „credere“ – „vertrauen“. Es ist nicht lange her, da lernten das auch angehende Bankkaufleute. Vertrauen sollten die Bankeleven aber nur Menschen entgegenbringen, die Arbeit und Einkommen haben und schuldenfrei sind. Diese Grundsätze galten nach den Anschlägen des 11. September 2001 aber nicht mehr. Aus Bankkaufleuten wurden Banker.

Der amerikanische Zentralbankchef Alan Greenspan, der die Weltwirtschaft durch die Krise von 1987 gesteuert hatte, wollte einen Einbruch der Konjunktur nach den Terroranschlägen verhindern. Also senkte er den US-Leitzins auf 1 Prozent und machte Geld billig. Die Banken brachten es daraufhin mit vollen Händen unter die Leute. Die US-Wirtschaft boomte, Immobilien waren stark nachgefragt und die Preise stiegen. Hausbesitzer fühlten sich reich und ein Ende der Immobilienhausse war nicht in Sicht. Die Banker verkauften Immobilienkredite an Geringverdiener, Arbeitslose und frisch entlassene Strafgefangene. Drücker zogen von Tür zu Tür und verkauften Geld. Ob es die Kundschaft jemals zurückzahlen würde, war nicht so wichtig, denn die Banker hatten ein neues Geschäftsmodell entdeckt. Sie behielten die Kredite nicht in den eigenen Büchern, sondern verkauften sie, zum Beispiel an Investmentbanken.

Investmentbanker gelten als Künstler der Finanzbranche und aus den wachsweichen Immobilienkrediten schnürten sie verheißungsvolle Päckchen, Überraschungseiern gleich. Mal waren gute Kredite drin, mal schlechte, oft ein bisschen von allem. Die attraktive Verzinsung der Papiere war die Schokoladenhülle, und dass die Eier hohl waren, kaschierten die Investmentbanker mit einem flotten Produktnamen. „Mit Forderungen besicherte Wertpapiere“ hießen die Pakete, auf Englisch „asset backed securities“ – kurz ABS. Das klang sicher. Da auch die Ratingagenturen, die die ABS mitentwickelt hatten, Bestnoten vergaben, griffen alle zu. Banken, Versicherungen, Pensionskassen, Fondsgesellschaften – alle kauften ABS.

Die Bankkaufleute von damals hatten gelernt, dass eine Bilanz die Vermögenslage eines Unternehmens offen darstellen soll. Bilanzwahrheit und Bilanzklarheit waren wichtige Stichworte und das galt stets auch besonders für Banken, die mit dem Geld fremder Leute wirtschaften. Vermögen und Schulden müssen sich die Waage halten, Risiken müssen überschaubar und beherrschbar sein. Die Banker von heute nahmen es mit der Sorgfalt indes nicht so genau. Roch ein Geschäft nach Risiko, platzierten sie es einfach außerhalb der Bilanz. Besonders frech gingen dabei die IKB Deutsche Kreditbank und einige Landesbanken wie die Sachsen LB, die West LB und die Bayern LB vor. „Die öffentliche Hand wird es schon richten", mögen sie sich gedacht haben – wenn sie gedacht haben. Einige Bankvorstände gestanden später, dass sie nicht genau gewusst hätten, wie diese Papiere funktionieren. Doch da war es schon zu spät.

Ende 2005 platzte die Immobilienblase. Um die Inflation abzukühlen, erhöhte die US-Notenbank die Zinsen. Plötzlich wuchsen vielen Hausbesitzern die Raten über den Kopf. Es kam zu Notverkäufen und Zwangsversteigerungen. Immer mehr Häuser kamen auf den Markt, Immobilienwerte sanken. Die Schulden wurden im Vergleich zum Immobilienwert nun nicht kleiner, sondern größer. Zunächst schien das Problem ein rein amerikanisches zu sein, doch zwei Jahre später ging es plötzlich ganz schnell. Mitte Juli 2007 gingen zwei amerikanische Hedgefonds pleite, kurz darauf schlitterte die deutsche IKB am Bankrott vorbei. Dann geriet die Sachsen LB in Schieflage. Einige Geldmarktfonds, die sich auf ABS-Papiere spezialisiert hatten, mussten schließen. Die Überraschungseier stellten sich als vergiftet heraus.

Die Banken in den USA und in Europa begannen, sich zu misstrauen und liehen sich kein Geld mehr. Wie schon in der Weltwirtschaftskrise ab 1929 mussten die Notenbanken mit Milliardenkrediten helfen, um das Bankensystem in Gang zu halten. Dennoch kam es nicht zur Ruhe. Im September 2007 stürmten Kunden die Schalter der britischen Bank Northern Rock und beruhigten sich erst, als der britische Staat für ihre Einlagen garantierte. Dann gab eine Bank nach der anderen zu, dass faule Immobilienkredite auch ihre Bilanzen verpesteten. Die amerikanische Citigroup und die Schweizer UBS erwischte es stärker, die Deutsche Bank weniger. Anfang 2008 schien dann die Welt schon wieder in Ordnung und viele glaubten, dass die Finanzwelt mit einem blauen Auge davongekommen sei. Ein Trugschluss.

Im März zerstört Bear Stearns, eine von einst fünf amerikanischen Investmentbanken, die Beinahe-Idylle. Sie steht kurz vor der Pleite und wird mithilfe von Staatsgarantien in Milliardenhöhe von der Bank JP Morgan übernommen. Nun herrscht fünf Monate lang Ruhe, dann plötzlich geht es Schlag auf Schlag.

2007: Mit notleidenden Krediten amerikanischer Hausbesitzer begann die aktuelle Krise. Als viele Menschen aufgrund steigender Zinsen ihre Raten nicht mehr zahlen konnten, traf das Banken weltweit. Sie hatten die Forderungen gegen die Häuslebauer paketweise erworben. Nun waren sie kaum etwas wert.

- 6. September 2008. Der amerikanische Staat übernimmt die Kontrolle über die Hypothekenfinanzierer Fannie Mae und Freddie Mac.
- 15. September. Die Investmentbank Lehman Brothers beantragt Gläubigerschutz. Die Investmentbank Merrill Lynch wird von der Bank of America geschluckt. Die Börse bricht ein.
- 16. September. Der Versicherer American International Group steht auf der Kippe. Der amerikanische Staat übernimmt ihn.
- 18. September. Die britische Großbank Lloyds TSB übernimmt die angeschlagene Bank HBOS.
- 19. September. Die US-Regierung verspricht ein Rettungspaket im Umfang von 700 Milliarden Dollar. Die Börsenkurse steigen rasant.
- 22. September. Aus den letzten beiden Investmentbanken Goldman Sachs und Morgan Stanley werden normale Geschäftsbanken.
- 25. September. Die US-Regierung verhandelt mit den beiden Präsidentschaftskandidaten über den Rettungsplan – erfolglos.
- 26. September. Auch die größte amerikanische Sparkasse, Washington Mutual, wird zum Opfer der Krise.
- 29. September. Das US-Repräsentantenhaus lehnt den Rettungsplan ab, die Börsenkurse brechen ein. In Deutschland retten Banken und der Bund den Immobilienfinanzierer Hypo Real Estate.
- 3. Oktober. Das Repräsentantenhaus nimmt überarbeiteten Regierungsplan an. Die belgisch-niederländische Bank Fortis schrammt knapp am Bankrott vorbei. Ähnlich ergeht es der Bank Dexia.
- 4. Oktober. Die Hypo Real Estate benötigt mehr Geld als angenommen. Es wird ihr einen Tag später zugesagt. Die deutsche Regierung verkündet eine Garantie für Spareinlagen privater Anleger.
- 7. Oktober. Weltweit stürzen die Börsenkurse ab. Island nimmt drei große Banken unter staatliche Kontrolle.
- 8. Oktober. Die Notenbanken senken die Leitzinsen. Großbritannien verabschiedet ein Rettungspaket von 500 Milliarden Pfund.
- 9. Oktober. Der Dax fällt unter 5 000 Punkte, die Aufsichtsbehörde Bafin verhängt ein Moratorium über die deutsche Niederlassung der isländischen Kaupthing-Bank.
- 13. Oktober. Die Bundesregierung setzt ein Rettungspaket von 480 Milliarden Euro in Kraft. Banken sollen daraus ihr Eigenkapital aufstocken. Dafür will die Regierung bei den Bankgeschäften mitreden.
- 21. Oktober. Die Bayern LB begibt sich unter den Rettungsschirm.
- 28. Oktober. Die Aufsichtsbehörde Bafin stellt den Entschädigungsfall für das deutsche Bankhaus Lehman fest. Einen Tag später wendet sich die Hypo Real Estate an den Rettungsfonds. Weitere Banken folgen in den nächsten Wochen.

Droht uns eine Währungsreform, an deren Ende unsere Ersparnisse völlig wertlos sind?

Theoretisch ist das möglich, aber bislang äußerst unwahrscheinlich. Der Wert des Euro hat zwar zuletzt zum Beispiel gegenüber dem Dollar verloren. Doch die Situation an den Märkten und in den Banken müsste sich noch erheblich verschärfen, damit das Vertrauen in den Euro ernsthaft erschüttert wäre. Entscheidend ist, dass die Europäische Zentralbank ihre Zins- und Währungspolitik unabhängig machen kann. Bisher haben die Währungshüter auch bei ihrem Krisenmanagement streng darauf geachtet, dass das Vertrauen in den Euro nicht schwindet.

Wie stehts um unser Geld?

Was im Sommer 2007 als Immobilienkrise in den USA begonnen hat und anschließend zur Banken- und Vertrauenskrise wurde, ist gegen Ende des Jahres 2008 zu einer weltweiten Wirtschaftskrise geworden. Wohl dem, der sein Geld in Wertpapieren des Bundes angelegt oder das Ersparte zum Beispiel als Tages- oder Festgeld bei einer Bank untergebracht hat. Für solche Einlagen greifen im Fall einer Bankpleite Sicherungen (➔ S. 47) und im Zweifel wollen sogar die Regierenden in Deutschland dafür geradestehen.

Andere Kleinsparer trifft die Krise aber hart. Sie haben Anlagen gewählt, für die die schönen Sicherungen nicht gelten. Sie beklagen hohe Verluste:

- So müssen viele Anleger, die für die Altersvorsorge in Aktienfonds angelegt haben, schmerzliche Kursrückgänge hinnehmen. Es ist heute nicht absehbar, ob und wann sich die Kurse ihrer Fonds erholen. Besonders hart trifft das jene, die bald auf das Geld angewiesen sind, etwa weil sie es als Altersversorgung dringend brauchen.
- Andere haben sich vermeintlich sichere Zertifikate mit jährlichen Zinsen aufschwatzen lassen. Was die Anleger oft nicht wussten: Fallen die Kurse stark, muss der Herausgeber mancher Zertifikate für den Rest der Laufzeit gar keine Zinsen mehr zahlen. So steht es im Kleingedruckten.

- Sogar manche Geldmarktfonds machen plötzlich Miese. Für viele Anleger ist das eine böse Überraschung – gerade wenn der Bankberater zuvor versprochen hatte, dass Geldmarktfonds so sicher seien wie Tagesgeld.
- Rentner, denen Lehman-Papiere als sicheres Investment angedreht wurden, können jetzt nur noch auf einen kleinen Anteil aus der Insolvenzmasse der Bank hoffen. Viele Kunden sind völlig überrumpelt. Sie wussten nicht, dass sie ein Papier von Lehman kauften, sondern glaubten, es sei ein Produkt der Sparkasse um die Ecke. So sahen zumindest manche Werbebroschüren aus. Doch Herausgeber war die US-amerikanische Pleitebank Lehman Brothers.
- Rund 30 000 deutsche Tagesgeld-Sparer fürchten wochenlang um ihr Geld in Island. Sie hatten es bei der Bank Kaupthing Edge angelegt – und die kann nicht mehr zahlen. Auch der isländische Einlagensicherungsfonds springt nicht sofort ein, um die rund 300 Millionen Euro der deutschen Sparer zu ersetzen. Erst Ende November 2008 bahnt sich ein gutes Ende des Spardramas an.

Super-Gau: Pleite der Bank Lehman Brothers

Am Montag, dem 15. September 2008, beantragte die viertgrößte US-Investmentbank Lehman Brothers Holding Inc. die Insolvenz nach dem sogenannten Chapter 11 des amerikanischen Insolvenzrechts.

Das klingt alles sehr amerikanisch, doch es zeigte sich schnell: Die Pleite des Bankhauses ist kein reines US-Problem und auch keines, das hierzulande nur die Banken in Nöte stürzt. Auch in Deutschland haben wahrscheinlich einige Zehntausend Privatleute in Zertifikate der Bank investiert und damit viele Hundert Millionen Euro ins Pleiteunternehmen gesteckt.

Anleihen von Lehman gab es in den Filialen deutscher Sparkassen und Banken – in vielen Varianten mit unterschiedlichen Bedingungen und Laufzeiten. Für die Papiere hatten sich Werbeleute wohlklingende Namen ausgedacht. Verkauft wurden sie zum Beispiel als „Deutschland Garant Anleihe". Ein Name, wie für ewig in Stein gemeißelt. Noch im Juli 2008 warb die DAB-Bank damit um Käufer.

Ewig währt nun aber nicht die Sicherheit der Anleihe, sondern nur der Ärger ihrer Käufer.

Tipp

Fragen Sie die Bank, bei der Sie die Lehman-Papiere gekauft haben, ob sie Ihnen bei der Anmeldung Ihrer Ansprüche im Insolvenzverfahren hilft. Einige Kreditinstitute wie die Hamburger Sparkasse haben diese Hilfe bereits zugesagt.

Was bedeutet „Chapter 11“ für Anleger?
Nach dieser Regel bekommt die Pleitebank Zeit, sich zu reorganisieren. Sie wird nicht sofort aufgelöst. Das Chapter-11-Verfahren kann Wochen und sogar Jahre dauern. So lange dürfen die Gläubiger – also auch deutsche Besitzer von Lehman-Zertifikaten – nicht versuchen, am New Yorker Insolvenzgericht vorbei Rückzahlungsansprüche gegenüber der Bank durchzusetzen.

Die meisten deutschen Besitzer von Lehman-Zertifikaten haben Wertpapiere, die von der europäischen Tochter Lehman Brothers Treasury Co. B. V. ausgegeben wurden. Doch das hilft wohl recht wenig. Auch für diese niederländische Lehman-Tochter wurde im Oktober 2008 ein Insolvenzverwalter bestellt.

Eigentlich soll in so einem Fall die amerikanische Mutterbank als Garantiegeber fungieren – doch die arbeitet ja nun unter Chapter 11. Weil nicht klar ist, ob die Tochterbank überhaupt noch Geld zur Verfügung hat, um Gläubiger auszuzahlen, sollten Betroffene ihre Ansprüche auf mehreren Wegen geltend machen.

Infos: Ansprüche können Betroffene in Holland beim Insolvenzverwalter geltend machen. Das geht mittels E-Mail unter info.lbtreasurybv@houthoff.com. Anleger sollten darin ihren Namen, die Wertpapierkennnummer und den Anlagebetrag nennen. Per Post erreichen sie den Insolvenzverwalter unter: Houthoff Buruma N. V., F. Verhoeven und M. F. Horck, Postfach 7 55 05, 1070 AM Amsterdam, Niederlande.

Holland. In den Niederlanden können Besitzer von Zertifikaten der Lehman Brothers Treasury Co. B. V. ihre Ansprüche beim zuständigen Insolvenzverwalter geltend machen (➔ Infos rechts). Wer sich nicht sicher ist, ob er ein Zertifikat der holländischen Lehman-Bank besitzt, sollte in die Auszüge seines Wertpapierdepots schauen. Dort sollte der Name des Herausgebers (Emittent) stehen.

USA. Besitzer von Zertifikaten der holländischen Tochter können ihre Ansprüche zusätzlich beim Insolvenzgericht in New York anmelden, das für die Insolvenz der Mutter Lehman Brothers Holding Inc. zuständig ist. Ende November 2008 hatte das Insolvenzgericht noch keine Frist zur Anmeldung der Ansprüche genannt. Erst wenn die Frist bestimmt ist, können Lehman-Anleger aktiv werden. Sie sollten deswegen die Wirtschaftspresse aufmerksam verfolgen und in Internetforen nach Neuigkeiten Ausschau halten (➔ Infos rechts).

Ein kleiner Hoffnungsschimmer könnte Anlegern mit Lehman-Zertifikaten möglicherweise durch die amerikanische Entschädigungseinrichtung SIPC erwachsen (www.sipc.com). Ob diese Einrichtung auch deutsche Anleger entschädigen könnte, die Papiere der holländischen Lehman-Tochter gekauft haben, ist juristisch allerdings noch nicht geklärt.

Infos: Ein Erfahrungsaustausch mit anderen geschädigten Lehman-Anlegern findet statt unter www.lehman-zertifi kateschaden.biz. Geschädigte sollten sich laufend informieren, um keine Fristen im Insolvenzverfahren zu versäumen. Unter www.lehman-docket.com (Stichwort „Proofs of claim“) finden sie Dokumente und Adressen, die sie brauchen, um ihre Ansprüche geltend zu machen.

Anlage in Zertifikate rückläufig

Aufgrund der Finanzkrise sinkt das in Zertifikaten investierte Vermögen.

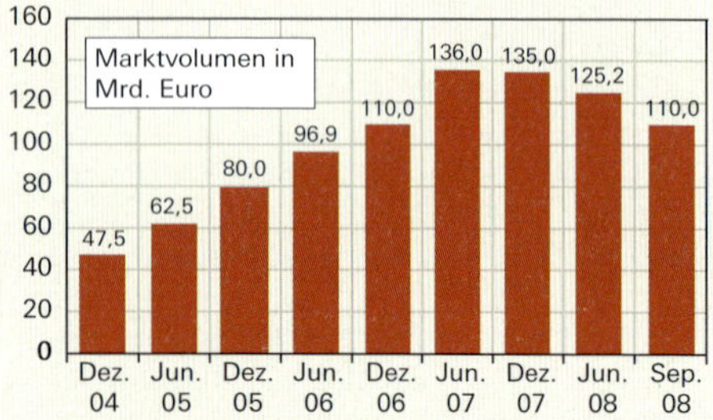

Quelle: Deutscher Derivate Verband

Auch andere Zertifikate am Boden

Es ist ungewiss, ob Lehman-Anleger über Insolvenzverfahren am Ende einen Teil ihres Geldes wiedersehen werden. Möglicherweise haftet aber die Bank, die das Produkt verkauft hat.

So eine Bankenhaftung kommt infrage, wenn das Kreditinstitut einen Kunden zur Geldanlage beraten und ihm eine Anlage empfohlen hat, die nicht zu seinen Erfahrungen, Wünschen und zu seiner Lebenssituation passt.

Ein Zertifikat beispielsweise, dessen Wert von schwankenden Aktienkursen abhängt und auch ins Minus rutschen kann, ist kaum geeignet für ältere Anleger mit kleiner Rente, die ihr Erspartes für den Unterhalt im Alter benötigen. Doch es scheint, als ob gerade Rentnern solche Produkte in den letzten Jahren häufig aufgeschwatzt wurden. Für sie könnte sich der Gang zum Anwalt möglicherweise lohnen.

Falsch beraten können Bankmitarbeiter auch, wenn sie die Bedingungen und Risiken eines Produkts nicht vollständig erklären. So wurden Anleger nicht selten zum Kauf von Produkten wie dem toll klingenden „Global Champion Zertifikat" (Dresdner Bank) oder dem „Euro-Income-Plus-Zertifikat" (Citibank-Schwester Allegro) bewogen. Hat der Berater dann vor allem über die Aussicht auf sichere jährliche Zinszahlungen gesprochen und verschwiegen, dass diese Zahlungen nach bestimmten Kursverläufen auch vollständig wegfallen können, wäre auch das ein Fall für den Anwalt (→ ausführlich zur Beraterhaftung ab S. 28).

Beispiel: Ein Elternpaar will die Ausbildung ihrer Tochter sicherstellen. 30 000 Euro möchten die Eltern für drei Jahre so anlegen, dass nach und nach Geld für die Ausbildung zur Verfügung steht. In einer Citibank-Filiale in Leipzig rät man ihnen, einen großen Teil des Geldes in das Zertifikat der Citigroup „Premium Express Defensiv 16" anzulegen. Als die Mutter im Frühjahr 2008 Geld entnehmen will, stellt sie fest, dass der Wert ihrer Zertifikat-Anlage um rund 2 000 Euro gesunken ist. Den erhofften Zins gibt es auch nicht. Der Fonds war so konstruiert, dass die Kurseinbrüche an der Börse dazu geführt haben, dass die Bank keine Zinsen zahlen muss. Die Eltern waren bestürzt und klagten vor dem Amtsgericht Leipzig.

Das Gericht gibt ihnen recht. Es vernimmt den Vater und die Bankberaterin und stellt fest, dass die Frau falsch beraten hatte. Die Eltern hatten mehrfach gefragt, ob die Anlage in das Zertifikat wirklich sicher sei. Außerdem hatte die Beraterin ein Risikoprofil der Eltern erstellt, in dem diese „nein" sagten zur Feststellung: „Ich möchte gerne höhere Renditen erzielen und bin dafür bereit, Risiken zu akzeptieren." Am Ende verurteilt das Gericht die Citibank zum Ersatz von 3900 Euro plus Zinsen (Az. 115 C 3759/08).

Wem eine Anlage wie in dem Leipziger Fall empfohlen wurde und wer das Wertpapier noch im Depot hat, muss nun zwar nicht mit einem Totalverlust seines Geldes rechnen, so wie Geschädigte des Lehman-Desasters. Aber Verluste in Höhe von mehreren Tausend Euro dürften sicher auch hier viele Anleger erleiden.

Diese Verluste müsste die beratende Bank ersetzen, wenn der Anleger zum Beispiel mithilfe von Zeugenaussagen beweisen kann, dass er über wichtige Details des Investments nicht aufgeklärt wurde oder eine riskante Anlage als sicher dargestellt wurde. (→ Eine Checkliste zur Frage, welche Zertifikate im Depot sinnvoll sein können und welche Anlagen besonders riskant sind, steht auf S. 109).

Aktienfonds deutlich im Minus

Auch viele Besitzer von Aktienfonds sind entsetzt über die Entwicklung ihrer Anlage. In wenigen Monaten haben sogar breitstreuende und als Basisinvestment für den risikoorientierten Depotteil empfohlene Aktienfonds 20 bis 30 Prozent an Wert verloren. Sie haben das Plus, das viele Depots zuletzt verzeichnen durften, zunichte gemacht.

Getroffen hat es nicht nur Fonds, die von Anlageberatern leichtfertig in den Himmel gelobt wurden. Getroffen hat es auch solide Fonds wie etwa den Aktienfonds UniGlobal. Er gehört zu den überdurchschnittlichen Fonds im Finanztest Dauertest und er steckt zudem auch in der „UniProfiRente", dem meistverkauften Riester-Fondssparplan.

Noch im Dezember 2007 war der Kurs eines Anteils dieses Aktienfonds prächtig. Mitte November 2008, also kein Jahr später, hatte er ein Drittel seines Werts verloren.

UniGlobal schlägt sich tapfer

In der Krise verliert der Fonds UniGlobal weniger als der Welt-Aktienmarkt.

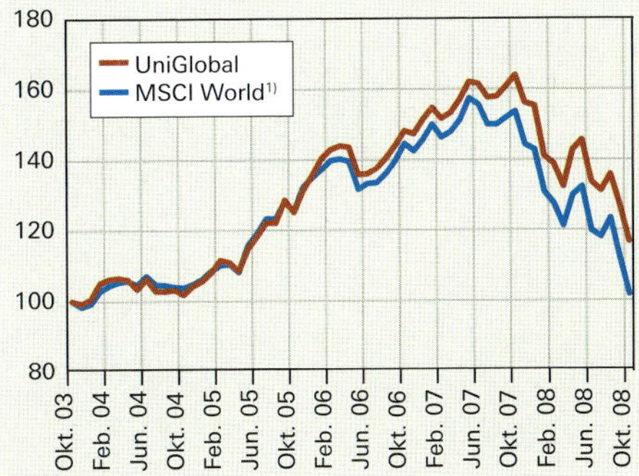

1) Der Index zeigt die Aktienentwicklung weltweit.

Infos: Wenn Sie die Kursverläufe der hier erwähnten Fonds unter test.de oder auf anderen Internetseiten selber nachvollziehen wollen, sollten Sie die Isin-Nummern in die Suchfenster eingeben.
UniGlobal (DE 000 849 105 1)
DWS Akkumula (DE 000 847 402 4)
DWS Vermögensbildungsfonds I (DE 000 847 652 4)
Fidelity European Aggressive (LU 008 329 133 5)
M & G Global Basics A (GB 003 093 267 6)
Cominvest Fondak (DE 000 847 101 2)
Templeton Growth (US 880 199 104 8)
Templeton Growth Euro-Tranche (LU 011 476 074 6)
First Private Europa Aktien ULM (DE 000 979 583 1)

Dennoch sollte niemand seinen Fonds allein aus Angst vor weiteren Verlusten verkaufen. Ratsam ist das nur, wenn das Anlagekonzept tatsächlich nicht überzeugend ist. Das aber stimmt beispielsweise beim UniGlobal noch. Der Fonds investiert weltweit in Großkonzerne. Und so schmerzlich die Verluste sind: Der Fonds hat weniger verloren als viele seiner Konkurrenten. Das gilt auch für den weltweit anlegenden Fondsklassiker DWS Akkumula und – mit leichten Abstrichen – für den DWS Vermögensbildungsfonds I.

Besonders stark erwischte es Fonds mit Schwerpunkt auf Rohstoffen, wie den Aktienfonds Fidelity European Aggressive. Im Fonds-Dauertest von Finanztest gehörte der Fonds lange zu den Top-Fonds. Binnen weniger Monate aber verlor der Fonds bis zu Zweidrittel seines Werts. Er hatte stark auf Rohstoff- und Versorgeraktien gesetzt. Gerade Rohstoffkonzerne kamen in den jüngsten Börsenwirren aber unter die Räder. So bleibt der Fonds mit seiner recht einseitigen Ausrichtung ein heißes Eisen. Etwas glimpflicher davon kam der global anlegende M & G Global Basics A, der ebenfalls ein Übergewicht auf Rohstoffe legt. Trotz deutlicher Verluste bleibt er empfehlenswert.

Von solchen Top-Fonds sollten sich Anleger, die das Geld derzeit nicht brauchen, jetzt nicht trennen. Das gilt auch für den deutschen Fondsklassiker Cominvest Fondak. Bei einigen ehemaligen Top-Fonds sollten Anleger aber schon über den Umstieg in eine aussichtsreichere Alternative nachdenken. Der Templeton Growth samt seiner Euro-Tranche ist so ein Fall. Nachdem er im letzten Börsenboom schon schlecht gelaufen war, gewinnt er auch in der Krise kaum an Boden. Es gibt Dutzende Fonds mit besseren Perspektiven. Auch der First Private Europa Aktien ULM ist längst nicht mehr erste Wahl. Seine jüngste Entwicklung macht kaum Hoffnung auf schnelle Besserung.

?

Soll ich jetzt bei den niedrigen Kursen Aktienfonds kaufen?
Wenn Sie bereit sind, Kursschwankungen auszuhalten und für mindestens zehn Jahre nicht auf Ihr Geld angewiesen sind, könnten Sie jetzt zu niedrigen Preisen Fondsanteile kaufen. Eine Sicherheit, dass der Tiefpunkt erreicht ist, gibt es aber nicht. Finanztest bewertet monatlich über 8 000 Fonds. Die besten aus den wichtigsten Gruppen stehen jeden Monat im Finanztestheft. Zugriff auf die komplette Datenbank haben Sie mit unserem Produktfinder Investmentfonds unter www.test.de/fonds.

Sogar Geldmarktfonds mit Verlust

Die aktuelle Finanz- und Wirtschaftskrise hält leider sogar für besonders sicherheitsorientierte Anleger Überraschungen bereit. Auch Geldmarktfonds können Verluste machen – manche sogar über 5 Prozent. Damit ist der Gewinn, den so ein Fonds im Jahr einbringen kann, schon aufgefressen. Das ist zwar kein Weltuntergang. Aber es ist ärgerlich und inakzeptabel, weil Geldmarktfonds oft als bequeme Alternative zum sicheren Tagesgeld angepriesen werden.

Grund für das Minus von Geldmarktfonds sind zum Beispiel die Kursverluste isländischer Staatsanleihen, die von den Fonds gekauft wurden. Schuld hat auch der Wertverlust von sogenannten Asset-backed Securities (ABS), die in manchen Fonds liegen (→ mehr zur besonderen Rolle dieser Papiere auf S. 100).

Verluste mit Geldmarktfonds sollten nach Ansicht von Finanztest die absolute Ausnahme bleiben. Fonds, die das nicht sicherstellen können, verdienen daher den Namen Geldmarktfonds nicht. Bei ihnen handelt es sich vielmehr um Rentenfonds, die keinesfalls eine so sichere Anlage für Sparer wie etwa ein Tagesgeldkonto sind.

Tipp

Wenn Sie in renditeträchtige Aktienfonds anlegen wollen, aber dabei ein weniger riskantes Papier wünschen, sollten Sie international anlegende Aktienfonds der Risikoklasse 6 wählen. „Klasse 6" ist ein Begriff aus unserem Fonds-Dauertest. Er bezeichnet Fonds, die auf Jahressicht mit hoher Wahrscheinlichkeit einen Verlust von 20 Prozent nicht überschreiten. Dazu gehören etwa der West LB Mellon Newton Absolute (Isin GB000 678032 3) und der Dachfonds Multi Invest OP (Isin LU010 3598305).

Der Fall der Bank Kaupthing Edge

Die Finanzkrise bescherte aber manch konservativem Sparer nicht nur gewisse Verluste. Manchen von ihnen bereitete sie sogar schlaflose Nächte. Am 9. Oktober sperrte die deutsche Bankenaufsicht Bafin die hiesigen Konten deutscher Kunden bei der isländischen Bank Kaupthing Edge. Die isländische Bank hatte in Deutschland mit attraktiven Zinsen auf das Festgeld um Kunden geworben – und auch zahlreiche Kunden gewonnen. Diese etwa 30 000 deutschen Kaupthing-Kunden mussten nun erleben, dass der isländische Staat an diesem Tag die private Bank unter seine Aufsicht stellte.

In Frankfurt am Main haben die Isländer eine Niederlassung. Rund 30 000 Kunden hat die Bank in Deutschland. Viele von ihnen waren zunächst erleichtert, als der isländische Einlagensicherungsfonds Ende Oktober dann den Entschädigungsfall feststellte.

Eigentlich hätte das bedeuten müssen: Alle Kaupthing-Sparer – auch die deutschen – bekommen nach isländischem Recht ihre Spareinlagen wenigstens bis zur Höhe von 20 887 Euro zurück.

Doch so einfach gestaltete sich die Zeit in den Wochen nach der Schließung nicht. Der Staat Island stellte sich anfangs auf den Standpunkt, dass nur isländische Sparguthaben durch die isländische Einlagensicherung gesichert seien. Darin befinden sich laut Presseberichten zudem nur 100 Millionen Euro.

Island selbst hat finanzielle Schwierigkeiten. Deutsche Sparer haben schätzungsweise über 300 Millionen Euro eingezahlt. Die deutsche Regierung meinte, dass ihr Spargeld bei ausländischen Banken nicht von der deutschen Staatsgarantie umfasst sei.

Antragsfrist für Kaupthing-Kunden

Die Situation der Kaupthing-Sparer sah Ende Oktober 2008 also alles andere als rosig aus. Während sich Österreicher, die bei der isländischen Bank Spareinlagen hatten, zu diesem Zeitpunkt schon über Überweisungen freuen konnten, zitterten die Deutschen weiter. Erst Ende November 2008 kommen aus dem Bundesfinanzministerium gute Nachrichten: Deutschland will den isländischen Einlagensicherungsfonds mit einem Kredit von mehr als 300 Millionen Euro unterstützen. Dafür bekommen nun auch die deutschen Sparer ihre Einlagen zurück – und zwar jeweils in voller Höhe. Wann genau das Geld kommt, teilte das Bundesfinanzministerium nicht mit.

Wichtig: Als Kaupthing-Kunde müssen Sie jetzt aktiv werden. Sie haben nach Angaben des Verbraucherzentrale Bundesverbandes (vzbv) bis zum 30. Dezember 2008 Zeit, ihre Ansprüche bei der isländischen Einlagensicherung geltend zu machen. Sie müssen den Antrag in englischer Sprache per Post schicken. Was dabei zu beachten ist, steht in einem kostenlosen Infoblatt des Verbraucherzentrale Bundesverbands. Sie finden es im Internet unter www.vzbv.de mit dem Suchbegriff „Kaupthing-Edge-Bank". Den vzbv erreichen sie telefonisch unter 030/25 80 00.

Falsch beraten – gut beraten

Wann Berater haften

Anleger müssen nicht jeden Verlust hinnehmen. Hat sich ein Anleger nicht einfach nur verspekuliert, sondern haben Banken, Berater, Finanzvertriebe und Firmen etwas falsch gemacht, müssen diese dafür auch geradestehen.

Fehlerhafte Beratung. Haben Anlageberater oder Anlagevermittler den Kunden schlecht beraten und erleidet er mit seiner Geldanlage deshalb Verluste, kommt eine Haftung des Beraters oder seines Unternehmens infrage.

Fehler im Anlageprospekt. Stehen falsche Informationen im Prospekt einer Geldanlage, lässt sich oft Schadenersatz durchsetzen.

Verschweigen von Provisionszahlungen. Zahlt eine Bank für die Vermittlung eines Finanzprodukts einem Berater Provisionen, muss der Berater das klar sagen. Fehlt ein solcher Hinweis, droht der Bank die Haftung, wenn sich der Kunde später beschwert.

Falsche Ad-hoc-Mitteilung. Informiert eine Aktiengesellschaft die Öffentlichkeit viel zu positiv über Unternehmensentwicklungen und kaufen Anleger daraufhin Aktien, die Verluste bringen, haftet der Vorstand der Gesellschaft.

Was ist eine Falschberatung?

Die Finanzkrise zeigt: Zehntausende Anleger haben ihrem Finanzberater blind vertraut. Sie haben sich vermeintlich risikolose Inhaberschuldverschreibungen, Zertifikate, Immobilienfonds und Unternehmensbeteiligungen aufschwatzen lassen und glaubten zumeist an die Integrität ihres Beraters und an die Sicherheit ihrer Geldanlage. Im Gespräch hatten viele deshalb keine Zeugen dabei und nur die wenigsten haben die Berateraussagen im Gespräch notiert oder wenigstens anschließend ein Protokoll angefertigt.

Das ist fatal, denn Anleger müssen die Falschberatung beweisen, wenn sie später mit Aussicht auf Erfolg Schadenersatz einfordern wollen. Zwar soll sich dieser Zustand bald ändern. Das Verbraucherschutzministerium plant zum Schutz der Anleger vor falscher Beratung eine sogenannte Beweislastumkehr. Dann müsste beispielsweise die Bank oder die Anlagefirma beweisen, dass sie den Kunden fehlerlos beraten hat, wenn dieser später Ärger macht. Kann sie das nicht, muss sie dann haften. Noch gibt es diese Regelung nicht – und wenn sie denn kommt, würden auch nur Anleger in zukünftigen Fällen falscher Beratung davon profitieren. Dennoch sind auch aktuelle Fälle nicht immer aussichtslos. Natürlich müssen Berater Regeln beachten – egal, ob sie für einen Finanzvertrieb arbeiten, freie Honorarberater sind oder in einer Sparkasse oder Bank sitzen. Verletzen Sie die Regeln, müssen sie für Schäden haften.

So haben Anlageberater ihre Kunden zuallererst nach deren Anlagezielen, finanziellen Verhältnissen und Erfahrungen mit Geldgeschäften zu fragen. Zudem müssen sie vom zukünftigen Anleger ein sogenanntes Risikoprofil erstellen.

Nur wenn Berater ihren Kunden „geeignete" Produkte empfehlen, entsprechen sie den Anforderungen des Bundesgerichtshofs. Der hat festgelegt: Beratung und Empfehlung müssen „anleger- und objektgerecht" sein. Mit anderen Worten: Das empfohlene Finanzprodukt muss zum einen zu den Wünschen und zur Situation des Kunden passen. Zum anderen muss die Aufklärung umso intensiver erfolgen, je komplexer und riskanter das Produkt ist. Leider halten sich Berater nicht immer an diese Grundsätze und beraten schlecht.

- So empfehlen sie älteren Menschen mit kleiner Rente Anlagen, die im Wert schwanken und auch Verlust bringen können. Sie sind ungeeignet für Menschen, die ihr Geld für die Altersvorsorge benötigen.
- Ebenso wenig passt ein kursanfälliges Zertifikat zu einem Kunden, der deutlich gemacht hat, dass er auf das Geld dringend angewiesen ist, weil er später ein Eigenheim kaufen will.
- Anwälte meinen auch, dass Bankberater beim Verkauf von Lehman-Zertifikaten spätestens ab März 2008 darauf hinweisen mussten, dass sich die Situation beim US-Bankhaus verschlechterte.
- Völlig daneben ist es schließlich, wenn Berater langjährige riskante Unternehmensbeteiligungen als „Sparpläne" verkaufen.

Tipp

Schadenersatz sollten Sie mithilfe eines Anwalts geltend machen, der auf Kapitalanlagerecht spezialisiert ist. Anwälte in Ihrer Nähe nennt Ihnen die nächste regionale Rechtsanwaltskammer (Telefonnummern unter www.brak.de) und der Deutschen Anwaltverein (0 180 5/18 18 05, 14 Cent/Min. im Festnetz).

Kunden sollten ihr Risikoprofil genau festlegen

Wirft ein Anleger seiner Bank oder seiner Anlagefirma Falschberatung vor, legt das Unternehmen seinerseits häufig ein Dokument vor, in dem das Beratungsgespräch mit Angaben zur finanziellen Situation des Anlegers und seinen Wünschen skizziert ist. Kunden, die in diesem Profil als „risikobereit" eingestuft wurden und das unterschrieben haben, stehen schlecht da – wenn sie nun verlustbringende Anlagen im Depot haben, die sie eigentlich nie wollten.

Wesentlich besser ist die Situation, wenn der Berater im Gespräch keinen Fragebogen ausgefüllt hat oder der Kunde diesen nicht unterschrieben hat. Dann spricht der sogenannte Beweis des ersten Anscheins für eine Falschberatung. Der Berater kann sich in einem Rechtsstreit vor Gericht dann nicht mehr einfach rauswinden, indem er sagt, dass er gut beraten habe. Er muss dem Richter dann zumindest plausible Anhaltspunkte liefern, dass es wirklich so war.

Eindeutig ist die Haftungsfrage schließlich, wenn der Berater den Anleger im Protokoll als „konservativ" einstuft und dann Produkte empfiehlt, die nicht zu dieser Eigenschaft passen. Seit Ende 2007 müssen Berater hier genau definierte Standards einhalten. Welche Finanzprodukte zu welchen Eigenschaften passen, steht auf Seite 32.

Wichtig: Seit November 2007 ist die europäische Finanzmarktrichtlinie, kurz Mifid (Markets in Financial Instruments Directive) in deutsches Recht umgesetzt (➔ Kasten S. 32). Sie erlegt Anlageberatern besondere Pflichten auf. So müssen sie Kunden nun umfassend befragen, anschließend prüfen, welche Produkte für sie geeignet sind, und sie dann mithilfe eines Wertpapierhandelsbogens einordnen. Ist nicht sicher zu klären, ob ein Produkt passt, muss der Berater ausdrücklich warnen. Verstößt er gegen diese Regeln, können betroffene Anleger leichter Schadenersatz fordern.

Schwieriger wird es, wenn sich Anleger im staatlich kaum überwachten grauen Kapitalmarkt engagieren. Für solche Geschäfte muss nämlich kein Wertpapierhandelsbogen ausgefüllt werden. Hier geht es um langfristige Beteiligungen an Firmen und nicht um den Kauf von Wertpapieren. Auch wenn das den Berater nicht von seinen Pflichten befreit, ist es hier für Kunden oft besonders schwer, Aufklärungsmängel zu beweisen. Gerade Beteiligungen an geschlossenen Immobilien-, Windkraft-, Medien- oder Schiffsfonds sind sehr riskant.

Viele solcher Firmen gingen bereits pleite. Anleger waren dann überrascht, wenn sie erfuhren, dass sie als Mitunternehmer mit ihrer Einlage für die Verluste haften mussten. Hatten sie beim Verkaufsgespräch keinen Zeugen oder fehlen beweiskräftige Unterlagen, sieht es mit Schadenersatz in solchen Fällen mau aus.

Tipp

Seien Sie besonders skeptisch, wenn Ihnen der Berater tolle Renditen verspricht, weil das Finanzprodukt bislang ja viel Ertrag abgeworfen habe.

?

Man hört immer wieder, dass Hedgefonds ihre Hände im Spiel haben. Was machen diese Fonds eigentlich?
Der Name „Hedgefonds" ist missverständlich. Als „Hedge" bezeichnen Finanzprofis eigentlich ein Absicherungsgeschäft. Doch Manager vieler Hedgefonds tun das Gegenteil. Sie schließen Termin- und Optionsgeschäfte auf alles ab, was an den Börsen gehandelt wird. Diese hochriskanten Wetten können zum Beispiel abgeschlossen werden auf die Entwicklung von Aktien, Anleihen, Metallen oder Währungen. Mitunter „hebeln" die Anlageprofis ihren Einsatz noch, indem sie mit geliehenem Geld oder geliehenen Aktien spekulieren. So kommt es, dass Hedgefonds mitunter das 50-Fache ihres vorhandenen Anlagekapitals bewegen. Chancen und Risiken sind gewaltig. Ob Kurse steigen oder fallen, kann den Managern egal sein, sofern sie nur auf den richtigen Trend gesetzt haben. Es ist also denkbar, dass ihr Fonds auch in einer Krise Geld verdient. Viele Hedgefonds haben ihren Sitz in exotischen Steuerparadiesen. So können ihnen die Aufsichtsbehörden nicht genau auf die Finger schauen.

Berater müssen mehr bieten als Vermittler

Nach einem Reinfall mit einer Geldanlage sind Klagen gegen die Initiatoren einer Geldanlage, gegen Kreditinstitute sowie gegen den Anlageberater oder -vermittler denkbar. Die Chancen, im Verlustfall erfolgreich Schadenersatz zu erstreiten, sind aber unterschiedlich hoch – je nachdem, ob ein Vermittler oder ein Berater aktiv war. Zwar haben sowohl Vermittler wie auch Berater umfangreiche Aufklärungs-, Nachforschungs- und Beratungspflichten. Doch ihre Leistungen und ihre Pflichten unterscheiden sich im Detail.

Berater. Ein Anlageberater hat nicht nur die Pflicht, den Anleger vor einer Investitionsentscheidung über die Chancen und die Risiken der Geldanlage aufzuklären. Er muss auch den finanziellen Hintergrund des Anlegers, seine Anlageziele, seine Risikobereitschaft und seine Vorkenntnisse abfragen und die Erkenntnisse bei der Beratung berücksichtigen. Berater haften also dafür, dass Kunde und Produkt zusammenpassen.
Vermittler. Ein Vermittler hingegen verkauft in erster Linie. Er kann sich darauf beschränken, lediglich über das Produkt zu informieren.

Bei Wertpapiergeschäften gelten besondere Aufklärungspflichten

Empfehlen Anlageberater ihren Kunden Wertpapiere, müssen sie seit dem 1. November 2007 besondere Aufklärungspflichten beachten. Nach dem Finanzmarktrichtlinie-Umsetzungsgesetz, das die europäische Richtlinie Mifid in deutsches Recht umsetzt, müssen Anlageberater vor dem Verkauf von Wertpapieren an Kunden einen Wertpapierhandelsbogen ausfüllen. In dem Fragebogen müssen die familiäre Situation des Anlegers, seine Erfahrungen mit Wertpapieren, seine Anlageziele und die Anlagedauer dokumentiert werden. Zudem muss der Kunde sagen, wie viel Prozent seines Einkommens er in Wertpapiere investieren will und ob er den Kauf auf Kredit finanzieren will.

Wertpapiere müssen vom Berater zu den günstigsten Konditionen besorgt werden. Auf Nachfrage muss der Berater erklären, wie viel Provision er für den Verkauf oder die Vermittlung bestimmter Wertpapiere erhält.

Der Berater muss auch auf Risiken und Interessenkonflikte in der Beratung hinweisen. Zu Konflikten kann es zum Beispiel kommen, wenn Bankberater vor allem Fonds mit hohen Provisionen empfehlen oder bevorzugt Produkte von Gesellschaften verkaufen, die zum Konzern ihrer eigenen Bank gehören.

Kunden sollten sich eine Kopie des vom Berater ausgefüllten Fragebogens geben lassen. Außerdem sollten sie prüfen, ob der Anlageberater ihr Risiko richtig wiedergegeben hat. Welches Risiko innerhalb der fünf Klassen eingegangen werden darf, zeigen die Beispiele.

Klasse 1 ist sicherheitsorientiert. Gekauft werden dürfen Euro-Geldmarktfonds, kurzlaufende Euro-Rentenfonds, Euro-Anleihen mit sehr guter Bonität sowie offene Immobilienfonds.

Klasse 2 ist konservativ. Gekauft werden dürfen Euro-Anleihen bester Qualität, Investmentfonds deutscher Renten, kurzlaufende Fonds in Hartwährungen, Anleihen sehr guter Bonität in Hartwährungen, international gestreute Rentenfonds, überwiegend in Hartwährungen.

Klasse 3 ist ertragsorientiert. Gekauft werden dürfen Wandel- und Optionsanleihen, deutsche Aktienfonds, deutsche Standardaktien, international gestreute Aktienfonds sowie Länderfonds in europäischen Hartwährungen.

Klasse 4 ist spekulativ. Gekauft werden können deutsche Aktien-Nebenwerte, spekulative Anleihen, Optionsscheine aller Art sowie Optionen und Futures.

Klasse 5 ist sehr spekulativ. Gekauft werden können ausländische Aktien-Nebenwerte, sehr spekulative Anleihen, Optionsscheine aller Art sowie Optionen und Futures.

Die Maßstäbe, nach denen Berater und die dahinterstehenden Banken haften müssen, hat der Bundesgerichtshof im Jahr 2000 in seinem sogenannten Fokker-Urteil gesetzt (Az. XI ZR 159/99).

Das Gericht hat damals entschieden, dass Berater, anders als Vermittler, anlage- und anlegergerecht beraten müssen. Dabei haben sie sich auf alle Eigenschaften und Risiken der Geldanlage zu beziehen, die für die Anlageentscheidung wesentlich sein können.

Zugrunde lagen dieser Entscheidung die Klagen von Anlegern, die mit Anleihen des Unternehmens Fokker einen Absturz erlebt hatten und sich schlecht beraten fühlten. Das Gericht stellte zum einen fest, dass die Empfehlung der riskanten Fokker-Anleihe für einen risikobereiten Anleger durchaus in Ordnung gewesen war. Im Fall von Kunden, die ausdrücklich eine sichere Anlage zur Altersvorsorge verlangt hatten, war die Empfehlung aber ganz klar fehlerhaft. Zudem müssen Berater ausdrücklich auf hohe Provisionen, Verwaltungskosten und Ausgabeaufschläge hinweisen. Es reicht nicht, wenn sie nur kommentarlos Broschüren verteilen (Az. XI ZR 188/95).

Ebenso wenig darf sich ein Berater darauf beschränken, die Inhalte von Prospekten nachzubeten. Er ist vielmehr auch verpflichtet, alle ihm zugänglichen Informationen auszuwerten und seinen Kunden auf die daraus ersichtlichen Risiken hinzuweisen. Spannend dürfte dieser Aspekt derzeit für Käufer von Lehman-Zertifikaten sein. Ab welchem Zeitpunkt hätten Berater vom Kauf dieser Papiere ausdrücklich abraten müssen? Geklärt ist diese Frage noch nicht.

Auch Vermittler müssen informiert sein. Sie dürfen sich zwar darauf beschränken, die wesentlichen Risiken einer Anlage zu benennen. Doch das müssen sie vollständig und unmissverständlich tun. Sie haben zudem mit nachvollziehbaren Zahlen zu arbeiten und die Kunden auch darüber zu informieren, wenn es über eine Firma negative Berichte in der Presse gegeben hat. Solche Berichte muss der Vermittler kennen (Bundesgerichtshof, Az. II ZR 197/04 und Az. XI ZR 89/07). Am Ende muss sich der Vermittler davon überzeugen, dass der Anleger auch alle Risiken genau verstanden hat.

Beispiel: Ein Vermittler des Finanzvertriebs implus GmbH rät einem Kunden zu Beteiligungen an der Frankonia Sachwert AG (heute Deltoton AG). Vor Beteiligungen an der Frankonia hatte Finanztest zu diesem Zeitpunkt aber bereits gewarnt. Trotzdem kommt es zum Investment und der Anleger erleidet Verlust. Er klagt gegen die Vermittlungsfirma und im Jahr 2008 verurteilt das Landgericht Stuttgart die Firma zu Schadenersatz (Az. 25 O 52/08, nicht rechtskräftig).

Nicht herausreden aus der Haftung können sich Vermittler übrigens mit dem Argument, dass der Kunde keinen Vermittlungsvertrag mit ihnen abgeschlossen hätte. Solch ein Vertrag muss nicht schriftlich abgefasst werden, sondern kommt in der Regel bereits dadurch zustande, dass der Anleger den Vermittler um einen Termin bittet und der Vermittler anschließend Angaben zu Anlagemöglichkeiten macht (Bundesgerichtshof, Az. III ZR 413/04).

?

Soll ich jetzt in Immobilien investieren?
Wenn Sie die Wohnung selbst nutzen wollen, spricht nichts dagegen, sofern Sie genügend Eigenkapital – in der Regel 25 Prozent – mitbringen und die weitere Finanzierung stimmt. Geht es um eine Kapitalanlage, sollten Sie bedenken, dass der Wert einer Immobilie insbesondere von der Lage abhängt. In Regionen mit sinkenden Immobilienpreisen kann man nicht dazu raten.

Wenn Banken Provisionen verschweigen

Erfolgreich um Schadenersatz kämpfen können Anleger auch, wenn die Bank sie nicht über Provisionen aufgeklärt hat, die sie etwa für den Verkauf eines Zertifikats bekommen hat. Solche verdeckten Zahlungen, die im Fachjargon „Kickbacks" heißen, hat der Bundesgerichtshof für unzulässig erklärt (Az. XI ZR 56/05). Sie bergen die Gefahr, dass ein Berater seine Kunden nur mit Blick auf die Provision berät und die eigentlichen Anlagewünsche aus den Augen verliert.

Mit mangelnder Aufklärung über Kickbacks begründen derzeit auch die Anwälte von Lehman-Opfern deren Schadenersatzforderungen. Sie meinen, dass Berater von Banken und Sparkassen ihre Kunden darüber hätten informieren müssen, dass sie für den Verkauf der inzwischen wertlosen Zertifikate der amerikanischen Pleitebank Lehman Brothers Provisionen kassiert haben.

Prospektfehler sind meist leicht zu beweisen

Jede Klage steht und fällt mit den Beweisen. Bei einem Fehler im Prospekt ist das kaum ein Problem. Er kann in der Regel schwarz auf weiß nachgewiesen werden und ist nach Ansicht des Bundesgerichtshof immer ein Haftungsgrund. Nach seiner Rechtsprechung reicht es, wenn ein Anleger erklärt, dass er die Anlage bei richtiger Darstellung im Prospekt nicht abgeschlossen hätte.

Nach dem Anlegerschutzverbesserungsgesetz muss seit 2005 jeder Anbieter einen Prospekt erstellen und ihn von der Bundesanstalt für Finanzdienstleistungsaufsicht (Bafin) genehmigen lassen.

Die Bafin prüft allerdings nur formal, ob alle vorgeschriebenen Angaben gemacht wurden. Das Amt prüft nicht, ob die Angaben richtig sind. Aber allein die Tatsache, dass Anbieter nun nicht mehr ohne ausführlichen Prospekt auf den Markt gehen können, hilft Anlegern. Denn Prospektherausgeber, die Renditen falsch berechnen oder Risiken verharmlosen, müssen für falsche Angaben haften.

Für Fehler in den Unterlagen haften zudem auch Vermittler, Berater und Vertriebsgesellschaften, die den Prospekt oder auch die Werbeunterlagen in der Vermittlungssituation verwenden.

Kann der Anleger einen Fehler im Prospekt nachweisen, hat er Anspruch auf Ersatz des sogenannten Vertrauensschadens. Das heißt: Er muss so gestellt werden, als hätte er nie investiert.

Ad-hoc-Mitteilungen müssen richtig sein

Schließlich können Anleger einer Aktiengesellschaft Schadenersatz verlangen, wenn sie aufgrund einer falschen Ad-hoc-Mitteilung Aktien gekauft und damit Geld verloren haben. Können sie nachweisen, dass eine zeitliche Nähe zwischen dem Aktienkauf und der falschen Ad-hoc-Meldung besteht, müssen die verantwortlichen Vorstände ihnen ihre Verluste ersetzen. Diesen Anspruch können Anleger umso leichter durchsetzen, je marktschreierischer eine falsche Ad-hoc-Mitteilung ist. Soll die Mitteilung statt zu informieren lediglich eine Kauf-Euphorie auslösen, sieht der Bundesgerichtshof darin eine sittenwidrige Schädigung der Anleger.

Beispiel: 1999 gibt die börsennotierte Softwarefirma Infomatec AG eine Ad-hoc-Mitteilung heraus und erklärt, dass sie einen Auftrag mit einem Volumen von rund 28 Millionen Euro an Land gezogen hat. Viele kaufen daraufhin die Aktien von Infomatec. Dann stellt sich heraus, dass die Meldung falsch war. Die Aktien rauschen in den Keller. Ein Aktionär will das nicht hinnehmen. Er klagt sich durch die Instanzen und bekommt am Ende vom Bundesgerichtshof Recht. Er kann der Firma seine wertlosen Aktien zurückgeben und bekommt Schadenersatz (Bundesgerichtshof, Az. II ZR 402/02).

Hilfe für Geschädigte

Gegen die Marktrisiken, die zum Beispiel Aktien innewohnen, können sich Anleger nur durch vorsichtige Anlagestrategien und hohen Börsensachverstand schützen.

Bei anderen riskanten Anlageformen wie Unternehmensbeteiligungen hilft vor einem Investment möglicherweise schon ein Blick in die Warnliste von Finanztest, um einen bösen Reinfall zu vermeiden. In dieser Liste stehen Anbieter von Film- oder Immobilienfonds, Inhaberschuldverschreibungen, Genossenschaftsanteilen oder anderen riskanten Geldanlagen, vor denen Finanztest bereits gewarnt hat.

Die Warnliste wird jeden Monat aktualisiert. Trotzdem nennt sie natürlich nicht alle schwarzen Schafe. Unternehmen, die nicht auf der Liste stehen, müssen also nicht zwangsläufig seriös arbeiten. Und die Liste hilft auch nicht, wenn ein Finanzprodukt zwar in Ordnung ist, der Kunde aber nicht vernünftig über dessen Risiken aufgeklärt wurde. Klassische Bankprodukte wie Investment- oder Aktienfonds stehen nicht in der Liste. Solche Produkte bewertet Finanztest im Rahmen der monatlichen Fondsanalysen (mehr zu diesen Produkten ab S. 92).

Infos: Die Warnliste von Finanztest enthält Angebote, Initiatoren, Vermittler und Anbieter. Sie ist unter www.test.de (Stichwort „Warnliste") erhältlich. Der Abruf kostet 2,50 Euro.

Manche Ansprüche verjähren schnell

Anleger, die bei ihrer Geldanlage ein mulmiges Gefühl haben und vermuten, falsch beraten worden zu sein, sollten sofort handeln und sich von Fachleuten beraten lassen. Wer beim Kauf von Wertpapieren falsch beraten wurde, muss sich möglicherweise besonders beeilen, wenn er Schadenersatz geltend machen will. Hier gilt eine dreijährige Verjährungsfrist, die an dem Tag beginnt, an dem der Anleger das Papier gekauft hat.

Deutlich besser stehen in dieser Hinsicht Anleger da, die sich an einem Unternehmen wie zum Beispiel einem Schiffsfonds beteiligt haben. Sie können noch lange nach der Falschberatung Schadenersatzansprüche geltend machen. Die dreijährige Verjährungsfrist beginnt hier erst, wenn der Anleger den Fehler in der Beratung bemerkt hat (Bundesgerichtshof, Az. XI ZR 44/06).

Tipp

Sie fühlen sich schlecht beraten und haben Verluste erlitten? Dann sollten Sie sich rechtlich beraten lassen. Eine Beratung kostet bei den Verbraucherzentralen zwischen 25 Euro und 60 Euro. Ein Anwalt darf für eine Erstberatung bis zu 190 Euro verlangen.

Das hilft Anlegern, die keinen Einblick in das Management ihrer Anlagefirma haben und erst aus den Medien erfahren, dass sie vielleicht falsch über ihre Anlage informiert wurden. Eile ist dann aber dennoch oft geboten, weil Herausgeber riskanter Papieren pleitegehen oder die Verantwortlichen mit dem Geld verschwinden können.

Wer Anlegern weiterhilft

Anleger, die mit Unternehmensbeteiligungen oder beim Kauf von Wertpapieren reingefallen sind, sollten sich von einem Anwalt beraten lassen. Auch die Juristen in vielen Verbraucherzentralen kennen sich mit diesem Thema gut aus (→ Tipp S. 36). Anleger sollten zur Beratung so viele Dokumente wie möglich mitbringen. Neben Vertrag, Prospekt, Jahresabschlüssen, Geschäftsberichten und Mitteilungen der Anlagefirma sollten sie auch Werbematerial und Notizen aus Beratungsgesprächen vorlegen.

Anleger, die befürchten, dass sie beim Kauf von Aktien, Anleihen, Investmentfonds oder Zertifikaten falsch beraten wurden, haben eine kostenlose Alternative. Sie können sich bei der Schlichtungsstelle der Bank beschweren. Das Verfahren ist für sie kostenlos, ein Anwalt ist nicht nötig. Finanztest hat festgestellt, dass die Schlichter der Kreditinstitute keineswegs immer aufseiten der Bank stehen. Während des Schlichtungsverfahrens läuft in aller Regel die Verjährung des geltend gemachten Anspruchs nicht weiter. Und wer nach erfolglosem Schlichtungsverfahren weiterhin glaubt, im Recht zu sein, kann immer noch vor Gericht gehen.

Infos: Sie finden die Adressen zahlreicher Schlichtungsstellen auf Seite 162. Sie können sich zudem unter www.test.de/bank schlichtungsstellen kostenlos ein ausführliches Infodokument zum Thema herunterladen.

Angstfrei klagen mit Rechtsschutz

Ohne Angst vor den Kostenrisiken eines Gerichtsverfahrens klagen Anleger mit einer Rechtsschutzversicherung. Ist ihr Streitfall vom Schutz der Police umfasst, übernimmt die Versicherung die Kosten für den Prozess und auch die Kosten der Beratung durch den Anwalt.

Leider zahlen nicht alle Versicherer für Anlegerklagen. Wer seine Police erst ein paar Jahre hat, sollte sich seinen Rechtsschutzvertrag ansehen. Ein Großteil der Versicherer hat Anlegerrisiken wirksam ausgeschlossen. Entsprechende Klauseln lauten dann ungefähr so:

„Rechtsschutz besteht nicht für die Wahrnehmung rechtlicher Interessen in ursächlichem Zusammenhang mit Spekulationsgeschäften sowie dem Ankauf, der Veräußerung, der Verwaltung von Wertpapieren, Beteiligungen und deren Finanzierung."

Tipp

Für Schadenersatzklagen ist es wichtig, dass Sie Ihrem Anwalt alle Unterlagen vorlegen, die Sie im Zusammenhang mit der Geldanlage bekommen haben. Neben Vertrag, Prospekt, Jahresabschlüssen, Geschäftsberichten, Mitteilungen der Anlagefirma sollten Sie auch Werbematerial und Notizen oder Protokolle aus den Beratungsgesprächen vorlegen.

Anleger mit älteren Policen haben solche Klauseln häufig nicht im Vertrag. Wenn der Versicherer aber trotzdem Ärger macht und etwa erklärt, dass Aktiengeschäfte eine Wette seien, für die es auch mit alten Verträgen keinen Rechtsschutz gibt, sollten Betroffene zum Anwalt gehen. Er wird auch bei solchen Ausflüchten die Rechtsschutzfrage klären.

Ohne Rechtsschutz ist eine Klage für einen einzelnen Anleger riskant. Wenn er verliert, muss er die eigenen Anwaltskosten, die der Gegenseite sowie die Gerichtskosten tragen. Günstiger können Anleger klagen, wenn sie bereit sind, auf einen Teil ihrer Ansprüche nach einem gewonnenen Prozess zu verzichten. Dann können sie sich an einen Prozessfinanzierer wenden. Diese Unternehmen, meist Tochterfirmen großer Versicherer, übernehmen in aussichtsreichen Fällen sämtliche Kostenrisiken eines Verfahrens. Gewinnt der Anleger, zahlt er einen zuvor vereinbaren Teil des Erlöses an den Finanzierer. Den Einsatz und die Auswahl eines Finanzierers sollten Anleger gemeinsam mit ihrem Anwalt vornehmen.

Musterverfahren spart Kosten

Merkt ein Geschädigter, dass seine Anlagefirma nicht nur ihn, sondern auch andere geschädigt hat, zum Beispiel durch mangelhafte Informationen in Prospekten, fehlerhafte Jahresabschlüsse oder falsche Ad-hoc-Mitteilungen, dann kann er auch ein Musterverfahren beim Landgericht am Sitz der Anlagefirma beantragen. Das spart Zeit und Kosten.

Während Kleinanleger mit ihren Klagen auf üblichem Weg häufig scheitern, weil sie sich die oft notwendigen teuren Sachverständigengutachten nicht leisten können, genügt hier ein Gutachten für alle Kläger. Kosten fallen dafür nur an, wenn der Musterkläger den Prozess verliert. Sie werden dann auf alle Kläger verteilt.

Beispiel: In Stuttgart läuft derzeit ein Massenverfahren gegen die Telekom. Um zentrale Streitfragen zu klären, hat das Gericht aus der Schar der 17 000 Betroffenen einige Musterkläger ausgewählt und wird deren Fälle entscheiden. Diese Entscheidungen werden dann zur Grundlage aller anderen Verfahren. Was in Stuttgart entschieden wird, bestimmt so den Ausgang der zurzeit ruhenden Prozesse.

Manchmal ist ein Kompromiss sinnvoll

Eine Alternative zu dem oft langen Weg durch die Gerichtsinstanzen ist ein Vergleich. So nennen es Juristen, wenn die Streitenden einen Kompromiss finden und den Streit ohne gerichtliches Urteil beilegen. Für geschädigte Anleger, die finanziell klamm sind, ist solch ein Vergleich mitunter besser als ein jahrelanger Prozess. Sie kommen dann schneller an Geld – wenn auch mit Einbußen.

Meist treffen sich der geschädigte Anleger und der Berater, die Bank oder der Anbieter mit ihren Forderungen auf halbem Weg. Der Geschädigte verzichtet auf einen Teil seiner Schadenersatzforderungen, bekommt den Rest dafür aber schneller. Die Gegenseite, die typischerweise zunächst gar nichts zahlen will, lässt sich darauf ein. Da Anleger im Unterschied zu ihren professionellen Kontrahenten zumeist unerfahren im Aushandeln eines Vergleichs sind, sollten sie einen Anwalt mit den Verhandlungen beauftragen.

Ob es sinnvoll ist, sich mit einem Vergleich zufriedenzugeben, hängt vom Einzelfall ab. Erscheint der Ausgang eines Gerichtsprozesses ungewiss, spart ein Vergleich nicht nur Zeit und Nerven. Manchmal spart er auch Geld. Denn ein Gerichtsprozess kann durchaus durch mehrere Instanzen gehen – und der Anleger könnte ihn ja auch verlieren. Dann bliebe er auf seinem Schaden sitzen und müsste obendrein Gerichts- und Anwaltskosten für sich und den Gegner zahlen.

Ein Vergleich ist mit und ohne Hilfe eines Gerichts möglich. Ein Anleger, der wenig Geld hat oder ein langes Gerichtsverfahren mit ungewissem Ausgang scheut, kann sich vielleicht schon im Büro der Bank einigen – wird dann aber zumeist wenig herausholen. Aber auch wenn die Streitenden bereits vor Gericht sind, ist immer noch ein Vergleich möglich. Der Richter ist sogar dazu verpflichtet, die Möglichkeit einer gütlichen Beilegung des Streits vorzuschlagen.

Lehnen die Streitenden einen Vergleich ab, fällt das Gericht ein Urteil. Auch dieses Urteil kann noch nachträglich durch einen Vergleich unwirksam werden. Gelegentlich passiert es, dass beide Streitparteien mit der Entscheidung des Gerichts nicht einverstanden sind. Sie können dann immer noch am Verhandlungstisch eine Lösung finden, die beiden gefällt. Ihr Vergleich macht das Gerichtsurteil dann ungeschehen.

Im Unterschied zum Urteil und zu einem Vergleich vor dem Richtertisch haben Betroffene am Ende von außergerichtlichen Vergleichsverhandlungen aber keinen sogenannten vollstreckbaren Titel in der Hand. Auch wenn beide Seiten den Vergleichsvertrag unterschrieben haben, kann der Anleger damit anschließend nicht zu einem Gerichtsvollzieher gehen und ihn losschicken, um beispielsweise bei der Bank eine ausgehandelte Summe einzufordern.

Gut gerüstet zum Berater

Geht es nach dem Berliner Finanzsenator Tilo Sarrazin, dann müssten Kleinanleger eigentlich keine Probleme haben. „Wer sein Sparbuch hat und hält und dieses ehrt, kommt auch meist nicht in Probleme. Und das Zweite ist: Glaube nicht unbedingt einer Bank."

Das sagte der Politiker im Oktober 2008 im Fernsehen. Für viele Zuschauer dürfte es zynisch geklungen haben. Sie haben ihrem Berater in der Bank oder der Sparkasse vertraut und ihm geglaubt, dass zum Beispiel die Zertifikate der amerikanischen Bank Lehman Brothers absolut sicher sind oder dass in Geldmarkt- und Rentenfonds so gut wie kein Risiko steckt. Doch manche enthalten sehr wohl Risiken – in Form der sogenannten ABS-Papiere. In denen nämlich stecken US-Immobilienkredite, die nach dem Platzen der Immobilienblase plötzlich nichts mehr wert waren.

Wichtige Fragen vor der Beratung klären

Seit einigen Monaten wissen viele Anleger nun, dass ihnen ihre Gutgläubigkeit zum Verhängnis geworden ist. Die US-Bank Lehman Brothers ist pleite, die Zertifikate sind wertlos und Fonds machen Verluste. Anleger können versuchen, Berater und Vermittler für ihre miese Dienstleistung haftbar zu machen. Und sie sollten den Ärger zum Anlass nehmen, in Zukunft besonders genau hinzuschauen, wenn ihnen jemand ein Finanzprodukt verkaufen will.

Jeder Verbraucher sollte dann für sich klären, ob er überhaupt eine Finanzberatung benötigt. Das gilt vor allem, wenn Vermittler sie unaufgefordert anrufen und versuchen, sie zu einem Beratungsgespräch zu überreden. Manche richten Grüße von einem Freund des zukünftigen Kunden aus und tricksen sich so in dessen Wohnzimmer, um ihm etwas zu verkaufen. Wer tatsächlich beraten werden möchte, kann sich Ärger und Streit um Schadenersatz sparen, wenn er sich auf das Gespräch gut vorbereitet. Kunden sollten zuvor die Checkliste (→ Kasten S. 43) durchlesen und dann in der Beratungssituation einen Zeugen dabei haben. So können Aussagen des Beraters später im Streitfall leichter bewiesen werden. Vor dem Gespräch sollten Kunden folgende Fragen klären:

Tipp

Verzichten Sie auf Finanzprodukte, die Sie nicht verstehen. Kann der Berater sie nicht erklären, werden sie wahrscheinlich riskant sein. Das ist zumeist auch so bei Anlagen, die angeblich 6 Prozent und mehr Rendite abwerfen.

- In wessen Auftrag handelt mein Berater und wie wird er bezahlt?
- Welches Ziel will ich mit meiner Geldanlage erreichen? Will ich zum Beispiel für einen Urlaub sparen, für ein Auto, eine Immobilie oder für das Alter?
- Wie lange kann ich mein Geld entbehren? Brauche ich es vielleicht im nächsten Jahr oder erst in einem Jahrzehnt?
- Will ich einen bestimmten Betrag auf einmal anlegen oder in monatlichen Raten sparen?
- Welches Risiko will ich eingehen?

Wissen, wen man vor sich hat

2008 ist die EU-Vermittlerrichtlinie in Kraft getreten. Seitdem müssen Berater zumindest eine Zulassungsprüfung bei der Industrie- und Handelskammer abgelegt haben. Zuvor brauchten sie nur einen Gewerbeschein.
Trotzdem sollten Kunden wissen, mit wem sie es zu tun haben. Sie sollten ihren Berater fragen, was er für eine Ausbildung hat, für wen er arbeitet und wie er bezahlt wird. Dann können Kunden besser einschätzen, ob er mit seinen Empfehlungen eigene finanzielle Interessen vertritt.

Einfirmenvertreter. Solche Vertreter bieten nur Produkte einer bestimmten Firma an. Ihre Auswahl ist beschränkt und so ist die Gefahr groß, dass sie etwas Schlechtes verkaufen oder etwas, was nicht zum Kunden passt. Oft sind Einfirmenvertreter nicht einmal bei der Firma angestellt. Sie haben nur einen Vertrag als freier Handelsvertreter, zum Beispiel mit einer Versicherung, und verdienen nur dann, wenn sie etwas verkaufen.

Vermittler. Viele Anlagen werden von Vermittlern initiiert, die im Auftrag eines Finanzdienstleisters wie etwa dem Allgemeinen Wirtschaftsdienst unterwegs sind. Solche Vertriebe haben Provisionsverträge mit Versicherungen, Bausparkassen, Banken und anderen Anbietern von Kapitalanlagen. Ihre Vermittler erhalten von der Vertriebsfirma Provisionen für Vertragsabschlüsse. So besteht die Gefahr, dass sie mit Vorliebe Produkte empfehlen, die ihnen hohe Provisionen bringen.

Makler. Solche Vermittler haben meist einen Pool von verschiedenen Unternehmen, von denen sie für Vertragsabschlüsse bezahlt werden. Das birgt ebenfalls die Gefahr, dass sie lieber Produkte empfehlen, für die sie viel Provision bekommen.

Honorarberater. Diese Berater werden direkt vom Kunden bezahlt und garantieren, dass sie von Anbietern von Anlagen und Vorsorgeprodukten kein Honorar nehmen. Das schafft Sicherheit, dass sich die Beratung am Kundeninteresse orientiert.

Boni und Provisionen für Berater

Finanzvermittler erhalten für den Verkauf von Versicherungen, Bausparverträgen, Aktienfonds, Anleihen, Immobilien, Unternehmensbeteiligungen und vielen anderen Produkten Provisionen. Verkaufen Sie besonders erfolgreich, gibt es noch Boni obendrauf.

Natürlich ist grundsätzlich nichts falsch daran, dass Berater für ihre Dienste bezahlt werden. Kunden sollten aber immer wissen, ob ein Berater im Auftrag eines Finanzdienstleisters nur Produkte bestimmter Anlagegesellschaften verkaufen kann, mit denen sein Auftraggeber Provisionsvereinbarungen getroffen hat (→ Kasten S. 41). Dann weiß er zumindest, dass er nicht unbedingt das beste oder günstigste Produkt bekommt.

Beispiel: Stoßen Kunden auf einen Berater des Frankfurter Unternehmens Deutsche Vermögensberatung AG (DVAG), dann müssen Sie wissen, dass dieser überwiegend Produkte der Aachener-Münchener Versicherungsgruppe verkauft. Denn die DVAG ist mit der Aachen-Münchener wirtschaftlich verbandelt.

Bei Banken und Sparkassen passiert es häufig, dass die Berater vor allem Produkte des eigenen Hauses empfehlen. Auch das müssen nicht unbedingt schlechte Angebote sein. Aber auch hier sollten Kunden wissen, dass es auch noch andere Produkte gibt. Sie sollten einfach fragen, ob und wie viel Provision der Berater für seine Empfehlung bekommt.

Wie viel Risiko darf es sein?

Besonders intensiv sollten sich Kunden vor einer Anlageberatung damit auseinandersetzen, welches Risiko sie mit einer Geldanlage eingehen wollen. Nur wer das für sich selbst klar definiert hat, kann es auch dem Berater gegenüber deutlich formulieren und ist gerüstet für das Beratungsgespräch. Am besten ist es, wenn Kunden schriftlich festlegen, welches Risiko sie eingehen wollen. So kommen sie nicht ins Schlingern, wenn in der Beratung plötzlich Begriffe wie „renditeorientiert“ oder „konservativ“ fallen.

Fragt man drei Menschen, was sie in Sachen Geldanlage unter dem Begriff „konservativ“ verstehen, bekommt man wahrscheinlich drei unterschiedliche Antworten. Der eine meint, dass darunter nur Festgeld, Bundesschatzbriefe oder Sparbücher fallen. Der Nächste fin-

Checkliste

Seriös sind ...

... Berater, die Ihnen alle Unterlagen zu einer Kapitalanlage aushändigen und Sie ausführlich auf Risiken hinweisen.

... Berater, die Ihnen die wichtigsten Fakten der Kapitalanlage wie Kosten, Sicherheit, Laufzeit und die Höhe der Rendite schriftlich geben. Sie haften dann nämlich für ihre Angaben.

... Berater, die nichts dagegen haben, wenn Sie das Angebot von einem Steuerberater oder einer Verbraucherzentrale prüfen lassen.

.... Berater, die Ihnen mehrere Tage Bedenkzeit einräumen.

... Berater, deren Vertriebsorganisation eine Berufshaftpflichtversicherung für ihre Vermittler abgeschlossen hat.

Unseriös sind ...

... Berater, die Ihnen per Telefon eine Geldanlage verkaufen wollen. Wer hier mitmacht, verliert meist Geld.

... Berater, die Ihnen hohe Renditen ohne jedes Risiko versprechen.

... Berater, die Sie zu einer schnellen Unterschrift drängen.

... Berater, die Ihnen Garantien nur mündlich geben wollen. Dann haben Sie im Schadensfall keine Beweise.

... Berater, die Ihnen Risikohinweise zu einer Anlage nicht schon vor der Unterschrift unter den Vertrag aushändigen.

... Berater, die Sie zur Kündigung bereits vorhandener Verträge drängen, um neue Verträge abschließen zu können.

det, dass ein Portfolio konservativ ist, wenn darin 80 Prozent des Geldes in sicheren und der Rest in spekulativen Papieren steckt. Und der Dritte wiederum glaubt, dass für konservative Anleger nur Geldmarktfonds, Rentenfonds und Staatsanleihen infrage kommen. Genauso ist es mit dem Begriff „risikoorientiert“. Es ist fatal, wenn der Anleger meint, dass bei so einem Investment lediglich die Rendite ausbleiben kann, während der Berater darunter eine Anlage versteht, bei der das Geld komplett verlorengehen kann. Die Gefahr, dass Anleger und Berater aneinander vorbeireden, ist riesengroß.

Wichtig: Legen Sie im Beratungsprotokoll genau fest, was Sie unter häufig verwendeten Begriffen wie konservativ, sicher, risikobewusst oder spekulativ verstehen.

Eine gute Orientierung bietet die Liste auf Seite 32, in der die wichtigsten Anlagemöglichkeiten nach Höhe ihres Risikos sortiert sind.

Damit nichts schiefgeht, sollten Kunden zudem festlegen, wie viel Prozent ihres Geldes in welche Geldanlagen investiert werden dürfen. Hilfreich bei diesen Überlegungen sind die Musterdepots, die Finanztest für Anleger mit unterschiedlichen Risikoneigungen entwickelt hat (→ S. 146). Wer ganz auf Nummer sicher gehen will, kann sich in der Vorbereitung auf das Beratungsgespräch auch am „Garantiedepot" von Finanztest orientieren (→ S. 149). Es ist so strukturiert, dass Gewinne möglich, Verluste aber ausgeschlossen sind.

Den Erfassungsbogen in Ruhe ausfüllen

Anleger, die bei einer Bank oder einer Sparkasse Wertpapiere kaufen möchten, müssen vom Berater mithilfe eines sogenannten Wertpapierhandelsbogens klassifiziert werden. Dieser Bogen ist keine Sache, die Berater und Kunden nebenbei erledigen sollten. Anleger sollten beim Ausfüllen des Bogens genau hinsehen und darauf achten, dass der Berater ihre Anlagewünsche und ihre Risikobereitschaft korrekt einträgt. Dann kann der Anleger nach Verlusten erfolgreich Schadenersatz geltend machen, wenn sich der Berater nicht an die Einträge gehalten hat.

Bei allen anderen Geldanlageprodukten wie zum Beispiel einer Genossenschaftsbeteiligung oder bei langfristigen Beteiligungen an geschlossenen Immobilien-, Schiffs-, Solar- oder Filmfonds muss solch ein Bogen nicht ausgefüllt werden. Umso genauer sollten Anleger deshalb den Berater hier nach den Risiken fragen.

Vor so einem Investment steht harte Arbeit. Hier sind umfangreiche Recherchen über die Anbieter notwendig, um zu sehen, wie sie in der Vergangenheit gewirtschaftet haben. Hier muss die Bilanz blitzsauber sein, denn bei solchen Beteiligungen droht immer das Risiko, dass Anleger ihre Einlage vollständig verlieren. Ratsam ist es deshalb auch, nicht mehr als 10 Prozent des eigenen Vermögens in solche Anlagen zu stecken.

Wichtig: Achten Sie darauf, dass alle wichtigen Details der Geldanlage und der Anlageentscheidung im Beratungsprotokoll festgehalten werden. Verlangen Sie vom Berater, dass er das Protokoll unterschreibt. Geht es um den Kauf von Wertpapieren, ist das Ausfüllen des sogenannten Wertpapierhandelsbogens Pflicht. Hier sollten Anleger darauf drängen, dass das gründlich gemacht wird.

Checkliste

Vor fehlerhaften Anlageentscheidungen können Sie sich schützen, indem Sie sich gut auf das Gespräch vorbereiten und anschließend alles genau prüfen lassen. Folgende Punkte sind wichtig:

Zeuge. Nehmen Sie möglichst jemanden zur Beratung mit. Dann haben Sie im Fall einer Falschberatung einen Zeugen.

Anlageziel. Klären Sie vor der Beratung, wie viel Geld Sie anlegen wollen, was Sie mit Ihrem Geld machen wollen und wie lange Sie es entbehren können.

Anlageprofil. Schreiben Sie genau auf, ob Sie Ihr Geld ganz sicher, mit wenig oder mit viel Risiko anlegen wollen. Erläutern Sie schriftlich, was Sie unter Ihrer Risikoeinstufung verstehen. Lassen Sie die Einstufung vom Berater unterschreiben.

Fakten. Lassen Sie sich alle wichtigen Details zu einer Geldanlage schriftlich geben, damit Sie im Schadensfall keine Beweisschwierigkeiten bekommen. Dazu gehören die Beschreibung des Risikos, der Laufzeit, der Kündigungsmöglichkeiten und die Höhe der Kosten der Anlage. Denn investiert wird nur, was nach Abzug der Kosten von Ihrem Geld übrig bleibt.

Unterlagen. Achten Sie darauf, dass Ihnen der Berater neben dem Vertrag auch den offiziellen Anlageprospekt zu einer Kapitalanlage aushändigt – und nicht nur die Werbebroschüre.

Anlageprospekt. Lesen Sie unbedingt die Risikohinweise im Anlageprospekt.

Anbieter. Schauen Sie in der Finanztest-Warnliste nach, ob der Anbieter einer Kapitalanlage schon mal negativ aufgefallen ist (www.test/Stichwort „Warnliste", Abruf 2,50 Euro). Fragen Sie auch bei Ihrer Verbraucherzentrale nach, ob die Anlagefirma dort bekannt ist.

Ausland. Befindet sich der Geschäftssitz der Anlagefirma im Ausland, ist es im Schadensfall oft kompliziert und teuer, dort Schadenersatzansprüche zu stellen.

Vergleichsangebot. Sinnvoll ist es, sich Angebote anderer Anbieter anzusehen und zu vergleichen.

Prüfung. Wenn Sie nicht sicher sind, ob das von Ihrem Berater empfohlene Anlageangebot wirklich lukrativ ist, sollten Sie es von einer zweiten, unabhängigen Instanz prüfen lassen. Das kann eine Verbraucherzentrale, ein unabhängiger Honorarberater oder ein Steuerberater tun.

Versicherung. Lassen Sie sich vom Berater bestätigen, dass er eine Vermögenshaftpflichtversicherung hat. Falls er Sie falsch beraten hat, tritt dann die Versicherung für Ihren Schaden ein.

Unterschrift. Unterschreiben Sie nichts gleich am Tag der Beratung. Überschlafen Sie Ihre Entscheidung.

Tipp

Hat ein Finanzberater Sie zuhause aufgesucht und haben Sie dort einen Vertrag unterschrieben, können Sie ihn in einer Frist von 14 Tagen widerrufen. Den Widerruf sollten Sie per Einschreiben und Rückschein an den Anbieter der Geldanlage schicken. Adresse und Frist stehen in der Widerrufsbelehrung zu dem Anlagevertrag. Hat der Berater über das Widerrufsrecht nicht oder nur undeutlich aufgeklärt, läuft die Frist so lange, bis diese Belehrung nachgeholt wird.

Vorher Angebote vergleichen

Auch ein guter Berater kann Fehler machen. Deshalb ist es wichtig, seinen Empfehlungen nicht sofort zu folgen, sondern sie nach dem Gespräch gründlich zu prüfen.

Ob die Empfehlung beispielsweise einer bestimmten Versicherung, eines Fonds oder eines Bausparvertrags gut ist, können Anleger mit den Untersuchungen in der Zeitschrift Finanztest oder unter www.test.de nachvollziehen. Sie können aber auch auf eigene Faust weitere Angebote bei Konkurrenzunternehmen einholen und dann vergleichen.

Von Angeboten, die Anleger beim besten Willen nicht verstehen, sollten sie die Finger lassen oder sich fachmännischen Rat einholen. Die Kosten für eine Finanzberatung betragen bei den Verbraucherzentralen zwischen 30 und 160 Euro.

Unterstützung bekommen vor allem ältere Anleger auch von der Organisation „Die alten Hasen“. Hier kostet eine Erstberatung 78,50 Euro. Für umfassende Vermögensanalysen verlangen diese Berater je nach Aufwand zwischen 160 Euro und 275 Euro pro Stunde.

Unabhängige Berater vom Verbund Deutscher Honorarberater nehmen etwa 200 Euro pro Stunde. Für diese vergleichsweise hohen Kosten bekommen Anleger dort aber auch die Sicherheit, dass Berater keine Provisionen für ihre Empfehlungen erhalten.

Infos: Die Adressen und Telefonnummern der Verbraucherzentralen finden Sie auf Seite 162.
„Die alten Hasen“ sind erreichbar unter Tel. 0 69/92 03 78 90 (www.diealtenhasen.de).
Informationen zum Verbund Deutscher Honorarberater finden Sie unter www.verbund-deutscher-honorarberater.de (Tel. 0 96 21/78 82 50).

Wichtig: Falls Ihnen der Berater Steuervorteile versprochen hat, sollten Sie das Angebot auch vom Steuerberater prüfen lassen. Bestätigt der Steuerberater, dass die Versprechen stimmen, und treffen sie später nicht zu, dann haftet auch er für falsche Berechnungen.

Einlagensicherung für Bankkonten

Wie Geld bei einer Bankpleite geschützt ist

Was passiert mit den Ersparnissen bei Banken und Sparkassen, wenn das Institut pleitegeht? Diese Frage haben sich in den vergangenen Wochen Millionen von Deutschen gestellt. Dem Impuls, die Antwort lieber nicht abzuwarten und ihr Geld sofort abzuheben, haben die allermeisten aber widerstanden. Das war vernünftig und hat vermutlich weitere Bankenpleiten verhindert.

Trotzdem ist die Frage nach den Folgen einer Bankenpleite weiterhin aktuell. Sparer wollen wissen: Wie komme ich an mein Geld, wenn meine Bank dichtmacht? Ist mein Geld dann womöglich weg? Welche Einlagen sind durch die verschiedenen Sicherungssysteme abgesichert? Welche Guthaben fallen unter die Staatsgarantie? Wie lange dauert es, bis ein Sicherungsfonds oder der Staat zahlt? Wie bezahle ich meine Rechnungen, wenn ich längere Zeit nicht an mein Geld komme?

Beim Sparen sind Deutsche spitze

Wegen der Finanzkrise legen die Deutschen mehr Geld auf die hohe Kante als bisher. Laut Bundesverband der Deutschen Volks- und Raiffeisenbanken stieg die Sparquote im Jahr 2008 von 10,8 auf 11,2 Prozent. Das entspricht 177 Milliarden Euro. Die Sparquote beschreibt, wie hoch der Anteil der Ersparnisse am Einkommen ist.

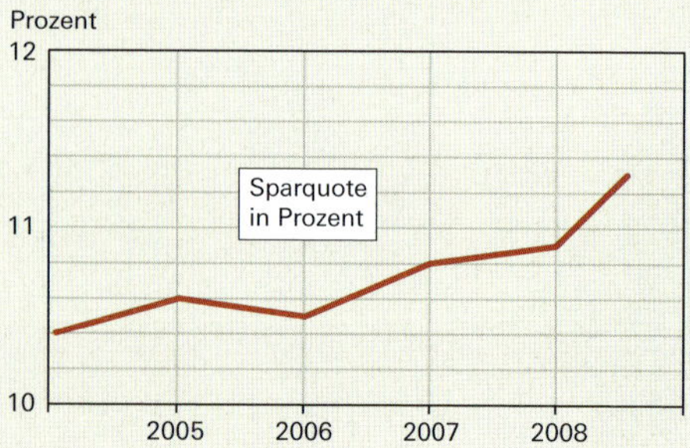

Im Ernstfall friert die Bafin das Vermögen ein

Erfahren Sparer aus den Nachrichten, dass ihre Bank in Finanznöten steckt, ist es zum Geldabheben in aller Regel zu spät. Denn bevor in so einem Fall die Öffentlichkeit informiert wird, greift die Bundesanstalt für Finanzdienstleistungsaufsicht (Bafin) in Bonn ein. Sie verhängt ein Moratorium und verbietet der Bank, Vermögen zu veräußern oder auszuzahlen.

Das Moratorium ist ein Stillhalteabkommen. Es verhindert einerseits, dass ein Run der Kunden auf die Bank stattfindet und Vermögen unkontrolliert abfließt. Andererseits verschafft es der Bank Zeit, um Wege aus der Krise zu suchen. Meist sind das sechs Wochen. Gelingt es der Bank in dieser Zeit nicht, ihre Finanzprobleme zu lösen, beantragt die Finanzaufsicht die Insolvenz der Bank und stellt den Entschädigungsfall fest. Dann kann der Einlagensicherungsfonds seine Arbeit aufnehmen.

Dazu schreibt er alle Kunden an. Bislang hat der Einlagensicherungsfonds seit seiner Gründung 1976 in 32 Pleitefällen alle Kunden zu 100 Prozent entschädigt.

Kunden der Weserbank in Bremerhaven, die im April 2008 in die Pleite ging und für die die Bafin Insolvenz beantragt hatte, erhielten ihr Geld plus Zinsen rund zwei Monate später zurück. Das System funktionierte, weil mit über 180 Banken fast alle Privatbanken Deutschlands regelmäßig Beiträge an den Fonds zahlen.

Tipp

Wenn Ihre Bank pleitegeht, sind Ihre Sparanlagen zwar in der Regel geschützt. Doch es kann dauern, bis Sie an Ihr Geld kommen. Damit Sie in dieser Zeit trotzdem Kreditraten oder die Miete zahlen können, sollten Sie Girokonto und Tagesgeld bei verschiedenen Kreditinstituten haben. Geht eines der Institute pleite, haben Sie immer noch Zugriff auf einen Teil Ihres Geldes.

Welche Guthaben fallen unter die Sicherung des Fonds?

Einlagen bei deutschen Geldinstituten sind gut abgesichert. Gesichert sind Guthaben auf dem Girokonto, als Tagesgeld, Festgeld, Termingeld sowie auf den Namen des Käufers lautende Sparbriefe und Sparbücher.

Bei Sparkassen sowie Volks- und Raiffeisenbanken werden – anders als bei Banken – auch Schuldverschreibungen und Zertifikate wie Spareinlagen behandelt, wenn diese von dem Institut selbst herausgegeben worden sind. Hat die Sparkasse oder die Raiffeisenbank die Schuldverschreibungen oder Zertifikate aber nur verkauft und ist der Herausgeber ein anderes Institut, gelten die Papiere nicht als Spareinlage. Geht der Herausgeber solcher Papiere pleite, verlieren die Anleger ihr Geld.

So sind die Investitionen von etwa 30 000 Anlegern weg, die bei deutschen Banken und Sparkassen Zertifikate der US-Investmentbank Lehman Brothers gekauft haben. Denn nicht die Geldhäuser, sondern die jetzt insolvente US-Bank und ihre ebenfalls zahlungsunfähige holländische Tochter hatten die Papiere herausgegeben.

Ist im Einlagensicherungsfonds genug Geld?

Es gibt keine offiziellen Angaben über die Mittel des Einlagensicherungsfonds deutscher Banken. Der Fonds funktioniert nach dem Prinzip, dass die anderen Banken einspringen, wenn ein Institut pleitegeht. Das funktioniert, solange es nicht alle Banken auf einmal trifft. Zusätzlich sorgt die Staatsgarantie für hohe Sicherheit.

Spargeld ist auch bei einer Bankenpleite gut gesichert

In welcher Höhe die Einlagen eines Kunden gesichert sind, ist aber je nach Kreditinstitut unterschiedlich.

Wichtig: Für alle Kunden mit Spareinlagen von Privatbanken gilt zunächst die gesetzliche Einlagensicherung. Danach sind 90 Prozent der Einlagen eines Kunden, maximal aber 20 000 Euro geschützt.

Grundlage für die gesetzliche Entschädigung von Spareinlagen ist das Einlagensicherungs- und Anlegerentschädigungsgesetz (ESAEG). Danach müssen alle Institute, die von Privatanlegern Einlagen entgegennehmen, zwingend der Entschädigungseinrichtung deutscher Banken GmbH (EdB) angehören.

Finanztest So ist Geld bei verschiedenen Einlagensicherungsfonds gesichert

Sicherungsfonds/Verband	Repräsentant von	Abgesicherte Einlagen[1]	Höhe der Einlagensicherung
Entschädigungseinrichtung deutscher Banken (EdB) www.edb-banken.de	Privatbanken, private Bausparkassen	Einlagen	90 Prozent der Forderung, maximal 20 000 Euro
Einlagensicherungsfonds des Bundesverbandes Öffentlicher Banken (VÖB); www.voeb.de	59 Mitgliedern, z. B. Deutsche Kreditbank, NRW-Bank	Einlagen und auf den Namen lautende Schuldverschreibungen	100 Prozent
Einlagensicherungsfonds des Bundesverbandes deutscher Banken (BDB); www.bankenverband.de	180 Privatbanken, z. B. Deutsche Bank, Dresdner Bank, Postbank	Einlagen	Pro Anleger 30 Prozent des haftenden Eigenkapitals der jeweiligen Bank
Haftungsverbund der Sparkassen-Finanzgruppe des Deutschen Sparkassen- und Giroverbandes (DSGV); www.dsgv.de	Über 440 Sparkassen und Landesbausparkassen (LBS)	Einlagen und Ansprüche aus verbrieften Forderungen	100 Prozent
Sicherungseinrichtung des Bundesverbandes der deutschen Volks- und Raiffeisenbanken (BVR); www.bvr.de	Über 1 200 Mitglieder, z. B. PSD-, Sparda-, Volks- und Raiffeisenbanken	Einlagen sowie Inhaberschuldverschreibungen, die von einer dem BVR angehörigen Bank herausgegeben wurden	100 Prozent
Bausparkassen-Einlagensicherungsfonds des Verbandes der Privaten Bausparkassen (VdPB); www.bausparkassen.de	Privaten Bausparkassen, z. B. Debeka, Alte Leipziger, Bausparkasse Mainz	Einlagen und Bauspareinlagen	Bauspareinlagen in unbegrenzter Höhe, Spareinlagen bis zu 250 000 Euro pro Kunde

1) Als Einlagen gelten Giroguthaben, Tagesgeld, Festgeld, Sparbücher und Sparbriefe.

Wichtig: Zusätzlich sind Spargelder bei den meisten Banken durch freiwillige Sicherungsfonds in Millionenhöhe abgesichert. Sie übernehmen also im Falle der Insolvenz eines Kreditinstituts den 10-prozentigen Selbstbehalt des Kunden und zahlen für verlorene Spareinlagen, die die Grenze von 20 000 Euro überschreiten. Für welche Summe ein Sicherungsfonds bei einer Insolvenz gerade steht, ist von der jeweiligen Sicherungseinrichtung abhängig, der das Geldinstitut angehört. In der Tabelle auf Seite 54 können sie nachschauen, wie viel Geld bei den verschiedenen Geldhäusern für jeden Kunden abgesichert ist.

Sparkassen helfen sich gegenseitig

Die rund 440 Sparkassen in Deutschland helfen sich im Rahmen eines bundesweiten Sicherungssystems untereinander. Droht einer Sparkasse die Pleite, müssen ihr die anderen Sparkassen unter die Arme greifen und sie mit ausreichend Liquidität ausstatten. So kann keine Sparkasse pleitegehen. Die Sparkassen sind zu Recht stolz auf ihr System, weil

- Spareinlagen über die gesetzliche Mindestsicherung von 20 000 Euro hinaus abgesichert sind,
- sämtliche Spareinlagen ihrer Kunden in unbegrenzter Höhe abgesichert sind
- und auch Inhaberschuldverschreibungen und Zertifikate, die von der Sparkasse selbst herausgegeben wurden, zu 100 Prozent sicher sind.

Was ist der Unterschied zwischen der Entschädigungseinrichtung deutscher Banken und dem Einlagensicherungsfonds des Bankenverbandes ?

Die Entschädigungseinrichtung deutscher Banken (EdB) ist die gesetzliche Sicherungseinrichtung. Sie sichert 90 Prozent der Einlagen, maximal 20 000 Euro pro Sparer. Die meisten Banken gehören zudem auch dem freiwilligen Einlagensicherungsfonds der privaten Banken an. Dieser freiwillige Einlagensicherungsfonds schützt die Einlagen, die die 20 000-Euro-Grenze übersteigen. Die Mindestgrenze für den Schutz des Spargelds liegt bei 1,5 Millionen Euro pro Person. In vielen Fällen liegt sie sogar deutlich darüber.

Auch Genossenschaftsbanken helfen sich

Kunden von Genossenschaftsbanken wie etwa Volks- und Raiffeisenbanken, Sparda- und PSD-Banken oder Kirchenbanken, brauchen keine Angst zu haben, dass ihre Bank insolvent wird. Denn ähnlich wie die Sparkassen bilden alle deutschen Genossenschaftsbanken ein Sicherheitsnetz, in dem jeder für jeden einsteht. Eine Pleite eines der über 1200 Institute, die im Bundesverband der Deutschen Volksbanken und Raiffeisenbanken (BVR) zusammengeschlossen sind, ist also so gut wie ausgeschlossen. Noch nie ist eine Genossenschaftsbank pleitegegangen, noch nie musste die bereits 1934 gegründete Sicherungseinrichtung des BVR einen Anleger entschädigen.

Entschädigungseinrichtung für Wertpapierhandelsunternehmen

Die Entschädigungseinrichtung der Wertpapierhandelsunternehmen (EdW) entschädigt Privatanleger, wenn ein Mitgliedsunternehmen nicht in der Lage ist, seine Verbindlichkeiten aus Wertpapiergeschäften zu erfüllen. Ansprüche können zum Beispiel entstehen, wenn Anleger bereits Geld für Wertpapierkäufe an das Unternehmen überwiesen haben und dieses insolvent wird, bevor das Geld angelegt ist. Gesichert sind Ansprüche gegen die 780 von der Bafin zugelassenen Mitglieder der EdW. Zudem muss es sich um Anlegergeschäfte in der Währung eines EU-Mitgliedstaates oder in Euro handeln.

Kann ein Mitglied der EdW seine Verbindlichkeiten gegenüber Kunden nicht mehr erfüllen, stellt die Bafin den Entschädigungsfall fest. Der Entschädigungsfall wird im Bundesanzeiger veröffentlicht. Die EdW ersetzt dann Kundenschäden bis zu 90 Prozent und in Höhe von maximal 20000 Euro.

Die EdW befindet sich derzeit in einem finanziellen Engpass, da ihr ehemals größter Beitragszahler, die Phoenix Kapitaldienst AG, durch betrügerische Handlungen bereits im Jahr 2005 zum Entschädigungsfall geworden ist. Die Entschädigungssumme für etwa 30000 Anleger soll 200 Millionen Euro betragen.

Da die EdW über diese Mittel bei weitem nicht verfügt, hat sie von ihren Mitgliedern in einem ersten Schritt Sonderbeiträge in Höhe von 30 Millionen Euro gefordert. Dagegen haben sich die Mitgliedsinstitute vor Gericht erfolgreich gewehrt. Das Verwaltungsgericht Berlin untersagte der EdW im Oktober 2008 die Beitragserhöhung. Die EdW hat gegen die Entscheidung des Gerichts Beschwerde eingelegt. Parallel versucht sie, alternative Finanzierungen für Teilentschädigungen zu finden. Für Phoenix-Anleger bedeutet das: Sie müssen wohl noch viele weitere Jahre auf ihre Entschädigung warten.

Sollte es trotzdem passieren, dass ein BVR-Mitglied vorübergehend zahlungsunfähig wird, können Kunden auf den Sicherungsfonds vertrauen. Der Fonds schützt über den gesetzlichen Schutzumfang von maximal 20 000 Euro hinaus

- Spareinlagen zu 100 Prozent,
- Inhaberschuldverschreibungen zu 100 Prozent, sofern sie von einem BVR-Mitglied herausgegeben wurden,
- und Zertifikate, die von einem BVR-Mitglied herausgegeben wurden, zu 100 Prozent.

Zur Sicherungseinrichtung des BVR gehören außerdem auch Spar- und Darlehenskassen, kirchliche Kreditgenossenschaften, genossenschaftliche Zentralbanken, Hypothekenbanken sowie „sonstige Spezialinstitute" des sogenannten Finanzverbundes wie zum Beispiel die Bausparkasse Schwäbisch Hall.

Infos: Die Namen der über 1 200 zum Finanzverbund gehörenden Genossenschaftsbanken sowie Informationen zur Absicherung finden Sie unter www.bvr.de/se.

Kann sich die Sicherungsgrenze einer Bank ändern?
Ja, die Sicherungsgrenze kann sich ändern, da sie vom haftenden Eigenkapital der jeweiligen Bank abhängig ist. Der Einlagensicherungsfonds des Bankenverbands sichert pro Kunde bis zu 30 Prozent des haftenden Eigenkapitals der Bank bis mindestens 1,5 Millionen Euro pro Kunde ab.

Was passiert, wenn eine Bank aus dem Einlagensicherungsfonds ausscheidet?
Einlagen, die vor Ausscheiden einer Bank eingezahlt wurden, genießen Bestandsschutz. Sie sind bis zur Höhe der ehemals gültigen Sicherungsgrenze bis zur Fälligkeit beziehungsweise bis zum nächstmöglichen Kündigungstermin durch den Einlagensicherungsfonds geschützt.

Bauspareinlagen sind sicher

Bauspareinlagen sind bei allen deutschen Bausparkassen unbegrenzt durch Einlagensicherungen geschützt.

- So sind die Landesbausparkassen in das Sicherungssystem der Sparkassen (➔ S. 51) eingebunden.
- Die größte deutsche Bausparkasse, Schwäbisch Hall, gehört zum Finanzverbund der Volks-und Raiffeisenbanken. In diesem Verbund steht jeder für jeden ein (➔ S. 52).

Finanztest Spargeld bei Sparkassen und Banken

So viel Geld erhalten Sie von Ihren Spareinlagen zurück, wenn Ihre Bank pleitegeht.

Name der Bank	Wir empfehlen Einlagen bis	Höhe der gesetzlichen Sicherung in Euro pro Kunde/Staat	Höhe der freiwilligen Einlagensicherung in Euro pro Kunde (Zirka-Wert)
Advanzia Bank	Max. 20 000 Euro	20000/Luxemburg	Keine
Akbank N.V.	Max. 20 000 Euro	100000/Niederlande[3]	Keine
Allgemeine Beamtenkasse	Sicherungsgrenze	90 %, max. 20000/Deutschland	25 Mio[1]
Amsterdam Trade Bank	Max. 20 000 Euro	100000/Niederlande[3]	Keine
Augsburger Aktienbank	Sicherungsgrenze	90 %, max. 20000/Deutschland	14,9 Mio[1]
Axa Bank	Sicherungsgrenze	90 %, max. 20000/Deutschland	19,3 Mio[1]
Berliner Bank	Sicherungsgrenze	90 %, max. 20000/Deutschland	84 Mio[1]
BHF Bank	Sicherungsgrenze	90 %, max. 20000/Deutschland	188,7 Mio[1]
BMW Bank	Sicherungsgrenze	90 %, max. 20000/Deutschland	180 Mio[1]
Citibank	Sicherungsgrenze	90 %, max. 20000/Deutschland	220,2 Mio[1]
comdirekt bank	Sicherungsgrenze	90 %, max. 20000/Deutschland	116,8 Mio[1]
Commerzbank	Sicherungsgrenze	90 %, max. 20000/Deutschland	3,8 Mrd.[1]
Cortal Consors	Sicherungsgrenze	70000/Frankreich	45 Mio[1]
Credit Europe Bank	Max. 20 000 Euro	100000/Niederlande[3]	Keine
Cronbank	Sicherungsgrenze	90 %, max. 20000/Deutschland	5,8 Mio[1]
DAB Bank	Sicherungsgrenze	90 %, max. 20000/Deutschland	28,4 Mio[1]
Degussa Bank	Sicherungsgrenze	90 %, max. 20000/Deutschland	38,8 Mio[1]
Demir Halk Bank (DHB)	Max. 20 000 Euro	100000/Niederlande[3]	Keine
Denizbank	Max. 20 000 Euro	20000/Österreich	Unbegrenzt[2]
Deutsche Bank	Sicherungsgrenze	90 %, max. 20000/Deutschland	7,5 Mrd.[1]
DKB Deutsche Kreditbank	Unbegrenzt	90 %, max. 20000/Deutschland	Unbegrenzt[1]
Dresdner Bank	Sicherungsgrenze	90 %, max. 20000/Deutschland	2,8 Mrd.[1]
Gallinat-Bank	Sicherungsgrenze	90 %, max. 20000/Deutschland	8,5 Mio[1]
Garantibank	Max. 20 000 Euro	100000/Niederlande[3]	Keine
GE Money Bank	Sicherungsgrenze	90 %, max. 20000/Deutschland	57,9 Mio[1]
Hanseatic Bank	Sicherungsgrenze	90 %, max. 20000/Deutschland	34,7 Mio[1]
Hypovereinsbank	Sicherungsgrenze	90 %, max. 20000/Deutschland	6,7 Mrd.[1]
ICICI Bank	Sicherungsgrenze	50000 Pfund/Großbritannien	1,5 Mio[1]
ING-Diba	Sicherungsgrenze	90 %, max. 20000/Deutschland	1,2 Mrd.[1]
Karstadt Quelle Bank	Sicherungsgrenze	90 %, max. 20000/Deutschland	13,5 Mio[1]
Mercedes-Benz Bank	Sicherungsgrenze	90 %, max. 20000/Deutschland	284,2 Mio[1]
Nationalbank	Sicherungsgrenze	90 %, max. 20000/Deutschland	77,6 Mio[1]
netbank	Sicherungsgrenze	90 %, max. 20000/Deutschland	9,8 Mio[1]
NF Bank (Nordfinanz)	Sicherungsgrenze	90 %, max. 20000/Deutschland	3,8 Mio[1]
norisbank	Sicherungsgrenze	90 %, max. 20000/Deutschland	46,6 Mio[1]
Oberbank	Sicherungsgrenze	90 %, max. 20000/Deutschland	15 Mio[1]
Oyak Anker Bank	Sicherungsgrenze	90 %, max. 20000/Deutschland	8,2 Mio[1]
Parex Bank	Keine Empfehlung	50000/Lettland[4]	1,5 Mio[1]
Postbank	Sicherungsgrenze	90 %, max. 20000/Deutschland	1,2 Mrd.[1]
Salzburg-München Bank	Sicherungsgrenze	90 %, max. 20000/Deutschland	9,6 Mio[1]
Santander Consumer Bank	Sicherungsgrenze	90 %, max. 20000/Deutschland	313,8 Mio[1]
SEB Bank	Sicherungsgrenze	90 %, max. 20000/Deutschland	577,5 Mio[1]
SKG Bank	Unbegrenzt	Volle Absicherung aller Sparguthaben über Sparkassensicherung[1]	

Name der Bank	Wir empfehlen Einlagen bis	Höhe der gesetzlichen Sicherung in Euro pro Kunde/Staat	Höhe der freiwilligen Einlagensicherung in Euro pro Kunde (Zirka-Wert)
Umweltbank	Keine Einlage[5)]	90 %, max. 20000/Deutschland	Keine[1)]
Vakifbank	Max. 20 000 Euro	20000/Österreich	Unbegrenzt[2)]
Volkswagen Bank direct	Sicherungsgrenze	90 %, max. 20000/Deutschland	1,1 Mrd.[1)]
Von Essen Bankgesellschaft	Sicherungsgrenze	90 %, max. 20000/Deutschland	38,7 Mio[1)]
Weberbank	Unbegrenzt	Volle Absicherung aller Sparguthaben über Sparkassensicherung[1)]	
Wüstenrot Bank	Sicherungsgrenze	90 %, max. 20000/Deutschland	125,9 Mio[1)]
Ziraat Bank	Sicherungsgrenze	90 %, max. 20000/Deutschland	42,7 Mio[1)]
Sparkassen	Unbegrenzt	Volle Absicherung aller Sparguthaben[1)]	
Genossenschaftsbanken (→S. 52)	Unbegrenzt	Volle Absicherung aller Sparguthaben[1)]	
Private Bausparkassen (Aachener, Debeka, Alte Leipziger, Badenia, Bausparkasse Mainz)	Bis 250 000 Euro	90 %, max. 20 000 Euro	0,25 Mio[1)]

1) Für den Fall, dass alle Sicherungssysteme ausfallen, hat die Bundesregierung eine Staatsgarantie ausgesprochen. Dabei handelt es sich nur um eine Absichtserklärung.
2) In Österreich ist die unbegrenzte Einlagensicherung samt Staatshaftung am 1. 10. 2008 in Kraft getreten. Sie gilt für alle Einlagen bis zum 31. 12. 2009. Danach reduziert sich die Sicherung samt Staatsgarantie auf 100000 Euro.
3) Die gesetzliche Einlagensicherung der Niederlande wurde im Oktober 2008 auf 100000 Euro angehoben. Die Regelung gilt befristet bis zum 6. 10. 2009.
4) Nachdem im Oktober zunächst die gesetzliche Einlagensicherung in Lettland von 20000 auf 50000 Euro erhöht wurde, ist die Bank teilverstaatlicht worden. Lettland braucht wegen wirtschaftlicher Schwierigkeiten internationale Hilfe.
5) Da die Umweltbank nur Mitglied in der gesetzlichen Einlagensicherung ist, besteht im Fall einer Insolvenz für Einlagen in jedem Fall ein Verlustrisiko von mindestens 10 Prozent.

Stand: November 2008

- Die privaten Bausparkassen gehören unterschiedlichen Sicherungssystemen an. Die meisten privaten Bausparkassen sind Mitglieder der Entschädigungseinrichtung deutscher Banken. Sie sichert 90 Prozent der Einlagen, maximal 20 000 Euro pro Kunde ab. Darüber hinaus sind Bauspareinlagen in unbegrenzter Höhe durch zusätzliche Einlagensicherungen der Bausparkassen geschützt.
- Die Allianz Dresdner Bausparkasse, die Deutsche Bank Bausparkasse und die Vereinsbank Victoria Bausparkasse gehören dem Einlagensicherungsfonds der Bank-Bausparkassen an.
- Die privaten Bausparkassen wie zum Beispiel BHW und Wüstenrot sind beim Bausparkassen-Einlagensicherungsfonds.
- Einige private Bausparkassen bieten neben Bausparverträgen auch Tagesgeldkonten, Festgeld und Sparbriefe an. Solche „sonstigen Einlagen“ sind beim Bausparkassen-Einlagensicherungsfonds inklusive Zinsen bis zu 250 000 Euro pro Kunde abgesichert.

Die Bausparkassen dürfen zudem die für Bauspardarlehen nicht benötigten Einlagen nach dem Bausparkassengesetz nur sehr konservativ anlegen. So ist es ihnen zum Beispiel nicht erlaubt, Währungs- oder Aktienrisiken einzugehen.

Infos: Wenn Ihre Bank nicht in der Tabelle aufgeführt ist, können Sie auf der Seite www.bankenverband.de/einlagen sicherungsfonds nachschauen, ob die Bank Mitglied des freiwilligen Sicherungsfonds ist.

Staatsgarantie der Bundesregierung

Bundesbürger, die Spareinlagen bei deutschen Geldhäusern haben, können schließlich auf die Staatsgarantie der Bundesregierung vertrauen. Danach erhält jeder Bürger sein Geld vom Staat zurück, wenn Sicherheitsnetze reißen sollten. Die von Bundeskanzlerin Angela Merkel und Bundesfinanzminister Peer Steinbrück am 5. Oktober 2008 verkündete Staatsgarantie gilt für alle deutschen Geldinstitute. Darüber hinaus gilt sie auch für ausländische Kreditinstitute, wenn diese an einen deutschen Sicherungsfonds angeschlossen sind.

Tipp

Höhere Zinsen für Festgeld im Ausland können zulasten der Sicherheit gehen. Legen Sie grundsätzlich nicht mehr Geld im Ausland an, als durch die jeweilige Einlagensicherung des Staates garantiert ist. Verteilen Sie Ihr Geld auf mehrere Banken, um es zu schützen. Die besten Zinsen für Tages-, Festgeld oder eine Einmal-Anlage zwischen ein und fünf Jahren finden Sie unter www. test.de mit dem Stichwort „Tagesgeld".

Wichtig: Auch Kunden der in Frankfurt am Main ansässigen ING-Diba müssen sich keine Sorgen um ihre Ersparnisse machen. Zwar musste die holländische Großbank ING von der niederländischen Regierung eine Kapitalspritze in Höhe von 10 Milliarden Euro in Anspruch nehmen. Das hat aber keine Auswirkungen auf die Sicherheit der Einlagen bei der Direktbanktochter ING-Diba in Deutschland. Die hiesige ING-Diba ist Mitglied im Einlagensicherungsfonds des Bundesverbands deutscher Banken. Guthaben von ING-Diba-Kunden sind gesetzlich bis maximal 20 000 Euro geschützt. Darüber hinaus sind alle Spareinlagen bis zur Höhe von 1,83 Millionen Euro pro Kunde abgesichert. Zudem gilt für sie die Staatsgarantie der Bundesregierung.

Beruhigend für Sparer: Die Santander Consumer Bank, die GE Money Bank und SEB Bank gehören der deutschen Einlagensicherung an. Bei allen drei Banken sind pro Kunde Einlagen in Millionenhöhe abgesichert. Die exakten Sicherungshöhen stehen in der Tabelle auf Seite 54.

Einlagensicherung im Ausland

Nicht unter die Staatsgarantie fallen Einlagen bei Banken im Ausland. Dasselbe gilt für ausländische Banken mit Niederlassung in Deutschland, wenn sie keinem deutschen Sicherungsfonds angeschlossen sind. Zu dieser Gruppe von Banken gehörte zum Beispiel die isländische Bank Kaupthing (→ S. 58).

Auf den Schutz ihrer Spareinlagen müssen Kunden aber auch hier grundsätzlich nicht verzichten. Haben die Banken ihren Sitz in der Europäischen Union, greifen gesetzlich vorgeschriebene Sicherungsmechanismen, die je nach EU-Land unterschiedlich sind. Eines ist dabei aber allen Sicherungssystemen gemein: Auch hier gilt, dass Anlagen bei ausländischen Banken mit Hauptsitz in der EU mindestens zu 90 Prozent gesichert sind. Maximal werden 20 000 Euro erstattet.

In den meisten Ländern lag die Einlagensicherung schon bisher darüber. Um zu verhindern, dass Kunden die Banken stürmen, um ihr Geld in Sicherheit zu bringen, haben viele Länder diese Sicherungsgrenze im Oktober 2008 nochmals erhöht oder sogar eine Staatsgarantie ausgesprochen (→ Tabelle rechts).

Im Zuge der Finanzkrise haben die EU-Finanzminister beschlossen, die geschützte Mindestsumme auf 50 000 Euro zu erhöhen. Einige EU-Länder haben angekündigt, über diesen Schutz noch hinauszugehen. In den Niederlanden waren bisher 20 000 Euro zu 100 Prozent und weitere 20 000 Euro zu 90 Prozent abgesichert. Am 7. Oktober 2008 hat Holland die Sicherungsgrenze für die Dauer von einem Jahr auf 100 000 Euro angehoben. Diese Regelung gilt natürlich auch für deutsche Sparer.

Sicherheit von Spargeld in Europa

Europäische Staaten	Garantierter Betrag
Belgien	100 000 Euro
Dänemark	300 000 DKK
Finnland	50 000 Euro[1)]
Frankreich	70 000 Euro
Griechenland	20 000 Euro
Großbritannien	50 000 Pfund[2)]
Irland	20 000 Euro[3)]
Italien	Rund 103 000 Euro
Luxemburg	20 000 Euro
Niederlande	100 000 Euro bis 6.10.09[4)]
Österreich	Unbegrenzt bis 31.12.09[5)]
Portugal	33 750 Euro
Schweden	500 000 SEK
Spanien	20 000 Euro

1) Erhöhung von 25 000 auf 50 000 Euro im Okt. 2008.
2) Erhöhung von 35 000 auf 50 000 Pfund im Okt. 2008.
3) 90 %, maximal 20 000 Euro.
4) Seit dem 7. Oktober 2008 für ein Jahr, vorher 20 000 Euro zu 100 % und weitere 20 000 Euro zu 90 %.
5) Nach dem 31.12. 2009 nur noch 100 000 Euro.

Ausländische Banken mit Sitz in der EU

Bei Banken wie der Denizbank mit Sitz in Österreich oder der DHB Bank (Demir Halk Bank) und Credit Europe Bank, die beide in den Niederlanden sitzen, sind die Einlagen ebenfalls sicher. Denn diese Banken liegen in der EU. Einlagen sind in Höhe der in Österreich beziehungsweise Holland geltenden Sicherungsgrenzen abgesichert. In Österreich galt für Privatbanken bisher eine 100-prozentige Sicherungsgrenze für Sparer von 20 000 Euro. Im Oktober hat Österreich wie Deutschland für Spareinlagen auf privaten Konten und Sparbüchern eine Staatsgarantie abgegeben. Danach sind alle Einlagen bei österreichischen Kreditinstituten per Gesetz in voller Höhe garantiert – unabhängig von der Nationalität der Anleger. Die Staatsgarantie ist bis zum 31. Dezember 2009 gültig.

Infos: Fragen zur Sicherungseinrichtung niederländischer Banken können Sie richten an: De Nederlandsche Bank N.V., P. O. Box 98, 1000 AB Amsterdam, Niederlande. Telefonisch erreichen Sie die Bank unter 00 31/2 05 24 91 11 oder unter 0 900/5 20 05 20.

Infos: Fragen zur Sicherungseinrichtung österreichischer Banken können Sie richten an die Einlagensicherung der Banken und Bankiers Gesellschaft mbH, Boersegasse 11, 1010 Wien, Österreich. Telefonisch erreichen Sie sie unter 00 43/1 53 39 80 30.

Infos: Fragen zum Sicherungsfonds beantwortet in Island der Depositors' and Investors' Guarantee Fund, Borgartun 26, 3. floor, 105 Reykjavik, Iceland. Telefonisch ist die Einrichtung unter 0 03 54/5 40 12 00 zwischen 9 und 16 Uhr oder per E-Mail unter tif@tif.is und digf@tryggingarsjodur.is erreichbar.

Danach reduziert sich die Einlagensicherung samt Staatsgarantie auf 100 000 Euro. Vorsichtige Anleger sollten trotz der erhöhten Sicherungsgrenzen weder in den Niederlanden noch in Österreich mehr als 20 000 Euro pro Person und Bank anlegen. Dann sind sie auf der sicheren Seite.

Die ICICI Deutschland ist eine Zweigniederlassung der englischen Tochter der indischen ICICI Bank. Wenn sie pleitegeht, greift zuerst die britische Einlagensicherung ein. Sie sichert Einlagen in Höhe von 50 000 britischen Pfund ab. Da die deutsche ICICI auch Mitglied im Einlagensicherungsfonds des Bundesverbands deutscher Banken ist, werden darüber hinausgehende Beträge bis zur Höhe von 1,5 Millionen Euro pro Person erstattet.

Ähnlich sieht es bei der deutschen Zweigniederlassung der lettischen Parex Bank aus. Hier ist zunächst die lettische Einlagensicherung zuständig. Seit 18. Oktober 2008 werden dort 50 000 Euro zu 100 Prozent abgesichert. Für darüber hinausgehende Beträge gilt dasselbe wie für ICICI. Da es für deutsche Kunden im Ernstfall schwer werden dürfte, sich mit der lettischen Einlagensicherung auseinanderzusetzen, können wir Einlagen bei der Parex Bank nicht uneingeschränkt empfehlen.

Was Kaupthing-Kunden erwarten können

Vor Tages- und Festgeldanlagen bei der isländischen Bank Kaupthing Edge hat Finanztest im Mai 2008 gewarnt. Zwar sei das Anlegergeld durch das isländische Einlagensicherungssystem bis zu einem Betrag von 20 887 Euro pro Anleger geschützt. Wegen der begrenzten Finanzkraft der isländischen Einlagensicherung und der wirtschaftlichen Rahmenbedingungen Islands hatte Finanztest aber Zweifel an der Zahlungsfähigkeit des Sicherungsfonds angemeldet.

Zwar sind die rund 30 000 deutschen Kaupthing-Anleger noch einmal mit dem Schrecken davon gekommen. Ende November 2008 erklärte das Bundesfinanzministerium, dass es den isländischen Einlagensicherungsfonds unterstützen werde und dass das Geld der Anleger nun bald zurück gezahlt werde. Doch die Wochen vor dieser Nachricht, in denen die Finanzaufsicht ihr Geld eingefroren hatte, dürften alles andere als schön gewesen sein (→ S. 48).

Tipp

Wenn Sie nicht ans Bargeld kommen, weil etwa Ihr Festgeld wegen einer drohenden Bankpleite eingefroren wurde, bekommen Sie gegen Vorlage aktueller Kontoauszüge oft unbürokratische Hilfe von anderen Banken, sofern Ihr Guthaben durch Sicherungssysteme abgesichert ist.

Sicherer Zins von der Bank

Inflation ist Gift für das Vermögen

Wohin jetzt mit dem Geld? Welcher Bank ist noch zu trauen? In der Finanzkrise suchen Sparer und Anleger Sicherheit.

Keine Panik. Selbst wenn einzelne Sicherungssysteme von Banken (→ S. 47) tatsächlich einmal überfordert sein sollten, gilt immer noch die Zusage der Bundesregierung. Sie hat versprochen, alle privaten Einlagen im Notfall staatlich abzusichern. Das ist zwar nur eine Absichtserklärung. Ein entsprechendes Gesetz gibt es nicht. Doch sollte es dazu kommen, dass massenhaft Banken pleitegehen, dann ist kaum vorstellbar, dass die Regierung einen Rückzieher von der Merkel-Garantie macht. Die Garantie gilt für das Geld von Sparern, auf das Banken Zinsen zahlen: Geschützt sind Tages- und Festgeld, das Sparbuch, Banksparpläne, Sparbriefe und Bausparverträge.

Eine dumme Idee wäre es jetzt also, Bares unter das Kopfkissen zu legen oder im Garten zu vergraben. Dort verschimmelt das Geld. Und selbst, wenn es das nicht tun sollte, verliert es dort trotzdem an Wert. Wer heute 10 000 Euro in die Matratze einnäht, kann im nächsten Jahr nicht mehr so viele Waren von dem Geld kaufen, wie er es heute könnte. Denn die Geldentwertung – auch Inflation genannt – lässt das Vermögen schrumpfen, wenn es nur herumliegt. Im Jahr 2007 betrug die Inflation im Schnitt fast 2,3 Prozent.

Entwicklung der Inflation in Deutschland

Inflation entwertet das Geld. Zinsen, die es für Spareinlagen gibt, gleichen die Geldentwertung aus.

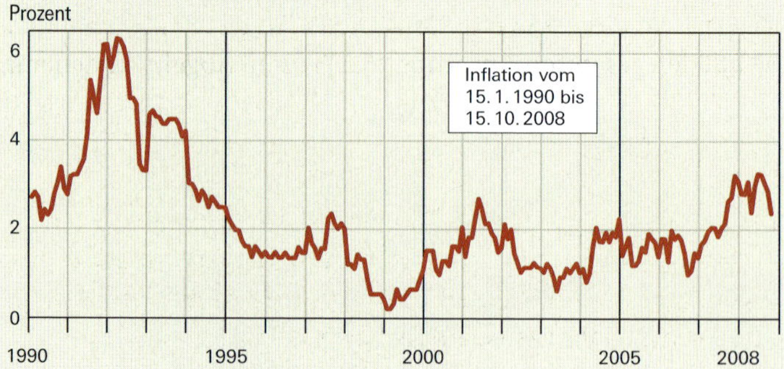

Finanztest Klassische Bankprodukte im Vergleich

Für diese Sparanlagen von der Bank gibt es Zinsen. Ein Verlustrisiko besteht nicht, wenn die Kreditinstitute dem Einlagensicherungsfonds der deutschen Privatbanken angehören oder Sparkassen, Genossenschafts-, Volks- oder Raiffeisenbanken sind. Zudem gilt für diese Einlagen die Zusage der Regierung, das Geld zu erstatten.

Anlageform	Ertragschance	Flexibilität	Anlagehorizont	Eignung/Besonderheiten des Produkts
Tagesgeld	Mäßig	Sehr hoch	Kurzfristig	Geeignet als sichere, bequeme Basisanlage, um flexibel größere Summen zu sparen; wichtig als finanzielle Notfallreserve.
Festgeld	Mäßig	Hoch bis mittel, abhängig von der Laufzeit	Kurzfristig, in der Regel mit Laufzeiten bis ein Jahr	Geeignet als sichere, bequeme Basisanlage für Sparer, die eine größere Summe kurzfristig anlegen wollen.
Sparbrief	Mäßig	Gering, abhängig von der Laufzeit	Von einem Jahr bis langfristig	Geeignet als sichere Basisanlage für Sparer, die eine größere Summe langfristig anlegen wollen.
Sparbuch	Schlecht	Hoch	Mittel- bis langfristig	Sparbücher sind oft schlecht verzinst und als Basisanlage ungeeignet. Tages- oder Festgeld sind Alternativen.
Banksparplan	Mäßig	Abhängig vom Produkt	Mittelfristig	Geeignet für Sparer mit festem Sparziel und für alle, die bequem regelmäßig sparen wollen.
Bausparvertrag	Mäßig	Schlecht	Sieben Jahre	Als Geldanlage ab 2009 nur noch für junge Sparer und für Arbeitnehmer mit geringem Einkommen geeignet.

Die Geldentwertung hat im Jahr 2008 noch an Geschwindigkeit zugelegt. Im Sommer 2008 erreichte die Inflationsrate mit über 3 Prozent ihren vorläufigen Spitzenwert und macht damit den höchsten Sprung seit 15 Jahren. Für Sparer stellte sich die Frage, ob sich ihr Vermögen durch Zinseinkünfte überhaupt noch vermehrt.

Beispiel: Ein Sparer legt 10 000 Euro auf ein Festgeldkonto und bekommt nach einem Jahr 5 Prozent Zinsen. Der Betrag wächst auf 10 500 Euro. Steigende Preise machen den Zinsertrag aber erheblich schmaler. Beträgt die Inflationsrate in Jahresfrist 3 Prozent, bleibt ein realer Wert von mageren 10 185 Euro übrig. Hat der Sparer seinen Steuerpauschbetrag von 801 Euro bereits ausgeschöpft, zahlt er ab 2009 auf den gesamten Zinsertrag 26,4 Prozent Abgeltungsteuer inklusive Solidaritätszuschlag und eventuell auch noch Kirchensteuer (→ Abgeltungssteuer, S. 156).

Wer sein Geld im Sparstrumpf liegen lässt, verliert aber noch mehr. Ohne Erträge drohen zwar auch keine Steuerabzüge. Aber die Inflationsrate von etwa 3 Prozent (Herbst 2008) senkt den Wert der 10 000 Euro am Jahresende auf real 9 700 Euro.

Tagesgeld

Geld auf einem Tagesgeldkonto ist jederzeit verfügbar und sicher vor Verlusten. Die Kontoführung ist unkompliziert und besser verzinst als bei einem Sparbuch sind die Euros auf dem Tagesgeldkonto allemal. So eignet es sich sehr gut zum Parken von Geld in unsicheren Finanzmarktzeiten.

Sicherheit hat beim Tagesgeld Priorität. Private Banken, Sparkassen und Genossenschaftsbanken in Deutschland sichern die Tageseinlagen ihrer Kunden in Millionenhöhe ab. Die Sicherung ist von Institut zu Institut aber unterschiedlich. Detaillierte Informationen finden Sparer im Kapitel „Einlagensicherung für Konten" in diesem Buch (→ S. 47).

Von ihrem Tagesgeld können Sparer täglich in beliebiger Höhe Teilbeträge oder das gesamte Geld abheben. Sie sind mit Tagesgeld also so flexibel wie mit ihrem Girokonto, erhalten aber eine bessere Verzinsung. Die besten Zinsangebote liegen derzeit effektiv über 5 Prozent im Jahr (Stand November 2008). Ein Sparbuch hingegen bringt mitunter nur 1 Prozent. Ein Angebot mit einem Zinssatz von 3,5 Prozent zu finden, ist schon Glückssache.

Im Gegensatz zum Girokonto ist der alltägliche Zahlungsverkehr über Tageskonten in der Regel nicht möglich.

Tagesgeldzins regelmäßig abfragen

Sparer müssen aber in Kauf nehmen, dass die Bank den Zins für das Geld auf einem Tagesgeldkonto jederzeit ändern kann. Dabei orientieren sich die Kreditinstitute in der Regel am Zinstrend des Geldmarkts, auf dem sich die Banken untereinander kurzfristig fällige Gelder borgen. Da diese Werte schwanken, sollten Sparer regelmäßig die Zinssätze ihres Tagesgeldkontos kontrollieren und auf eine Zinssenkung schnell reagieren – indem sie zu einer Bank mit besseren Konditionen wechseln.

Die aktuelle Finanzkrise zeigt, dass sich die Banken aber nicht stoisch am Marktzins orientieren. Derzeit borgen sich die Banken aus Mangel an Vertrauen gegenseitig kaum mehr Geld. Aus diesem Grund stockt der Geldfluss bei vielen Bankhäusern. Daher sind die Ersparnisse von Privatkunden sehr willkommen. Um Anreize zu schaffen, bieten die Kreditinstitute deshalb im Moment eine ordentliche Verzinsung von Tages- und Festgeldern an.

Sind Tagesgelder über 100 000 Euro auf einem Konto bei einer Privatbank sicher?

Ja, wenn die Bank dem Einlagensicherungsfonds angehört. Informieren Sie sich beim Bundesverband deutscher Banken. Die Liste der Mitglieder ist im Internet unter www.bankenverband.de/einlagensicherung abrufbar. Dort können Sie auch die jeweilige Sicherungsgrenze Ihrer Bank abfragen. Detaillierte Informationen zur Einlagensicherung finden Sie auch in diesem Buch (→ S. 47).

So erkennen Sparer gute Angebote

Die Geldinstitute knüpfen ihre Tagesgeldangebote mitunter an Bedingungen. Gute Angebote erkennen Sparer an diesen Kriterien:

Keine laufenden Kosten. Manche Anbieter berechnen Abschläge für Porto, Kontoführung oder Überweisungen. Das muss nicht sein. Diese Kosten zehren am Ertrag. Es gibt genug kostenlose Angebote.

Keine Haken. Bei manchen Banken gibt es den guten Tagesgeldzins nur zu bestimmten Bedingungen. Dann muss der Kunde zum Beispiel ein kostenpflichtiges Depot- oder Girokonto eröffnen oder andere Voraussetzungen erfüllen.

Transparente Verzinsung. Den besten Durchblick haben Kunden, wenn sie für ihr gesamtes Tagesgeld einen einheitlich hohen Zinssatz erhalten. Das ist aber nicht immer der Fall. In manche Angebote haben die Banken eine Zinstreppe eingebaut. Transparent ist es dann, wenn die Bank beispielsweise einen Zins von 3 Prozent bietet, wenn der Sparer höchstens 10 000 Euro auf dem Konto hat, aber 4 Prozent auf das gesamte Geld bietet, wenn er mehr als 10 000 Euro anlegt. Das nennt man eine „echte“ Zinstreppe. In die Irre führen kann dagegen die „falsche“ Zinstreppe. Hier würde eine Bank 3 Prozent Zinsen auf den Betrag von 10 000 Euro zahlen und nur für darüberliegende Sparsummen 4 Prozent geben. Die Gesamtrendite liegt in so einem Fall weit unter 4 Prozent.

Nominal- und Effektivzins

Anlageangebote können Sie anhand der zu erwartenden Rendite vergleichen. Entscheidend ist dabei der Effektivzins. Das ist die Rendite, die Ihre Anlage auf Jahresbasis tatsächlich bringt. Hier müssen Sparer genau hinsehen. Werben zum Beispiel zwei Banken damit, dass sie eingezahltes Tagesgeld mit 4,25 Prozent verzinsen, dann kann sich die Rendite trotzdem unterscheiden. Bank 1 könnte zum Beispiel die Zinsen nur einmal im Jahr gutschreiben, während Bank 2 die Zinsen jeweils anteilig jedes Vierteljahr gutschreibt. Dann ist der Nominalzins beider Banken zwar gleich, doch bei Bank 2 ist aufgrund des Zinseszinseffekts der Effektivzins etwas höher. Er liegt nicht bei 4,25 Prozent, sondern bei 4,37 Prozent.

Schnelle Zinsgutschrift. Günstig für Sparer ist es, wenn die Zinsen jeden Monat oder jedes Quartal gutgeschrieben werden. Dann ist der Effektivzins höher als bei jährlicher Gutschrift (→ Kasten S. 63).

So eröffnen Sparer ein Tagesgeldkonto

Das Angebot an Tagesgeldkonten ist vielfältig und die Suche lohnt sich. Meist gibt es noch etwas Besseres als das Angebot der eigenen Hausbank. Sehr häufig bieten Direktbanken, die kein Filialnetz betreiben und für ihre Kunden nur per Computer oder telefonisch zu erreichen sind, die besten Zinsen. Wer auf den persönlichen Kontakt zum Bankberater nicht verzichten will, sollte sich die aktuellen Konditionen von Filialbanken anschauen und vergleichen.

Sparer, die sich für eine Direktbank entscheiden, müssen für die Kontoeröffnung das sogenannte Postident-Verfahren nutzen. Dabei überprüft eine Postfiliale die Identität des Sparers. Den Antrag für die Kontoeröffnung kann er per Telefon bestellen oder von den Internetseiten der Bank herunterladen. Damit geht er zur Post, die seine Identität bescheinigt und die Unterlagen an die Bank schickt. Anschließend dauert es im Regelfall nur noch wenige Tage, bis die Bank die neuen Kontounterlagen zusendet.

Um Geld anzulegen, überweisen Sparer dann die gewünschte Summe auf das Tagesgeldkonto oder richten einen Dauerauftrag ein. Monatlich oder quartalsweise erstellt die Bank Kontoauszüge. In jedem Fall brauchen Kunden ein Referenzkonto, zum Beispiel das eigene Girokonto, auf das die Rückzahlungen fließen können.

Tipp

Die aktuellen Konditionen für Tages- und Festgeld finden Sie in jeder Ausgabe von Finanztest im Marktplatz sowie im Internet unter www.test.de/marktplatz.

?

Ich bekomme 80 000 Euro aus meiner Lebensversicherung ausbezahlt. Das Geld will ich nicht zuhause im Tresor lagern. Was soll ich mit dem Geld tun?

Wenn Sie sicher anlegen wollen, bekommen Sie für Festgeld heute (November 2008) über 5 Prozent. Beim Tagesgeld sind ähnliche Zinsen drin. Eine gute Alternative ist die Tagesanleihe beim Bund. Wenn Sie hier anlegen, können Sie derzeit mit einem Zins von ungefähr 3 Prozent rechnen (→ S. 78). Die Anleihe können Sie jederzeit verkaufen. Für die Sicherheit des Papiers garantiert der Staat.

Langfristig gute Konditionen

Beim Kampf um die Sparer verfolgen die Kreditinstitute verschiedene Strategien.

- Einige Banken bieten für Tagesgeld kurzzeitig sehr gute Zinsen. Haben dann genügend Kunden ein Tagesgeldkonto eröffnet, schmelzen die Banken den Zinssatz auf ein Mittelmaß ab. Das können sie jeden Tag tun.
- Andere Wettbewerber geben zu guten Zinsen noch einen Zuschlag obendrauf. Neukunden werden mit Prämien wie etwa Tankgutscheinen gelockt. Solche Marketingaktionen sind einmalig. Wie lange die guten Konditionen halten, ist für Anleger ungewiss. Sie müssen sich regelmäßig informieren.
- Eine dritte Gruppe von Geldhäusern achtet auf Kontinuität und versucht, die Zinssätze auf längere Sicht stabil oben zu halten. Ob sie dieser Geschäftspolitik auch künftig folgen, ist aber nicht garantiert. Die bisherige Stabilitätsstrategie ist jedoch ein guter Anhaltspunkt bei der Suche nach einem guten Angebot.

Unter den neun Instituten (➔ Tabelle rechts), die seit mindestens zwei Jahren mit ihrem Tagesgeld unter den Top 20 der Finanztest-Wertung stehen, garantieren nur die Mercedes Benz Bank und die Ziraat Bank mehr als die ersten 20 000 Euro pro Kunde und Konto. Sie gehören dem Einlagensicherungsfonds der deutschen Banken an.

Bei den anderen sieben ausländischen Geldhäusern sichert der jeweils nationale Einlagensicherungsfonds Anlegergeld in unterschiedlichen Höhen ohne Einschränkungen ab (➔ Tabelle S. 57).

Wichtig: Um auf Nummer sicher zu gehen, sollten Sparer nicht mehr Geld auf das Tagesgeldkonto legen, als per Gesetz und von der Einlagensicherung geschützt ist.

Finanztest **Dauerhaft gut**

Diese neun Kreditinstitute gehören beim Tagesgeld im Zeitraum der Jahre 2007/2008 durchweg zur Spitze[1]. Die Tabelle zeigt den Zins ihrer Tagesgeldangebote im November 2008.

Anbieter (Produkt)	Akt. Zins (% p. a.)[1]
Advanzia Bank ▼ (Tagesgeldkonto)	6,00
Akbank N.V. ▼ (Tagesgeldkonto)	5,50
Amsterdam Trade Bank (Internet-Sparkonto @)	5,00
Credit Europe Bank ▼ (Top-Interest)	5,75
Denizbank (Wien) ▼ (Tagesgeld)	5,15
DHB Bank ▼ (Netsparkonto @)	5,25
Garantibank ▼ (Kleeblatt-Sparkonto)	5,25
Mercedes-Benz Bank ● (Tagesgeld @)	4,39
Ziraat Bank ● (ZiraatactiveBanking @)	4,32

@ = Angebot über Internet.
▼ Einlagen sind nur bis 20 000 Euro zu 100 Prozent durch den luxemburgischen, niederländischen oder österreichischen Einlagensicherungsfonds gedeckt.
● Diese Banken gehören dem Einlagensicherungsfonds der deutschen Banken an. Einlagen sind in Millionenhöhe gesichert.
1) Effektivzins für 5 000 Euro.

Stand: 1. 11. 2008

Festgeld

Eine Alternative zum Tagesgeld ist das Festgeld. Geeignet ist es für Anleger, die eine Summe kurzfristig anlegen wollen. Bei diesem Angebot vereinbart der Kunde mit dem Geldinstitut eine feste Vertragslaufzeit – etwa 30, 60, 90 oder 180 Tage. Aber auch Zeiträume von einem Jahr oder länger sind möglich. Vor Ablauf der Frist kommen Kunden nicht an ihr Geld heran. Im Gegenzug haben sie die Sicherheit, dass die Bank nicht den Zinssatz senkt.

Noch vor kurzer Zeit hatte Festgeld den Ruf einer Investition für Angsthasen. In der Finanzkrise sind aber die Vorsichtigen die Klügeren. Im Gegensatz zu Anlegern mit Aktien, Fonds oder manchen Zertifikaten gehen Tages- und Festgeldsparer ohne Verluste aus dem Finanzcrash hervor. Sie konnten sich im Jahr 2008 sogar über steigende Zinsen freuen. Im November boten 14 Banken für 5 000 Euro über 5 Prozent effektiven Jahreszins bei sechs Monaten Laufzeit.

?

Was macht die Bank eigentlich mit dem Geld auf meinen Spar- und Festgeldkonten?
Einen Teil davon vergibt sie zu höheren Zinsen in Form von Krediten. Das ist das klassische Bankgeschäft. Banken sind aber noch aus einem anderen Grund heraus an Spareinlagen der Kunden interessiert: Die eingenommenen Spargelder erhöhen ihren Spielraum für die Kreditvergabe um ein Vielfaches.

Ob die Zinssätze noch weiter steigen, ist ungewiss. Die Europäische Zentralbank senkte im Oktober und im November 2008 bereits ihren Leitzins um jeweils 0,5 Prozentpunkte auf nunmehr 3,25 Prozent. Mit diesen gravierenden Zinsschritten will sie den Wirtschaftsabschwung bremsen. Sparer müssen sich darauf einstellen, dass die Banken künftig weniger Zinsen auf ihr Guthaben zahlen.

Aufpassen am Ende der Laufzeit

Neben dem allgemeinen Zinsniveau richten sich die Konditionen für Festgeld danach, wie viel Geld ein Sparer wie lange fest anlegen will. In der Regel gilt: Je länger das Geld festliegt und je höher der Anlagebetrag ist, desto mehr Zinsen sind drin.

Die Banken warben 2008 intensiv mit guten Konditionen für Tagesgeld und Festgeld bis zu einem Jahr Laufzeit. Zu Recht. Ein Festgeldkonto ist ähnlich einfach zu handhaben wie ein Tagesgeldkonto. Aufpassen müssen Sparer nur am Ende der Laufzeit. Sie sollten früh genug überlegen, was anschließend mit ihrem Geld geschehen soll und mit ihrer Bank sprechen. Einige Kreditinstitute legen das Geld sonst erneut mit derselben Laufzeit zu dem dann gültigen Zinssatz fest. Dieser Zinssatz kann auch niedriger sein und der Sparer kommt erst einmal nicht an sein Geld.

Tipp

Die besten Renditen fürs Festgeld bieten oft die Direktbanken. In welcher Höhe Ihr Geld vor einer Bankpleite geschützt ist, lesen Sie ab Seite 47.

Vorsicht bei Zinsen im Sonderangebot

Zinsen von über 4 Prozent sind beim Tagesgeld zurzeit keine Seltenheit. Neun Institute, meist Töchter ausländischer Geldhäuser, boten im November 2008 sogar fünf und mehr Prozent. Hellhörig werden sollten Anleger aber, wenn noch mehr geboten wird. Häufig haben solche Zinsangebote für Tages- und Festgeld Haken. Sparer sollten genau hinsehen und auf die Einlagensicherung achten (→ S. 47).

Zinssatz für die ganze Summe. Wird der versprochene Zins für die gesamte Anlagesumme gezahlt oder nur für Teile davon? Manche Angebote werben mit tollen Zinsen, die es aber nur ab einer bestimmten Anlagehöhe gibt. Für Beträge über 10 000 Euro gibt es dann zum Beispiel schöne 5,5 Prozent, für Beträge darunter aber nur schnöde 3 Prozent.

Betragsgrenzen. Mitunter gibt es den guten Zins wiederum nur, wenn eine Betragsgrenze nicht überschritten wird. Wer mehr anlegt, bekommt schlechtere Zinsen – auf die gesamte Sparsumme.

Kombiprodukte. Andere scheinbar tolle Zinsangebote sind an Bedingungen geknüpft, beispielsweise die Eröffnung eines Depots und an einen anschließenden Fondskauf. Wer weder Depot noch Fonds haben will, sollte sich nicht durch Spitzenzinsen in ein solches Kombiprodukt drängen lassen.

Neukundenangebote. Viele stark beworbene Angebote gelten nur für Neukunden. Wer bei der Bank schon ein Konto hat, bekommt das schöne Angebot unter Umständen nicht.

Versteckte Angebote. Sparer sollten ruhig auch bei solchen Banken nach Festgeldkonditionen fragen, die nicht für ihre Zinsangebote werben. Die Unterschiede sind von Bank zu Bank beträchtlich.

Sparbriefe

Sparbriefe sind etwas für Anleger mit langem Atem. Wer sein Geld zum Beispiel vier Jahre Jahre nicht braucht, kann sich damit eine gute Rendite sichern. Der Sparer erhält einen festen Zins für den Sparbrief. Dieser bleibt immer gleich und ist unabhängig von der Entwicklung des Marktzinses.

Zahlreiche Sparkassen und Banken bieten Sparbriefe an. Bei vielen Sparkassen sind diese Wertpapiere eine Konstruktion aus einer klassischen Kontoanlage und einem festverzinslichen Wertpapier. Sparbriefe werden auch als Namensschuldverschreibung bezeichnet. Manche Banken offerieren statt Sparbriefen mehrjährige Festgelder.

Die besten Renditen bei mittleren Laufzeiten

Bei der Wahl eines Sparbriefes müssen sich Anleger überlegen, wie viel Geld sie wie lange entbehren können. Danach bestimmen sie die Anlagehöhe und die Laufzeit. Die Konditionen der Banken unterscheiden sich aber sehr stark, sodass ein Vergleich vor Abschluss Pflicht ist. Die Zeitschrift Finanztest veröffentlicht monatlich die aktuellen Zinssätze. Sparer finden die Konditionen auch im Internet unter www.test.de/marktplatz.

Während der Laufzeit kann der Sparer nicht an sein Geld. Notleidende Sparer können ihren Sparbrief höchstens beleihen. Das kann aber im Einzelfall sehr teuer werden.

Sparbriefe in drei Varianten

Sparbriefe gibt es in drei unterschiedlichen Varianten.

Aufgezinste Sparbriefe. Wenn die Bank einen Sparbrief zu einem bestimmten Nennwert verkauft und die während der Laufzeit anfallenden Zinsen und Zinszinsen nicht ausschüttet, sondern zum Kapital addiert, handelt es es sich um ein aufgezinstes Papier. Investiert ein Sparer beispielsweise 500 Euro in einen solchen Sparbrief, der zehn Jahre läuft und 4 Prozent Zins verspricht, erhält er nach zehn Jahren rund 740 Euro zurück.

Abgezinste Sparbriefe. Bei abgezinsten Sparbriefen ist es genau umgekehrt. Zins und Zinseszins werden bereits beim Kauf vom Nennwert abgezogen. Zum Fälligkeitstermin wird der Sparbrief dann von der Bank zum vollen Nennwert eingelöst. Sparer zahlen bei gleicher Laufzeit und Verzinsung wie in der aufgezinsten Form dann zu Beginn 338 Euro ein. Dafür bekommen sie am Laufzeitende den Nennwert des Papiers in Höhe von 500 Euro ausgezahlt.

Sparbriefe mit jährlicher Zinszahlung. Bei Sparbriefen mit jährlicher Zinszahlung bekommen Sparer die Zinsen immer am Ende eines Kalenderjahres oder eines Laufzeitjahres. Erste Wahl sind Sparbriefe, bei denen diese Zinsen dem Kapital gleich wieder hinzugefügt und nicht ausgezahlt werden. Dann profitieren Sparer zweifach. Sie müssen sich keine Gedanken über die Wiederanlage der Zinsen machen und gewinnen durch den Zinseszinseffekt. Das Vermögen wächst auf diese Weise schneller.

Die Abgeltungsteuer im Blick halten

Ab Januar 2009 zieht die Bank von den Zinserträgen 26,4 Prozent Abgeltungsteuer inklusive Solidaritätszuschlag ab und gibt sie an das Finanzamt weiter. Eventuell fließt auch noch Kirchensteuer ab.

Achtung: Bei auf- und abgezinsten Produkten zahlt Ihnen die Bank die Zinsen am Ende der Laufzeit auf einen Schlag aus. Sie riskieren dann, dass Sie plötzlich Abgeltungsteuer zahlen müssen. Das ist der Fall, wenn Ihre gesamten Kapitaleinkünfte den Sparerpauschbetrag überschreiten. Steuerfrei sind nur die ersten 801 Euro Ihrer Erträge. Für ein Ehepaar sind es 1602 Euro. Haben Sie den Sparerpauschbetrag mit Ihren sonstigen Geldanlagen noch nicht ausgeschöpft und würde die Zinszahlung auf einen Schlag den Freiraum erheblich überschreiten, sollten Sie in Sparbriefe investieren, die den Zins jährlich und nicht erst am Ende ausschütten.

Wie sicher sind Sparbriefe?
Das kommt drauf an. Wenn die Sparbriefe von Privatbanken oder Sparkassen sogenannte Namenspapiere sind, sind sie durch die jeweilige Einlagensicherung geschützt. Anders ist es bei sogenannten Inhaberpapieren. Diese Papiere sind riskanter. Hier hängt die Sicherheit von der Bonität des Herausgebers ab.

Sparbuch

Bei vielen Menschen ist das Sparbuch beliebt, auch weil die Spareinlagen durch Sicherungssysteme der Banken und Sparkassen geschützt sind. Noch immer eröffnen viele Eltern und Großeltern nach der Geburt von Kindern und Enkeln ein Sparbuch für die Kleinen und zahlen etwas ein. Später fließen Teile vom Taschengeld, Geldgeschenke und die ersten selbstverdienten Euros des Kindes aufs Sparbuch. Die Eröffnung eines Sparbuchs durch das Kind selbst (gemeinsam mit den Eltern) ist meist der erste eigene Schritt in der Finanzwelt.

Bei fast jeder Bank oder Sparkasse können Anleger ein Sparbuch eröffnen. Dazu reicht ein gültiger Personalausweis und ein Euro, der als Mindestsumme auf das Sparkonto muss. Einen maximalen Anlagebetrag gibt es beim Sparbuch nicht. Eröffnung und Kontoführung sind kostenlos. Nur wenn das Sparbuch verlorengeht, berechnen manche Kreditinstitute eine Gebühr für die Ausfertigung eines neuen Buches.

?

Ist mein Sparbuch bei der Sparkasse sicher?
Das Geld auf dem Sparbuch ist in unbegrenzter Höhe geschützt. Für alle Sparkassen in Deutschland gilt der sogenannte „Institutsschutz". Gerät eine Sparkasse in Finanznot, müssen die Schwesterinstitute einspringen.

Tagesgeld ist die bessere Anlage

Der Nachteil des Sparbuchs ist die niedrige Verzinsung. Nur 1,5 bis 2,5 Prozent Zinsen pro Jahr sind derzeit die Regel. Liegt die Inflation wie im vergangenen Jahr bei 2,7 Prozent, sinkt der Wert des Sparvermögens sogar. Größere Summen sind deshalb auf einem Tagesgeldkonto besser aufgehoben. Einige Kreditinstitute verzinsen Tagesgeld derzeit (Stand November 2008) mit über 5 Prozent (→ S. 65).

Viele Sparkassen überreichen ihren Kunden bei der Kontoeröffnung noch ein Sparbuch zum Anfassen und In-die-Schublade-Legen. Der Sparer nimmt es dann für jede Ein- oder Auszahlung mit in die Filiale und der Bankmitarbeiter vermerkt darin die Änderungen. Die Zinsen werden zum Beginn des Folgejahres im Buch nachgetragen. Inzwischen verzichten mehr und mehr Geldhäuser aus Kostengründen auf die Ausgabe eines Buchs und geben Sparern stattdessen eine Chipkarte. Mit ihr und einer Geheimzahl können die Kunden dann wie beim Girokonto am Automaten Geld abheben. Bei manchen Instituten funktioniert so auch die Einzahlung.

Tipp

Lassen Sie sich nicht vom Strafzins abhalten, wenn Sie ein besser verzinstes Angebot entdecken. Oft zahlen die Institute auf Sparbucheinlagen so geringe Zinsen, dass die Strafzinsen kaum der Rede wert sind. Der Renditegewinn aus einer besser verzinsten Anlage wiegt den Verlust allemal auf. Die meisten Banken verzichten sogar auf den Abzug, wenn Sie das Geld in hauseigene Angebote mit mindestens gleicher Laufzeit umbuchen.

Beispiel: Die Postbank bietet ein Sparbuch, das Kunden nur über das Internet oder telefonisch eröffnen können. Dann bekommt der Sparer eine Chipkarte. Will er etwas einzahlen, überweist er das Geld auf das Sparbuch, das neudeutsch „Postbank Sparcard 3000 plus direkt" heißt. Für Sparguthaben erhält er 4,5 Prozent Zinsen (Stand Oktober 2008). Das ist viel. Kostenlos abheben können Kunden ihr Geld mit der Karte an allen Automaten der Postbank und bis zu zehn Mal im Jahr im Ausland an Automaten mit dem Symbol „Visa plus". Pro Monat ist die Auszahlung auf 2 000 Euro begrenzt.

Wer zu viel abhebt, zahlt Strafzins

Die Begrenzung der monatlichen Auszahlungssumme ist eine Standardbedingung beim Sparbuch. Bei manchen Instituten liegt die Summe auch bei 3 000 Euro.

In der Bankensprache heißen Sparbücher „Spareinlagen mit dreimonatiger Kündigungsfrist". Trotzdem können Sparer ihre gesamte Spareinlage auf einen Schlag abheben, ohne die Frist zu beachten. Das Kreditinstitut darf dann aber Vorschusszinsen berechnen. Diese Strafzinsen dürfen nicht mehr als ein Viertel des zuletzt gezahlten Habenzinses betragen und können nur für die Dauer der nicht eingehaltenen Kündigungsfrist – also maximal drei Monate – berechnet werden.

Beispiel: Hebt ein Postbank-Kunde von seinem Sparcard-Konto 5 000 Euro ab, ohne die Kündigungsfrist einzuhalten, muss er für die Summe von 3 000 Euro Strafzinsen zahlen. Der Jahreszins von 4,5 Prozent für 3 000 Euro beträgt 135 Euro. Ein Viertel davon auf drei Monate berechnet ergibt einen Zinsverlust von etwa 8, 44 Euro.

Banksparplan

Banksparpläne geben Sicherheit. Geeignet sind sie für Sparer, die kein Risiko eingehen und über mehrere Jahre einen festen monatlichen Betrag auf die hohe Kante legen wollen. Steht in einigen Jahren eine konkrete Anschaffung wie ein neues Auto an, hilft der Sparplan, ans Ziel zu gelangen.

In Sparpläne regelmäßig einzahlen

Schon mit kleinen Sparraten kann jeder Schritt für Schritt sein Sparziel erreichen. Möglich sind bereits Sparsummen von 25 oder 50 Euro im Monat. Einige Banken geben sich sogar schon mit fünf Euro zufrieden. Die Sparpläne können über viele Jahre laufen, müssen es aber nicht. Auch wenn der Sparer sicher ist, dass er die nächsten 10 oder 15 Jahre Geld einzahlen möchte, sollte er einen Sparplan wählen, den er nach spätestens drei Jahren wieder kündigen kann. So bleibt ein Hintertürchen für den Ausstieg offen, wenn der Markt plötzlich bessere Zinsen bietet und andere Angebote attraktiver sind. Außerdem bleiben Langzeitsparer so flexibel für den Fall, dass sich ihre finanziellen Möglichkeiten ändern.

Wichtig: Achten Sie auch darauf, ob der angebotene Sparplan es Ihnen ohne Nachteile ermöglicht, die Höhe der Raten während der Laufzeit zu variieren.

Gute Renditen sind selten

Ein gutes Zinsangebot müssen Kunden bei Banksparplänen lange suchen. Die Kreditinstitute haben sich zwar etliche Varianten ausgedacht, wie sie Sparpläne verzinsen. Doch dabei stehen Transparenz und klare Regeln leider nicht im Vordergrund.

Viele Kreditinstitute bieten ihren Kunden eine Kombination aus niedriger Basisverzinsung und einer jährlichen Bonuszahlung. Meist steigt aber nur der Bonus mit der Zahl der Sparjahre. Doch mit den hohen Bonusprozenten, die unter dem Strich gar nicht so viel bringen, jonglieren die Banken in ihren Werbebroschüren sehr geschickt. So verschleiern sie, dass die Gesamtrendite der Spareinlage unter dem Strich mau aussieht.

Tipp

Lassen Sie sich bei der Auswahl des Sparplans nicht von hohen Boni oder Prämien verführen. Sie sagen nichts über die effektive Rendite aus.

Beispiel: Für einen Sparplan zahlt die Bank einen Basiszins von 1,5 Prozent. Dazu gibt sie ab dem dritten Jahr einen Bonus von 3 Prozent, der bis auf 10 Prozent im siebten Jahr ansteigt und danach weiter um jährlich 5 Prozentpunkte steigt. Hält der Sparer 15 Jahre lang durch, kassiert er am Ende des letzten Jahres einen Bonus von 50 Prozent. Das klingt üppig, hievt den effektiven Jahreszins des Sparplans aber trotzdem nur auf magere 3,64 Prozent. Der Grund: Die Bank zahlt den Bonus nicht auf das durch Zins und laufende Einzahlungen stetig wachsende Kapital, sondern immer nur auf die Sparleistung eines einzelnen Sparjahres. Bei einer monatlichen Sparrate von 25 Euro wird der 50-Prozent-Bonus im fünfzehnten Jahr also so berechnet: 12 Monate mal 25 Euro sind 300 Euro Sparsumme. Davon 50 Prozent macht 150 Euro Bonus.

Manche Banken hantieren sogar mit Bonusprozenten, die sich nur auf die Rendite der spärlichen Basisverzinsung beziehen. Den Kohl macht das nicht fett, aber in der Werbung klingen die Prozente gewaltig. Noch unübersichtlicher wird es, wenn nicht nur die Bonusprozente, sondern auch die Basiszinsen mit der Laufzeit steigen.

Wichtig: Hilft der Taschenrechner nicht mehr weiter, finden Sie unter www.test.de/sparplanrechner ein Rechenprogramm, mit dem Sie die Erträge aller gängigen Angebotsvarianten einfach kalkulieren können.

Irreführende Angebote müssen nicht sein. Es geht auch anders. Der Sparplan der Volkswagen Bank direct etwa hat eine Laufzeit von bis zu zehn Jahren und eine leicht verständliche, feste Zinstreppe. Im ersten Anlagejahr beträgt der Zins 4 Prozent. Er steigt bis zum zehnten Jahr auf 4,45 Prozent. Nach zwei Jahren könnten Kunden aus dem Sparplan aussteigen und in ein besser verzinste Anlage wechseln.

Fester Zins ist besser

Viele Geldhäuser bieten die Wahl zwischen einer festen und einer variablen Verzinsung des Sparplans. Ratsam ist zumeist die Wahl des festen Zinses. Der hat zwar den Nachteil, dass der Sparer besonders bei langen Laufzeiten nicht vom eventuell steigenden Zinsniveau profitieren kann. Dafür weiß der Kunde aber von Anfang an, mit welcher Rendite er rechnen kann, wenn er das anvisierte Sparziel am Ende tatsächlich erreicht.

Bei einem variablen Zins besteht dagegen die Gefahr, dass die Bank nach Vertragsschluss die Sätze zum Nachteil des Sparers verändert. Fallen die Marktzinsen, senken die Kreditinstitute oft umgehend den Basiszins für den Sparplan. Geht das allgemeine Zinsniveau wieder nach oben, verzichten die Geldhäuser aber gern einmal auf die Zinsanpassung für den Sparplan oder zögern sie hinaus.

Wichtig: Wenn die Bank Ihnen einen Sparplan mit variabler Verzinsung und Bonuszahlung anbietet, muss sie zumindest eine Bezugsgröße nennen, an der sich die Zinsen orientieren. Der Bundesgerichtshof hat entschieden, dass Kreditinstitute Bezugsgrößen in den allgemeinen Vertragsbedingungen aufführen müssen (Az. XI ZR 140/03). Als Richtschnur kann zum Beispiel ein Geldmarktsatz (wie etwa der Euribor) dienen. Er gibt an, zu welchen Zinssätzen sich die Banken untereinander Geld leihen.

Sparen ist günstiger als versichern

Ein Banksparplan ist eine gute Wahl, wenn Eltern oder Großeltern ein Polster für die Ausbildung von Kindern oder Enkeln aufbauen wollen. Der Zinseszinseffekt ist beim Sparen über viele Jahre enorm.

Beispiel: In zehn Jahren kommt die Enkeltochter aus der Schule. Die Großeltern legen monatlich 50 Euro in einen Banksparplan. Dann hat die Enkelin zu Ausbildungsbeginn 7359 Euro zur Verfügung.

Einzahlung: 50 Euro x 12 Monate x 10 Jahre = 6 000 Euro
Rendite: 4 Prozent
Sparvermögen nach zehn Jahren: **7 359 Euro**

Sparpläne sind besser geeignet als etwa eine Ausbildungsversicherung. Die Kosten einer solchen Versicherung, die einer Kapitallebensversicherung ähnelt, sind höher. Zudem ist die garantierte Verzinsung mit derzeit 2,25 Prozent vergleichsweise niedrig.
Bei einem langen Anlagehorizont können Sie das Kapital für Ihre Kinder oder Enkel auch mit einem Fondssparplan ansammeln.

Bausparvertrag

Das klassische Bausparkonzept ist einfach. Der Sparer zahlt regelmäßig über mehrere Jahre hinweg Geld in einen Vertrag ein und die Bank verzinst das Guthaben zu einem relativ geringen Satz. Dafür erwirbt der Sparer den Anspruch auf ein günstiges Baudarlehen. Über die Bausparsumme aus Guthaben und Darlehen verfügen kann der Bausparer aber erst nach der Zuteilung seines Vertrags. Dazu muss er ein Mindestguthaben von 30 bis 50 Prozent der Bausparsumme ansparen, eine bestimmte Summe in den Vertrag eingezahlt und eine gewisse Zeit lang gespart haben.

Bislang taugte Bausparen aufgrund staatlicher Förderung auch als renditestarke Geldanlage. Bei Vertragsabschluss ab Januar 2009 wird das aber anders. Dann erhalten nur noch jene Sparer die staatliche Wohnungsbauprämie, die mit dem Ersparten wirklich ein Haus bauen, ein Haus oder eine Wohnung kaufen oder modernisieren.

Ausnahme: Wer bei Vertragsabschluss noch keine 25 Jahre alt ist, kann auch künftig nach sieben Jahren mit den Ersparnissen machen, was er will. Alle anderen Bausparer kommen mit ihren monatlichen Sparraten plus Zulagen nur auf Renditen von über 5 Prozent, wenn sie das angesparte Geld in Haus oder Wohnung stecken.

Finanztest – Bausparförderung 2008 im Überblick

	Wohnungsbauprämie[1]		Arbeitnehmersparzulage[2]	
	Alleinstehende	Ehepaare	Alleinstehende	Ehepaare
Zu versteuerndes Einkommen bis ... Euro	25600	51200	17900	35800
Max. geförderte Sparleistung pro Jahr (Euro)	512	1024	470	470/940[3]
Fördersatz (Prozent)	8,8		9,0	
Höchstförderung pro Jahr (Euro)	45,06	90,11	43,00	43/86[3]
Sperrfrist[4]	7 Jahre		7 Jahre	
Anträge sind zu stellen bei	Bausparkasse (verschickt Antrag mit Kontoauszug)		Finanzamt (Einkommensteuererklärung)	
Auszahlung	Nach 7 Jahren oder nach Zuteilung			

1) Bei Vertragsabschluss ab 2009 nur bei wohnwirtschaftlicher Verwendung (Ausnahme: Bausparer ist bei Vertragsabschluss noch keine 25 Jahre alt).
2) Für vermögenswirksame Leistungen (Überweisung durch den Arbeitgeber).
3) Wenn beide Ehepartner Arbeitnehmer sind.
4) Bei Verfügung vor Ablauf der Sperrfrist gehen Prämien und Zulagen verloren, sofern der Vertrag nicht zu wohnungswirtschaftlichen Zwecken eingesetzt wird (Ausnahmen gelten zum Beispiel bei längerer Arbeitslosigkeit).

Dafür müssen bauwillige Bausparer allerdings auch zukünftig einige Voraussetzungen erfüllen. Zu einer rentablen Zinsanlage wird Bausparen nur durch die staatlichen Zulagen. Um sie zu erhalten, muss der Bausparer Einkommensgrenzen einhalten.

Wohnungsbauprämie. Die Wohnungsbauprämie von 8,8 Prozent gibt es auf jährliche Einzahlungen bis zu 512 Euro für Alleinstehende und bis zu 1 024 Euro für Ehepaare, wenn das zu versteuernde Jahreseinkommen 25 600 Euro bei Singles und 51 200 Euro bei Ehepaaren nicht übersteigt.

Arbeitnehmersparzulage. Arbeitnehmer können die 9-prozentige Sparzulage erhalten, wenn ihr Arbeitgeber vermögenswirksame Leistungen bis zu 470 Euro im Jahr auf das Bausparkonto überweist. Die Einkommensgrenzen sind mit 17 900 Euro für Singles und 35 800 Euro für Ehepaare aber niedriger als bei der Wohnungsbauprämie (→ Tabelle S. 75).

Sperrfrist. Für das gesamte Guthaben samt Prämien und Zulagen gilt eine Sperrfrist von sieben Jahren. Nur Bausparer, die ihren Vertrag noch im Jahr 2008 geschlossen haben, können nach den sieben Jahren mit ihrem Geld machen, was sie wollen, ohne die staatlichen Prämien und Zulagen zu verlieren. Vor Ablauf der Frist dürfen Bausparer ihren Vertrag nur zur Baufinanzierung einsetzen, wenn sie die Förderung behalten wollen.

Verzicht. Nur wenn Sparer am Ende auf ein Bauspardarlehen verzichten, bessern die Bausparkassen ihren mageren Basiszins mit einem Zinsbonus auf. Finanztest hat herausgefunden, dass zumindest zwei Bausparkassen den Basiszins rückwirkend auf 4 Prozent aufstocken, wenn der Sparer nach sieben Jahren kein Bauspardarlehen in Anspruch nimmt. Bei der Deutsche Bank Bauspar und der Alten Leipziger erzielen Bausparer im Falle des Darlehensverzichts sogar eine sichere Rendite von bis zu 5,6 Prozent nach einer siebenjährigen Laufzeit (→ die Untersuchung zu Bausparleistungen finden Sie in Finanztest 12/08).

?

Muss ich mir Sorgen um meinen Bausparvertrag machen?
Nein. Bauspareinlagen sind bei allen deutschen Bausparkassen unbegrenzt durch Einlagensicherungen geschützt. Zudem dürfen die Bausparkassen die Gelder nur sehr konservativ anlegen. Sie dürfen zum Beispiel keine Währungs- oder Aktienrisiken eingehen.

Geld anlegen beim Staat

Wertpapiere vom Bund

Sicherer kann man nicht anlegen: Wer sein Geld Vater Staat gibt, indem er Staatsanleihen oder Schatzbriefe kauft, kann ruhig schlafen. Bund, Länder und Gemeinden sind ihren Zahlungsverpflichtungen bisher immer nachgekommen und können nicht pleitegehen. Hinter ihnen stehen das Staatsvermögen und die Steuerkraft der Bürger.

Bundeswertpapiere sind stark nachgefragt – und so hat ihre hohe Sicherheit auch einen Preis. Der Bund kann es sich leisten, nur wenig Zinsen zu bieten. Sparer dürfen keine hohen Renditen erwarten und zum Teil liegen die Zinserträge sogar unter der Inflationsrate. Sparkassen und Banken verzinsen ihre Angebote meist besser.

Die Bundeswertpapiere unterscheiden sich untereinander vor allem in ihren Laufzeiten. Einige von ihnen sind gezielt für Privatanleger gedacht und bieten für sie spezielle Vorteile. In eine Tagesanleihe etwa können Sparer schon für 50 Euro anlegen.

Finanztest Bundeswertpapiere im Überblick

	Tagesanleihe	Finanzierungsschätze	Bundesanleihen	Bundesschatzbrief	
				Typ A	Typ B
Laufzeit	Unbefristet	1 oder 2 Jahre	10 oder 30 Jahre	6 Jahre	7 Jahre
Mindestanlage	50 Euro	500 Euro	Keine Begrenzung	52 Euro	52 Euro
Vorzeitige Rückgabe	Täglich möglich	Nicht möglich	Börsennotiert, täglicher Verkauf möglich	Nach dem ersten Jahr können Anleger bis zu 5000 Euro pro Monat und Serie zurückgeben.	
Rendite[1)2)]	2,70	2,20/2,18	1,03–4,31	3,05	3,21
Verwahrung	Finanzagentur	Bei Banken und Sparkassen; kostenlos bei der Deutschen Finanzagentur			

1) Stand: 20. November 2008. 2) Aktuelle Informationen: www.deutsche-finanzagentur.de unter „Quicklinks".

Finanztest Zinsangebote vom Bund mit seinen Vor- und Nachteilen

Anlageform	Ertragschance	Verlustrisiko	Flexibilität	Anlagehorizont	Eignung/Besonderheiten des Produkts
Tagesanleihe	Mäßig	Kein Risiko	Sehr hoch	Kurzfristig	Geeignet als sichere, bequeme Basisanlage, um flexibel größere Summen zu sparen.
Bundesanleihen	Mäßig	Geringes Kursrisiko	Hoch, Ausstieg jederzeit möglich	Mittel- bis langfristig	Geeignet als sichere, bequeme Basisanlage, für Sparer, die größere Summen auf Dauer anlegen wollen.
Bundesschatzbrief	Mäßig bis mittel	Kein Risiko	Hoch, nach einjähriger Sperrfrist	Mittelfristig, nach einem Jahr verfügbar	Geeignet als sichere, bequeme Basisanlage – sowohl für Einmalanleger als auch für Ratensparer.

Tagesanleihe

Die Tagesanleihe des Bundes ist eine Erfolgsgeschichte. Die Deutsche Finanzagentur, die die Schulden des Bundes verwaltet, gibt sie seit Juli 2008 heraus. Dann kam die Finanzagentur mit der Bearbeitung der Kundenwünsche kaum nach. Bereits im Herbst 2008 hatten Sparer knapp 2,8 Milliarden Euro in die Tagesanleihe angelegt. Diese ähnelt einem Tagesgeldkonto und birgt kein Kursrisiko. Mittlerweile hat sich die Finanzagentur auf den Run eingestellt.

Eine Tagesanleihe ist bequem und Sparer kommen jederzeit an ihr Geld heran. Die Finanzagentur verzinst es mit einem Abschlag von 7,5 Prozent auf den Zinssatz Eonia. Das ist der Zins, zu dem sich die Banken über Nacht Geld ausleihen. Liegt der Eonia bei 4 Prozent, wird die Tagesanleihe dementsprechend mit 3,7 Prozent verzinst.

Die Finanzagentur passt den Zins täglich dem Markt an. Die Zinserträge erhöhen den Anlagebetrag täglich, Anleger profitieren also vom Zinseszinseffekt. Der Zins der Tagesanleihe ist derzeit (Stand November 2008) niedriger als bei vielen Tagesgeld-Angeboten. Generell dürften Anleger mit der Tagesanleihe aber zumeist nicht viel schlechter liegen als mit Tagesgeldangeboten von Filialbanken.

Schuldbuchkonto ganz einfach eröffnen

Wer die Tagesanleihe kaufen will, benötigt ein Schuldbuchkonto. Es muss bei der Finanzagentur beantragt werden.

- Im Antrag müssen Sparer ein Girokonto angeben. Wer einen Onlinezugang zum Schuldbuchkonto will, muss dies beantragen.
- Notwendig ist die Teilnahme am Postident-Verfahren. Mit den Unterlagen und dem Ausweis geht es zu einer Postfiliale. Die Post prüft die Identität des Neukunden und verschickt alles kostenfrei.
- Nach Eröffnung des Kontos können Sparer Geld für den Kauf der Tagesanleihe überweisen. Das müssen mindestens 50 Euro sein und funktioniert auch per Dauerauftrag. Als Verwendungszweck müssen Kunden die Schlüsselnummer der Tagesanleihe, die Nummer ihres Schuldbuchkontos und den Nachnamen angeben. Die Finanzagentur hält im Internet teilweise ausgefüllte Überweisungsträger zum Ausdrucken bereit.

Tipp

Den Antrag für das Schuldbuchkonto und den Kupon für das Postident-Verfahren können Sie telefonisch unter 0800/2225562 bestellen. Sie können ihn auch auf der Internetseite www.deutsche-finanzagentur.de aufrufen und ausdrucken (Link „Service“ und dann „Formulare“).

Bundesschatzbriefe

Für sicherheitsorientierte Sparer, die ihr Geld länger als ein Jahr anlegen und danach flexibel bleiben wollen, eignen sich Bundesschatzbriefe. Wenn sie wollen, können Anleger schon nach dem ersten Jahr der Laufzeit kostenlos wieder aussteigen und dann pro Monat bis zu 5 000 Euro flüssigmachen.

Bundesschatzbriefe sind Klassiker und zugleich die Lieblinge unter den Bundeswertpapieren. Das liegt vor allem an ihrer Konstruktion. Die absolut krisensicheren „Bundesschätzchen" sind sogenannte Stufenzinsanleihen. Der versprochene Zins steigt von Jahr zu Jahr, etwa von 3 Prozent im ersten Jahr auf 3,25 Prozent im zweiten Jahr, im dritten Jahr dann auf 3,5 Prozent und so weiter.

Zinsen jährlich oder nach sieben Jahren

Die Bundesrepublik Deutschland gibt über die Finanzagentur Bundesschatzbriefe in zwei Varianten heraus:

- Beim Bundesschatzbrief vom Typ A erhalten Anleger nach sechs Jahren ihr eingesetztes Kapital zurück. Die Zinsen werden jährlich ausgeschüttet.
- Die Laufzeit des Bundesschatzbriefs Typ B beträgt sieben Jahre. Auch bei ihm steigt der Zinssatz jährlich an. Die laufenden Zinsen werden aber nicht wie bei Typ A jährlich ausgeschüttet. Stattdessen werden sie einbehalten und mitverzinst.

Der Vorteil für den Sparer bei Typ B: Er muss sich nicht jedes Jahr Gedanken darüber machen, wo er seine Zinsen wieder anlegt. Bei Fälligkeit des Schatzbriefes Typ B erhält er sein Kapital mit Zins und Zinseszins in einer Summe ausgezahlt. Sparer, die Typ B kaufen, haben somit auf jeden Fall die Gewissheit, dass sie vom Zinseszinseffekt profitieren.

Wichtig: Wie bei abgezinsten oder aufgezinsten Sparbriefen auch, können Sie die Ausschüttungen des Bundesschatzbriefs Typ B zum Laufzeitende in die Bredouille bringen. Das kann geschehen, wenn Sie wegen der Abrechnung der Zinsen auf einen Schlag plötzlich Ihren Sparerpauschbetrag überschreiten. Dann werden Abgeltungsteuer, Solidaritätszuschlag und gegebenenfalls auch Kirchensteuer auf Ihre Zinserträge fällig. Ausführliche Informationen zur Abgeltungsteuer finden Sie auf Seite 156.

Nur mittelmäßige Rendite

Käufer von Bundesschatzbriefen können entweder eine einmalige Summe einzahlen oder regelmäßig Geld wie bei einem Sparplan einzahlen. Die Mindestanlagesumme bei Schatzbriefen beträgt 52 Euro bei Kauf über die Finanzagentur. Möglich sind aber auch höhere und ungerade Summen.

Es gibt Phasen, in denen sich der Bund sehr spendabel zeigt und überdurchschnittliche Renditen gewährt. Zu anderen Zeiten sind die Schätzchen wiederum alles andere als glanzvoll. So auch jetzt.

Die Renditen für die krisenfesten Papiere fallen derzeit nur mäßig aus. Für die Serie 25 des Bundesschatzbriefs Typ A und die Serie 26 des Bundesschatzbriefs Typ B von November 2008 beispielsweise gewährt der Staat nach einem Jahr nur 2,25 Prozent Zinsen. Nach zwei Jahren sind es 2,50 Prozent. Noch im April 2008 zeigte sich der Bund viel großzügiger. Für die zu diesem Zeitpunkt herausgegebenen Schatzbriefe zahlt er nach einem Jahr 3,50 Prozent Zinsen. Es gab auch schon Zeiten, in denen Anleger sich über noch höhere Zinserträge freuen konnten.

Tipp

Nach der Sperrfrist von einem Jahr können Sie Bundesschatzbriefe jederzeit problemlos zurückgeben. Das ist möglich bis zu einer Obergrenze von 5000 Euro monatlich pro Bundesschatzbrief-Serie. Sie erhalten immer den vollen Anlagebetrag einschließlich Zinsen zurück. Anders als die an der Börse gehandelten Bundesanleihen unterliegen Schatzbriefe keinerlei Kursschwankungen.

Tausch in besser verzinste Papiere

Nach einem Jahr können Anleger ihre Bundesschatzbriefe immer gegen besser verzinste Papiere eintauschen. Auch hier gilt der monatliche Höchstbetrag von 5 000 Euro pro Serie.

Beispiel: Sie kaufen im Dezember 2008 für 4 000 Euro den Bundesschatzbrief Typ B. Der Staat verzinst Ihnen die Papiere im ersten Jahr mit 2,25 Prozent und im zweiten Jahr mit 2,50 Prozent. Zum Ende der Laufzeit nach sieben Jahren würden sie eine Rendite von 3,21 Prozent erzielen. Ein Jahr später bringt der Bund aber eine Serie von Schatzbriefen heraus, für die er schon im ersten Jahr 3,25 Prozent Zinsen bietet. Auch der Nominalzins in den Folgejahren ist bei dem neuen Papier besser als bei der Vorjahresserie. Tauschen Sie jetzt die alten Titel gegen die neuen, können Sie eine deutliche höhere Rendite erzielen. Die Laufzeit beginnt bei Ihren getauschten Papieren immer von vorn.

Tipp

Depotgebühren und Kaufkosten können Sie sparen, wenn Sie Bundesschatzbriefe bei der Deutschen Finanzagentur und nicht über Ihre Hausbank erwerben. Noch immer zahlt etwa die Hälfte der Anleger Depotgebühren für Bundesschatzbriefe, Finanzierungsschätze oder Bundesobligationen, obwohl die Finanzagentur Bundeswertpapiere kostenlos lagert. Wie Sie dort ein Konto – das sogenannte Schuldbuch – eröffnen, steht auf Seite 77. Die Finanzagentur erreichen Sie unter 0800/2225510 oder im Internet (www.deutsche-finanzagentur.de).

Nach dem ersten Jahr sollten Anleger deshalb immer nach besserverzinsten aktuellen „Bundesschätzchen" Ausschau halten.

Als Faustformel gilt: Sind die Zinsen der bereits ein Jahr alten Titel im zweiten Jahr genauso hoch wie die Anfangszinsen der neu emittierten Schatzbriefe, lohnt sich das Nachrechnen. Denn auch in den Folgejahren können lukrative Renditevorteile winken. Ein Tausch von Papieren nach einem Jahr in ältere Titel ist allerdings nicht möglich.

Anlegen in Finanzierungsschätzen

Finanzierungsschätze kommen für Sparer infrage, die ihr Geld ein oder zwei Jahre ohne Verlustrisiko anlegen wollen. Vor Ablauf dieser beiden Laufzeiten haben Anleger aber keine Möglichkeit, an ihr Geld zu kommen. Die Mindestanlagesumme ist mit 500 Euro erheblich höher als bei Bundesschatzbriefen.

Konstruiert sind die Finanzierungsschätze als abgezinste Wertpapiere. Sie schütten also nicht wie Bundesschatzbriefe Zinsen aus. Stattdessen legt der Bund den Ausgabepreis unterhalb des Rückzahlungswerts fest.

Den Finanzierungsschatz von November 2008 beispielsweise kaufte der Anleger für 489 Euro. Ein Jahr später werden ihm dafür 500 Euro ausgezahlt. Das einjährige „Schätzchen" wirft bezogen auf den Kaufpreis also 2,25 Prozent Rendite ab. Das ist genauso wenig, wie der einjährige Zins für Bundesschatzbriefe im November 2008 bringt. Meistens liegen die Renditen für Finanzierungsschätze aber über denen für Schatzbriefe.

Wichtig: Tagesaktuelle Informationen über Zinsen, Renditen und Kurse für alle Bundeswertpapiere erhalten Sie auf der Internetseite www.deutsche-finanzagentur.de. Klicken Sie auf das Stichwort „Aktuelle Konditionen".

Bundesanleihen

Anleger, die Anleihen kaufen, geben dem Emittenten (Herausgeber) dieser Anleihen einen Kredit. Sollte der Herausgeber zahlungsunfähig werden, ist ihr Geld ganz oder zumindest teilweise weg. Bei Bundesanleihen ist dieses Risiko aber nicht vorhanden. Sie gibt der deutsche Staat heraus als Schuldbrief mit festem Zins. Einen vertrauenswürdigeren Emittenten gibt es nicht.

Die Laufzeit von Bundesanleihen beträgt meist 10 oder 30 Jahre. Sie kommen daher als langfristige Geldanlage infrage. Der Anleger erhält regelmäßig seine Zinsen und weiß genau, wann und zu welchem Kurs er sein Geld am Ende zurückerhält. Zurückgezahlt wird zum Nennwert. Im Unterschied zur Tagesanleihe und zu Bundesschatzbriefen werden Bundesanleihen nach ihrer Emission auch an der Börse gehandelt. Angeboten werden sie zum Emissionskurs über Banken und Sparkassen. Anleger können die Neuemission in jeder beliebigen Höhe erwerben.

Beim Kauf wird eine Provision fällig

Aber auch an der Börse können sich Anleger Bundesanleihen mit jeder beliebigen Laufzeit kaufen. Banken verlangen für Neuemissio-

Zinsen und Inflation

Die Grafik zeigt die Entwicklung der Zinsen und die Inflationsrate. Wie viel eine Anlage wirklich bringt, zeigt der Abstand zwischen Zins- und Inflationskurve. Im November 2008 brachten einjährige Bundesanleihen kaum mehr ein, als die Inflation verschlang.

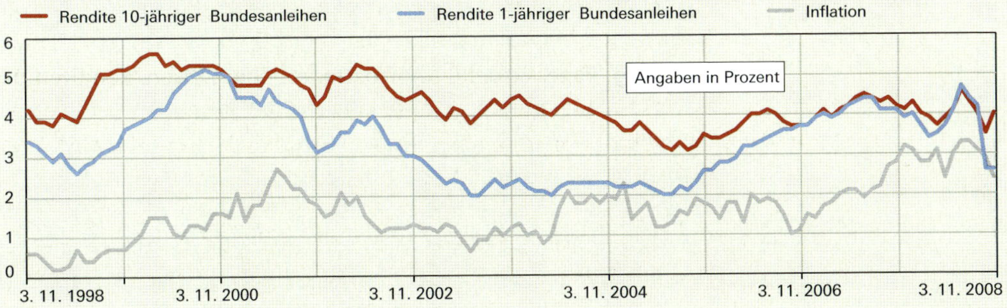

Quelle: Thomson Financial

Stand: 3. November 2008

Tipp

Sie können Bundesanleihen über die Börse kaufen und verkaufen. Ein Verkauf ist zudem auch direkt an die Deutsche Finanzagentur möglich. Sie erreichen Sie unter 0800/2225510 oder im Internet (www.deutsche-finanzagentur.de). Beim Kauf und vorzeitigen Verkauf über die Börse müssen Sie Bankspesen einkalkulieren. Sie betragen bis zu 0,5 Prozent vom Kurswert. Die Finanzagentur nimmt 0,4 Prozent vom Kurswert. Auch für die Rückzahlung bei Fälligkeit berechnen einige Banken Gebühren. Bei der Finanzagentur ist sie kostenlos.

nen und auch für den Börsenkauf älterer Anleihen Provision. Sie sollte nicht mehr als 0,5 Prozent der Anlagesumme betragen. Für Bundesanleihen im Wert von 5000 Euro wären das 25 Euro.

Wichtig: Sie müssen bei der Höhe eines Kaufauftrags die Spesen der depotführenden Bank berücksichtigen. Die Restlaufzeit einer börsennotierten Staatsanleihe sollte mindestens eineinhalb Jahre sein. Bei kürzeren Laufzeiten würden die Renditen durch die Kaufkosten unverhältnismäßig stark geschmälert.

Die meisten Bundesanleihen haben eine feste Verzinsung. Es gibt aber auch variabel verzinste Schuldverschreibungen. Bei beiden Anleiheformen schüttet der Bund die anfallenden Zinsen jährlich aus. Dabei kann er vergleichsweise knauserig sein. Gemessen an der Laufzeit und dem allgemeinen Zinsniveau ist die Verzinsung recht niedrig. Aufgrund der Sicherheit dieser Papiere ist die Nachfrage bei Anlegern aber dennoch hoch.

Kurse schwanken, Verluste sind möglich

Das Emissionsvolumen der von Fachleuten auch „Bunds“ genannten deutschen Staatsanleihen ist so groß, dass sie täglich an der Börse gehandelt werden. Zudem beteiligt sich die Bundesbank am Handel und sorgt für stabile Kurse. Anleger haben deshalb immer die Möglichkeit, Anleihen zu einem fairen Preis zu verkaufen.

Es kann aber durchaus geschehen, dass der Börsenkurs der Bundesanleihe schwächelt und der Anleger beim Verkauf Verluste macht. Diese Kursschwankungen haben vor allem mit der Veränderung des allgemeinen Zinsniveaus zu tun. Ist eine Anleihe einmal aufgelegt, steht die laufende Verzinsung fest. Geht das allgemeine Zinsniveau dann nach oben, gibt der Bund seine neuen Anleihen mit einem höheren Zins (in der Fachsprache Kupon genannt) auf den Markt. Für Anleger gibt es dann zunächst keinen Grund, an der Börse die älteren, zinsschwächeren Papiere zu kaufen. So passt sich deren Preis dem Markt an, ihr Kurs fällt. Als Faustformel gilt: Wenn die Zinsen steigen, fallen die Anleihekurse – und umgekehrt.

Wertpapiere im Anlagecheck

Die Risiken an der Börse

Das Börsenparkett ist glatt. Zahllose Wertpapiere werden an der Börse gehandelt und die Preise verändern sich ständig. Das eröffnet Gewinnchancen und Verlustrisiken. Das heißt aber auch: Wer auf Stabilität Wert legt und keinen langen Atem hat, ist hier falsch.

Das bekannteste börsengehandelte Wertpapier ist die Aktie. Einige Millionen Deutsche besitzen Aktien – entweder unmittelbar oder als Eigentümer von Aktienfonds. Wer eine Aktie kauft, wird Miteigentümer eines Unternehmens. Wie die Aktionäre die Zukunft ihrer Firma einschätzen, spiegelt sich in deren Kurs. Der Kurs hängt an den zukünftigen Gewinnen. Und wie sie die Zukunft von Volkswirtschaften sehen, spiegelt sich in Indizes wie dem Dax oder dem Dow Jones. Geht eine Firma pleite (keine zukünftigen Gewinne mehr), werden ihre Aktien wertlos. Geht es der Volkswirtschaft schlecht, fallen die Indizes. Das interessiert immer mehr Menschen. Den Stand von Dax und Dow Jones erfahren wir mittlerweile täglich vor der Tagesschau.

Viele Produkte, unterschiedliche Risiken

Fondsmanager kaufen mit dem Anlegergeld Aktien und stecken sie in einen Aktienfonds. Der Vorteil für den Anleger: Er kann mit wenig Geld in viele Aktien gleichzeitig investieren. Das senkt die Risiken. Ist der Fondsmanager bei der Auswahl der Aktien clever, geht das Investment auf. Der Manager bekommt eine ordentliche Gebühr, ganz gleich, ob er gut oder schlecht gearbeitet hat. Das Fondsvermögen muss der Manager von seinem Vermögen getrennt halten. Der Fonds wird also nicht wertlos, wenn der Manager pleitegeht. Doch das Auf und Ab der Börsen machen die Fonds natürlich mit.

Über 8 000 Fonds bewertet Finanztest jeden Monat für seine Datenbank. Darunter sind nicht nur Aktienfonds, sondern auch Rentenfonds. Für sie kauft der Fondsmanager mit dem Anlegergeld Anleihen – beispielsweise von Staaten oder Unternehmen. Auch hier übernimmt er die Auswahl und bekommt Gebühren. Das Gleiche gilt für Geldmarktfonds oder offene Immobilienfonds. Über sie investieren Anleger in vergleichsweise sichere Wertpapiere mit kurzer Laufzeit (Geldmarktfonds) oder in Immobilien.

Anders sieht die Anlage bei Anleihen, Zertifikaten und Pfandbriefen aus. Hier verleiht der Anleger ohne den Umweg über einen Fonds für eine bestimmte Zeit sein Geld und bekommt Zinsen. Je nachdem, ob die vereinbarten Zinsen im Vergleich mit den später aktuellen Marktzinsen gut sind, kann der Anleger solche Papiere wie Anleihen oder Fondsanteile mit Gewinn oder Verlust an der Börse verkaufen. Behält der Anleger sein Papier, bekommt er am Ende der Laufzeit das Geld zurück, sofern sein Schuldner nicht pleite ist.

Schließlich gibt es noch Gold. Es bringt keinen Zins, wird aber an der Börse gehandelt. Manch einer hält es für ein sicheres Investment in Krisenzeiten. Doch der Kurs schwankt, gerade auch im Jahr 2008.

Finanztest Wertpapiere mit ihren Vor- und Nachteilen

Anlageform	Ertragschance	Verlustrisiko	Flexibilität	Anlagehorizont	Eignung/Besonderheiten des Produkts
Aktien	Hoch	Hoch, da Kursschwankungen möglich sind	Hoch	Langfristig	Geeignet nur als ergänzende Anlage; gesicherte finanzielle Basis muss vorhanden sein, damit der Anleger mögliche Verluste verkraften kann.
Aktienfonds	Hoch	Hoch, da Kursschwankungen möglich sind	Hoch; Ausstieg jederzeit möglich, aber Börsensituation beachten	Langfristig	Geeignet als ergänzende Anlage, wenn die finanzielle Basis gesichert ist und mögliche Verluste kein Problem für die Alltagsausgaben sind.
Rentenfonds	Mittel	Mittel bis gering, abhängig von der Anlagedauer	Hoch; Ausstieg jederzeit möglich, aber Zinssituation beachten	Mittelfristig	Je nach Art des Fonds geeignet als sichere oder als ergänzende Anlage mit höheren Renditechancen, aber auch mit mehr Risiko als bei Sparbriefen oder anderen Einmalanlagen.
Mischfonds	Mittel	Mittel bis gering, abhängig von der Anlagedauer	Hoch; Ausstieg jederzeit möglich, aber Kurs situation beachten	Mittel- bis langfristig (je nach Höhe des Aktienanteils)	Geeignet als ergänzende Anlage; Verlustrisiko vorhanden, aber geringer als bei reinen Aktienfonds; dennoch nur ein sinnvolles Investment, wenn Anleger Verluste verkraften kann.
Offene Immobilienfonds	Mäßig bis mittel	Mittel	Hoch; Ausstieg in der Regel jederzeit möglich	Langfristig	Geeignet als Beimischung im Depot mit nicht mehr als 10 Prozent.
Unternehmensanleihen	Mittel bis hoch	Mittel bis hoch, je nach Emittent	Hoch; Ausstieg jederzeit möglich	Mittel	Unternehmensanleihen sind geeignet als ergänzende Anlage. Das gilt auch für Anleihen in Fremdwährung.
Pfandbriefe	Mäßig bis mittel	Gering	Mittel bis hoch; Ausstieg über die Börse möglich	Mittel- bis langfristig	Geeignet als sicherer Teil im Depot.
Zertifikate	Mittel bis hoch	Niedrig bis hoch	Hoch; Ausstieg jederzeit möglich, aber Börsensituation beachten	Kurz- bis mittelfristig	Wenige Produkte geeignet, und dann nur als ergänzende Anlage, wenn die finanzielle Basis gesichert ist und Anleger Verluste verkraften kann.
Gold	Mittel bis hoch	Mittel bis hoch	Hoch; hohe Kauf- und Verkaufskosten	Mittel- bis langfristig	Nicht als krisensichere Anlage geeignet. Allenfalls als Beimischung im Depot.

Aktien

Aktien bieten hohe Renditechancen, mit ihnen kann man aber auch viel Geld verlieren. Im Jahr 2008 wurde vorwiegend verloren. Die Börsen sind als Folge der Finanzkrise weltweit eingebrochen. Anleger, Politiker und Unternehmer fürchten nicht nur, dass Banken und andere Finanzkonzerne pleitegehen könnten. Sie fürchten vor allem, dass Verbraucher und Firmen aufgrund der unsicheren Situation nicht mehr einkaufen. Doch Konsum ist notwendig, wenn die Wirtschaft weiter wachsen soll. Tut sie das nicht, bringt das auch Firmen und Konzerne jenseits des Finanzmarktes in Schwierigkeiten.

Schwierigkeiten werden besonders für deutsche Firmen befürchtet. Deutschland ist Exportweltmeister. Wenn in anderen Ländern gespart statt konsumiert wird, leiden exportorientierte Unternehmen besonders stark. Der Internationale Währungsfonds hat seine Prognose für die deutsche Wirtschaft für das Jahr 2009 sogar schwärzer gemalt als für die amerikanische.

An der Börse spiegelt sich die düstere Vision schon in den Preisen der Aktien wider. Der Dax, der Börsenindex für die 30 größten deutschen Firmen, hatte im Herbst 2008 fast die Hälfte seines Wertes gegenüber der Spitze 2007 eingebüßt. Gleichzeitig trieben Spekulanten ihr Unwesen. Während alle anderen Titel verloren, peitschten sie den Kurs der VW-Aktie um einige hundert Prozent nach oben, um ihn dann abstürzen zu lassen.

Grundregeln für Aktienanleger

Kann ein Kleinanleger angesichts der Finanzkrise und der Kurskapriolen noch Aktien einer einzelnen Firma kaufen? Die Antwort lautet „nein". Eine einzige Aktie sollte ein Kleinanleger nicht kaufen. Und selbst wenn er Aktien mehrerer Unternehmen erwirbt, muss er genug Geld haben, um längere Durststrecken zu überdauern.

Langfristig denken. Wer mit dem Kauf von Aktien vernünftig und mit überschaubarem Risiko sein Geld mehren will, muss Zeit haben. Nur langfristig lässt sich vernünftig mit den Risiken der weltweiten Börsen umgehen. Anleger, die kurzfristig ihr Geld zurückbekommen wollen, sind an der Börse falsch – oder sie sind Glücksspieler.

Risiken streuen. Wer risikobewusst ist, wird nicht alles auf eine Karte setzen. Vernünftiger ist es, verschiedene Aktien aus unterschiedlichen Branchen und Ländern zu kaufen und so das Risiko eines Fehlgriffs zu mindern. Wer in Einzelwerte investiert, sollte Papiere von mindestens fünf verschiedenen Unternehmen halten. Macht eines der Unternehmen Fehler, sind vielleicht noch vier gut agierende Firmen im Portfolio. Zudem gibt eine Streuung über verschiedene Branchen eine gewisse Sicherheit. Derzeit kriselt die Autoindustrie. Die Hersteller von Solaranlagen muss das aber nicht unbedingt berühren. Gehen in Amerika die Lichter aus, kann ein chinesisches Unternehmen immer noch ganz gut dastehen.

Strategisch denken. Einfacher ist die Auswahl der Aktien überzeugender Firmen, wenn man sich für die Aktienauswahl eine Strategie überlegt. Finanztest wertet seit Jahren aus, welche Erfolge und Misserfolge die Auswahl von Aktien nach unterschiedlichen Strategien bringt.

So stellt Finanztest jeden Monat die Ergebnisse einer Dividendenstrategie dar. Grundfrage dieser Strategie: Was hätte der Kauf von Aktien jener Firmen gebracht, die in der Vergangenheit die höchsten Dividenden gezahlt haben? Daneben beschreibt Finanztest die Ergebnisse der Trendfolgestrategie. Was hätte der Kauf von Aktien gebracht, deren Kurse sich im vergangenen Jahr am besten entwickelt haben? Die dritte Strategie ist die Umkehrstrategie. Hier lautet die Frage: Was bringt ein Investment in Aktien, die zuletzt am schlimmsten abgestürzt sind und Potenzial für eine Kurserholung bieten? Zuletzt lagen Anleger mit der Trendfolgestrategie am besten.

Tipp

Sie können Aktien systematisch anhand bestimmter Strategien auswählen. Drei Strategien werden in jedem Finanztest-Heft in der Rubrik „Marktplatz“ vorgestellt und es wird jeden Monat neu analysiert, wie die wichtigsten deutschen, europäischen und amerikanischen Aktien zu diesen Strategien passen.

Warum sich Aktien besonders lohnen können

Erfolgreiche Aktien bringen Kursgewinne. Kursgewinne ergeben sich beim Aktienhandel an der Börse, weil ein Teil der Marktteilnehmer überzeugt ist, dass das Unternehmen in Zukunft viel mehr Gewinne erzielen wird, als bisher bekannt ist. Also kaufen sie die Aktien. Wer verkauft, glaubt dagegen nicht, dass die Zukunft des Unternehmens rosig ist. Wollen viele Anleger kaufen, steigt der Preis.

Aktionäre freuen sich aber nicht nur über Kursgewinne. In normalen Zeiten erhalten sie auch Dividenden, die jährlichen Anteile am Unternehmensgewinn. Diese allein machen oft schon 3 oder 4 Prozent Rendite aus. Unterm Strich haben Anleger mit Aktien höhere Renditechancen als mit vielen anderen Anlageformen.

Woher das Risiko einer Aktienanlage stammt

Bei allen Renditechancen – die Aktienanlage hat Risiken. Das Management der Firma, an der sich der Aktionär beteiligt, kann Fehler machen. Sie schaden dem Unternehmen, mindern seinen Erfolg und in der Folge auch seinen Aktienwert.

Der Wert einer Aktie ist nämlich vor allem Ausdruck der Erfolgserwartungen der Aktionäre. Macht das Management eines Unternehmens aber schlimme Fehler, kann das bis zur Pleite führen. Die Aktie wird dann wertlos.

Zudem steigt und fällt der Wert vieler Aktien, je nachdem wie sich die Wirtschaft eines Landes, einer Region oder sogar die Weltwirtschaft als Ganzes entwickelt. Kaufen Firmen und Verbraucher weniger ein als im Vorjahr, spricht man von einer Rezession. Unternehmen verkaufen dann weniger, machen weniger Gewinne und sind in der Folge weniger wert. Der Aktionär trägt also auch das Risiko, dass die Wirtschaft insgesamt schlecht läuft und damit auch die Aussichten seiner Firma auf künftige Gewinne geschmälert sind. Dann sinkt der Wert seiner Aktien, so wie der Wert vieler anderer Titel an der Börse auch.

?

Warum schließt man nicht die Börse für einige Zeit?
So etwas hat es schon gegeben. Doch eine Börsenschließung ist ein zweischneidiges Schwert. Sie könnte eine Krise auch verschärfen, indem sie das Misstrauen steigert. Gerade in Krisenzeiten hat die Börse eine „Leuchtturmfunktion". Sie signalisiert Anlegern, Politikern, Bankern und Wirtschaftsexperten, wie die Stimmung unter Investoren ist. Hinzu kommt: Bleibt die Börse geöffnet, haben Anleger das Gefühl, agieren zu können. Ist die Börse zu, leben sie im Gefühl, dem Absturz ohnmächtig ausgeliefert zu sein. So etwas beruhigt nicht.

Wie hoch sind die Börsenrisiken? Das maximale Risiko der Anlage in eine Aktie liegt auf der Hand. Die Firma kann pleitegehen, die Aktie wird dann wertlos. Von Pleiten können auch Konzerne bedroht sein wie deutsche Bauriesen, amerikanische Banken oder Autokonzerne. Ein Anleger mit breitem Portfolio in deutschen Spitzenwerten kann seine Verluste am Aktienindex Dax ablesen. Er ist von über 8 000 Punkten im Jahr 2000 auf rund 2 200 Punkte im Jahr 2003 gefallen und hat in diesem Zeitraum einen Verlust von 70 Prozent gemacht.

Aktienanleger brauchen Zeit und starke Nerven

Diese 70 Prozent hätte der Dax-orientierte Anleger aber nur verloren, wenn er im Frühjahr 2000 deutsche Aktien aus dem Dax gekauft und sie dummerweise exakt im Frühjahr 2003 wieder verkauft hatte. Hatte er hingegen seine Aktien nervenstark noch weitere vier Jahre gehalten, hätte er beim Verkauf der Papiere im Sommer 2007 sein Geld zurückerhalten.

Mit Nerven wie Drahtseile hätten Anleger natürlich auch im Sommer 2003 Aktien kaufen können. Bei einem Verkauf im Sommer 2007 hätten sie sich dann über eine Verdreifachung ihres Einsatzes gefreut (→ Grafik).

Nervenstark oder nicht – der vernünftige Aktienanleger hat jedenfalls Zeit und braucht sein Geld nicht sofort zurück. Mit dieser Ausrichtung kann es sogar vernünftig erscheinen, in der Krise Aktien zu kaufen. Schließlich hat sich nicht nur der Kurs der Aktie halbiert, sondern auch der Kaufpreis für den Investor.

Zeit braucht ein Aktionär also in doppelter Hinsicht. Er braucht die Ruhe, auch Börsenstürme aussitzen zu können. Und er braucht die Zeit, sich mit seinen Werten im Portfolio immer wieder aufs Neue auseinanderzusetzen. Nur so kann er immer wieder vernünftige Entscheidungen treffen.

Entwicklung des deutschen Aktienindexes Dax von 1998 bis heute

In den vergangenen zehn Jahren konnte man mit deutschen Aktien besonders schnell reich werden. Man konnte aber auch einen großen Teil seines Vermögens verlieren.

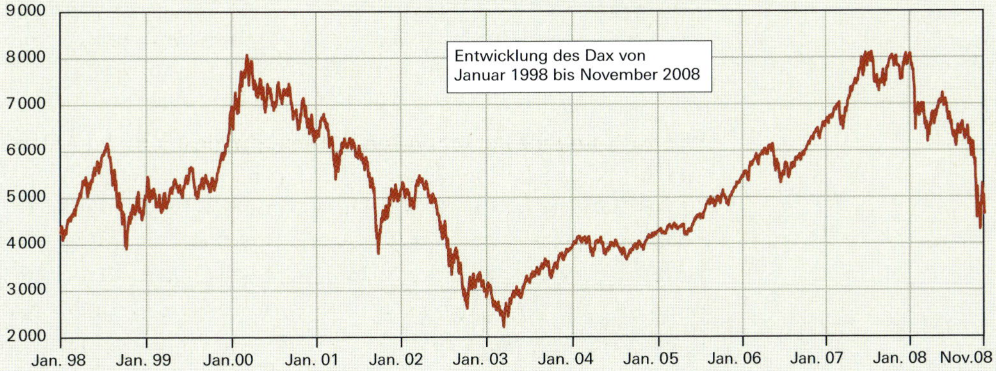

Aktienfonds

Die gute Nachricht vorweg. Geht die Bank pleite, bei der Anleger ihre Fondsanteile deponiert haben, ist das für Kunden kein Problem. Wertpapiere, die eine Bank für sie deponiert, bleiben auch nach einer Pleite Kundeneigentum. Der Zusammenbruch einer Fondsgesellschaft hat für Anleger keine schlimmen Folgen. Sie ist lediglich Treuhänderin der Einzahlungen der Anleger. Das Anlagevermögen des Fonds wird von einer Depotbank auf einem Sperrkonto verwahrt.

Doch das wird viele Anleger nicht trösten. Sie haben in den vergangenen Monaten erhebliche Verluste erlitten. Je nachdem, auf welche Fonds sie gesetzt haben, hat sie die Finanzkrise mehr oder weniger stark getroffen. Brechen Aktienmärkte auf breiter Front ein, kann auch der beste Manager Verluste im Fonds nicht verhindern.

Risikostreuung auch mit kleinen Summen

Dennoch fahren Anleger mit dem Kauf eines Aktienfonds besser, als wenn sie einzelne Aktien erwerben. Schon mit kleinen Summen können sie Fondsanteile kaufen und sich so an einem großen Fondsvermögen beteiligen. Je nach Ausrichtung des Fonds investiert der Fondsmanager dieses Vermögen in eine Vielzahl von Einzelaktien und Märkten. Die breite Streuung in unterschiedliche Anlagen senkt das Verlustrisiko erheblich. Ein Totalverlust, wie er beim Kauf einer einzelnen Aktie durchaus möglich ist, ist für Käufer eines Aktienfonds äußerst unwahrscheinlich. Dass die Streuung des Vermögens auf viele Einzeltitel das Risiko stark reduziert, bestätigt ein Blick auf die Indizes. So liegen zum Beispiel bei Aktienfonds, die weltweit anlegen, die Verluste im letzten Jahreszeitraum deutlich niedriger als bei den meisten Einzelaktien aus dem deutschen Aktienindex Dax, dem Euro Stoxx 50 und dem amerikanischen Dow Jones.

Aktienfonds ist nicht gleich Aktienfonds

Doch Aktienfonds ist nicht gleich Aktienfonds. Neben den Aktienfonds Welt, die das Anlegergeld breit über alle wichtigen internationalen Aktienmärkte streuen, gibt es regionale Fonds, die beispielsweise auf Aktien aus Europa oder Asien setzen sowie Länderfonds, die in Firmen aus Deutschland, den USA oder Japan investieren. Daneben gibt es Branchenfonds, die etwa Aktien von Biotechnologiefirmen oder Telekommunikationsfirmen kaufen. Die Zahl der unterschiedlichen Anlageideen und Fondsgruppen ist hoch und je nach Anlagekonzept sind die Verlustrisiken sehr unterschiedlich.

Finanztest teilt die Fonds in drei Gruppen ein: In Basisfonds, Bausteinfonds und Fonds zur Beimischung im Depot. Diese Einteilung erleichtert Anlegern die Orientierung.

Basisfonds als Grundlage fürs Depot

Basisfonds sind Fonds, die sich für jede Anlagesituation und jeden Anlagetyp eignen. Bei ihnen muss der Anleger am wenigsten Erfahrung mitbringen und wenig Eigeninitiative leisten. Sie bilden das Fundament des chancenreicheren Teils eines Depots. Dazu gehören vor allem Aktienfonds Welt, Aktienfonds Europa und Euroland. Diese Fonds legen jeweils auf großen Märkten an, die sich trotz zwischenzeitlicher Krisen auf lange Sicht stabil entwickelten. Langfristig betrachtet sind deren wichtigste Indizes gestiegen (→ Tabelle).

Infos: In der Fondsdatenbank von Finanztest können Sie unter www.test.de/fonds aus über 8 000 Fonds die besten für Ihren Anlagewunsch herausfiltern. Bewertungen einzelner Fonds erhalten Sie kostenlos unter www.test.de/fondsfinder.

Bausteinfonds für Fortgeschrittene

Der Blick auf die Tabelle zeigt zudem, dass auch einzelne Ländermärkte wie Deutschland oder die USA dauerhaft stabile Ergebnisse vorweisen können. Dennoch machen sich Anleger stärker von Konjunktur- und Währungsschwankungen abhängig, wenn sie auf einzelne Länder setzen. Länderaktienfonds der entwickelten Märkte wie der USA, Deutschlands, Japans oder Großbritanniens zählt

Finanztest Langfristanalyse der wichtigsten Marktindizes

Marktindex	30 Jahre			20 Jahre	10 Jahre	5 Jahre
	Wertentwicklung (Prozent p. a.)	Verlustanalyse: Längste Verlustphase (Monate)	Verlustanalyse: Maximaler Verlust (Prozent)	Wertentwicklung (Prozent p. a.)	Wertentwicklung (Prozent p. a.)	Wertentwicklung (Prozent p. a.)
MSCI World	9,4	97*	53,7	5,5	2,2	3,5
MSCI Europe	10,6	72	52,6	8,2	3,1	7,0
MSCI EMU (Euroländer)	–	–	–	–	3,6	8,5
MSCI Germany	8,9	85	67,9	8,4	3,1	12,4
MSCI USA	10,3	97*	53,5	8,4	0,8	1,1
MSCI Japan	5,8	133	64,5	-2,6	2,0	0,4
MSCI Pacific	6,6	123	59,0	-0,9	4,0	2,9

*Aktueller Wert entspricht Maximalwert. – = Entfällt (Berechnung nicht möglich). Stand: 30. September 2008

Finanztest zu den Bausteinfonds. Damit können Anleger ihr Fondsdepot entsprechend ihrer Risikoneigung und ihren Anlagezielen individuell zusammenstellen oder ausbauen. Das verlangt aber auch, dass sie ihre Fonds genauer im Auge behalten und kontrollieren.

Beimischerfonds für Spekulanten

Dann gibt es noch viele Fonds, die spezielle Anlageideen verfolgen und oft riskanter sind. Sie sind deswegen vor allem für erfahrene Anleger geeignet, die eine gezielte Abrundung ihres Depots suchen. Ihr Anteil im Depot sollte maximal 10 Prozent betragen. Zu dieser Gruppe der Beimischerfonds gehören zum Beispiel Aktienfonds, die in bestimmte Branchen und Themen wie Biotechnologie oder Telemedien investieren oder auf die Märkte von Schwellenländern setzen.

Starke Fonds oder bequemer Index

Wenn Anleger sich für eine Fondsgruppe entschieden haben, müssen sie den Fonds aus dieser Gruppe auswählen, der für sie am besten geeignet ist. Hierbei hilft der Fondsdauertest von Finanztest. Bewertet werden darin nur Fonds, die mindestens fünf Jahre am Markt sind. Wenn Fonds hier gut abschneiden, weil sie in der Vergangenheit dauerhaft gute Ergebnisse gebracht haben, ist das zwar keine Erfolgsgarantie für die Zukunft. Aber immerhin hat das Fondsmanagement unter Beweis gestellt, dass es sein Handwerk versteht.

Eine andere Möglichkeit ist der Kauf eines Indexfonds. So ein Fonds legt genauso an wie ein bestimmter Marktindex. Anleger sollten sich aber bewusst sein, dass zumindest die besten aktiv gemanagten Weltfonds in der Vergangenheit deutlich höhere Renditen erzielten als jeder Indexfonds. Bequemlichkeit hat ihren Preis.

?

Ich spare mit monatlichen Zahlungen in einen Aktienfonds. Soll ich die Zahlungen jetzt stoppen?
Wenn Sie einen langfristigen Anlagehorizont haben, sichern Sie sich durch regelmäßige Einzahlungen einen durchschnittlichen Einstiegskurs. In einer Phase niedriger Kurse erwerben Sie sogar mehr Anteile als bei hohen Kursen. Prüfen Sie anhand der monatlichen Untersuchungen von Finanztest, ob Ihr Fonds in seiner Vergleichsgruppe zu den Besten zählt und wechseln Sie gegebenenfalls.

Die wichtigsten Tipps für Fondsanleger

Anlageziel. Überlegen Sie, wofür Sie Ihr Geld anlegen und wie hoch das Risiko sein soll. Für den langfristigen Aufbau Ihrer Altersvorsorge etwa sollten auch Aktienfonds dabei sein. Wollen Sie dagegen bald bauen, sollten Sie Rentenfonds oder festverzinsliche Anlagen vorziehen.

Anlagedauer. Je mehr Zeit Sie haben, desto mehr Geld können Sie in Aktienfonds legen. Bringen Sie für Aktienanlagen immer einen langen Atem mit. Über längere Zeit gleichen sich Kursschwankungen an den Märkten fast immer aus.

Auswählen. Kaufen Sie nur Fonds, die sich über eine längere Zeit bewährt haben. Vorsicht bei Fonds, die gerade erst aufgelegt wurden. Oft handelt es sich dabei um Trendprodukte, die auf einen gerade boomenden Nischenmarkt setzen. Konzentrieren Sie sich auf Aktienfonds Welt, Europa oder Euroland. Als sichere Ergänzung passen Euro-Rentenfonds gut dazu. Um das Risiko zu verringern, sollten Sie aus jeder Gruppe am besten mehrere Fonds auswählen. Sie können auch auf Mischfonds setzen. Konzentrieren Sie sich auf stark überdurchschnittliche und überdurchschnittliche Fonds.

Mischen. Eine ausgewogene Geldanlage sollte weder die Renditechancen noch die Sicherheit überbetonen. Von Ihrer Risikoneigung und Ihren Anlagezielen hängt es ab, wie hoch der Anteil an Aktienfonds sein darf. Mit deren Anteil steigen Chancen und Risiken Ihres Depots. Achten Sie aber nicht nur auf die Renditen, sondern auch auf den maximalen Verlust, den es auf den jeweiligen Märkten in der Vergangenheit gab. Wählen Sie einen Markt nur, wenn Sie derartige Einbrüche verkraften können.

Kontrolle. Es ist ratsam, ein- bis zweimal pro Jahr unter www.test.de im Produktfinder Investmentfonds nachzuschauen, ob Ihr Fonds immer noch gut läuft. Wenn ein Fonds schlecht läuft und Sie auch keine Zukunftschancen für ihn sehen, kommt ein Verkauf infrage – selbst wenn Sie noch im Verlust sind. Mit einem neuen, besseren Fonds kommen Sie viel schneller zurück in die Gewinnzone.

Depot. Als Fondsanleger brauchen Sie ein Depot bei einer Bank, einer Fondsgesellschaft oder einer Fondsbank. Wenn Sie bereits ein oder mehrere Depots haben, sollten Sie prüfen, ob aus Kostengründen eine Zusammenlegung bei einer Bank sinnvoll ist.

Kauf. Achten Sie beim Kauf eines Fonds auf die Kosten. Den Ausgabeaufschlag von bis über 5 Prozent können Sie beim Kauf bei Direktbanken oder Fondsvermittlern sparen oder reduzieren. Bei Fonds, die Ihre Bank nicht mit Rabatt anbietet, ist je nach Höhe der Anlagesumme der direkte Kauf über die Börse günstiger. Hier gibt es keinen Ausgabeaufschlag. Sie zahlen nur die Kaufkosten.

Rentenfonds

Von Langeweile keine Spur. Statt neidisch auf hohe Renditen bei Aktienfonds zu schauen, freuen sich derzeit viele Besitzer von Rentenfonds über stabile Ergebnisse. Teilweise standen bei Rentenfonds Euro mit geringem oder mittlerem Risiko jährliche Wertentwicklungen von über 5 Prozent zu Buche. Zwar gerieten im Zuge der Finanzkrise auch einige Rentenfonds in die roten Zahlen. Sie hatten sogenannte ABS-Papiere mit faulen Immobilienkrediten aus den USA gekauft. Doch die meisten Rentenfonds blieben von Verlusten verschont – anders als viele Aktienfonds.

Gewinner der Finanzkrise

Die Rentenfonds sind Gewinner der Finanzkrise. Ihre Wertentwicklung für die letzten zwölf Monate ist durchweg deutlich besser als die der letzten fünf Jahre. Diese erfreuliche Tatsache hat einen einfachen Grund. Die Zinsen für Anleihen sind gefallen. Der scheinbare Widerspruch erklärt sich schnell: Manager von Rentenfonds kaufen Anleihen und erhalten dafür – wie Privatanleger auch – eine meist feste Verzinsung. Wenn nun die Zinsen am Markt sinken, sind die „alten“ Anleihen mit höherem Zinssatz besonders begehrt. Ihr Börsenkurs steigt und mit ihnen der Wert des Rentenfonds.

Finanztest **Rentenfonds Euro in vier Gruppen**

Finanztest teilt Rentenfonds Euro nach Gewinnchancen und Verlustrisiken in den vergangenen fünf Jahren in Chance-Risiko-Klassen ein. Die Übergänge zwischen den Gruppen sind fließend. Fonds können im Laufe der Zeit die Gruppe wechseln. Geeignete Fonds finden Anleger monatlich in Finanztest oder unter test.de/fonds.

Rentenfonds Euro mit …	Verlustrisiko auf Jahressicht (Prozent)	Typische Investition in …	Geeignet …
sehr geringem Risiko	bis 5	kurzlaufende Zinspapiere	für sehr sicherheitsbetonte Anleger und Anleger, die von steigenden Zinsen ausgehen
geringem Risiko	7,5	Anleihen verschiedener Laufzeiten, vor allem Staatsanleihen und Pfandbriefe mit hoher Bonität	für Langfristanleger als sichere Grundlage fürs Depot
mittlerem Risiko	10	Anleihen verschiedener Laufzeiten, darunter vor allem Anleihen hoher Bonität, aber auch Beimischung von Papieren niedrigerer Bonität oder mit längeren Laufzeiten	für Langfristanleger als sichere Grundlage fürs Depot
erhöhtem Risiko	15	langlaufende Zinspapiere	für Anleger, die auf fallende Zinsen spekulieren

Beispiel: Ein Anleger hat eine Anleihe mit zehn Jahren Restlaufzeit im Depot. Ein 1-prozentiger Rückgang der Marktzinsen führt zu einem Kursgewinn von etwa 7 Prozent. Der Aufschlag ist deshalb so hoch, weil der Besitzer der Anleihe die Chance hat, noch viele Jahre von dem höheren Zins seines Papiers zu profitieren. Hätte die Anleihe nur eine kurze Restlaufzeit, wäre der Effekt wesentlich geringer.

Viele Anleger, die eine sichere Anlage für ihr Depot suchen, setzen auf Rentenfonds. Doch nicht jeder Rentenfonds ist geeignet. Manche entpuppen sich als riskante Anlage. Sicherheit bringen vor allem Rentenfonds Euro. Finanztest unterteilt diese Fonds noch in Gruppen von Rentenfonds Euro mit sehr geringem Risiko bis zu Rentenfonds Euro mit erhöhtem Risiko. Als sichere Grundlage im Depot sind Rentenfonds Euro mit geringem Risiko und mit mittlerem Risiko gut geeignet. Sie bieten einen guten Kompromiss zwischen Sicherheit und Ertragschancen (→ Tabelle S. 96).

Infos: Wenn Sie prüfen wollen, zu welcher Gruppe Ihr Rentenfonds gehört, können Sie unter www.test.de/fondsfinder kostenlos Informationen zu einzelnen Fonds abrufen.

Zwischen Sicherheit und Rendite

Sicherheit und Ertragschancen von Rentenfonds hängen von mehren Faktoren ab. Fondsmanager legen ihr Geld überwiegend in Anleihen an (→ mehr zu Anleihen auf S. 104). Geht der Herausgeber einer Anleihe pleite, erleidet der Fonds einen Verlust. Ein großer Teil der Rentenfonds investiert die Kundengelder aber nur in Staatsanleihen großer Industriestaaten, in Pfandbriefe und Bankschuldverschreibungen. Hier ist das Risiko gering, dass der Herausgeber keine Zinsen mehr zahlen kann oder die Anleihe gar nicht mehr zurückzahlt.

Einige Fonds setzten jedoch bewusst auf Anleihen von Herausgebern mit einer niedrigeren Bonität, etwa von Unternehmen. Hier können sie höhere Zinsen kassieren. Mit den Ertragschancen steigt dann aber auch das Risiko.

Ein weiterer wichtiger Punkt ist die Laufzeit der Anleihen, die der Fondsmanager auswählt. Schließlich reagiert der Kurs von Anleihen mit einer langen Laufzeit stark auf Veränderungen der Marktzinsen.

Diese Regel lässt sich auch auf den Fonds übertragen: Je länger die durchschnittliche Restlaufzeit der Anleihen ist, die der Fonds gekauft hat, desto stärker macht sich das Auf und Ab der Zinsen am Kapitalmarkt im Kurs des Fondsanteils bemerkbar.

Ein flexibel reagierendes Fondsmanagement kann sich dies zunutze machen. Rechnet es mit steigenden Zinsen, wird es die durchschnittliche Restlaufzeit der Papiere im Fonds herunterfah-

Tipps

Achten Sie beim Kauf von Rentenfonds auch auf die laufenden Kosten. In den Datenblättern der Fondsgesellschaften finden Sie die jährlichen Gesamtkosten meist unter dem Kürzel TER. Bei Fonds, die in Anleihen mit kurzer Laufzeit investieren, sind bis zu 0,5 Prozent des Fondsvermögens akzeptabel. Bei Fonds mit langen Laufzeiten sind es etwa 0,8 Prozent.

Achten Sie auch auf geringe Kosten beim Kauf. Günstig sind vor allem Fondsvermittler und Direktbanken.

ren. Umgekehrt wird das Management bevorzugt Anleihen mit langer Laufzeit ins Depot nehmen, wenn es auf sinkende Zinsen spekuliert.

Wichtig: Als Anleger sollten Sie sich vor dem Kauf über die Laufzeitmischung eines Rentenfonds informieren. Wenn Sie selbst einen Anlagezeitraum von mindestens fünf Jahren ins Auge fassen, ist das Risiko, mit einem Rentenfonds Verlust zu machen, sehr gering.

Indexfonds sind eine gute Wahl

Anleger, denen es zu mühsam ist, den für ihren Anlagezweck besten Rentenfonds herauszusuchen, können es sich auch einfach machen und zu einem Indexfonds greifen.

Ähnlich wie bei Aktienfonds gibt es auch für den Rentenmarkt eine Reihe von Indexfonds für unterschiedliche Anlage-Ideen. Sie bilden zum Beispiel eine Anlage mit sicheren Euro-Anleihen nach, die eine kurze, mittlere oder längere Restlaufzeit haben. Der monatliche Fondstest von Finanztest zeigt zudem, dass diese Indexfonds im Vergleich mit den gemanagten Rentenfonds sehr gut abschneiden und das Feld häufig anführen. Geeignete Indexfonds sind zum Beispiel (Stand 30. September 2008):

- iShares eb.rexx Government Germany 1.5-2.5 (Isin: DE 000 628 947 3); für Rentenfonds mit sehr geringem Risiko.
- iShares eb.rexx Government Germany (Isin: DE 000 628 946 5) und iShares eb.rexx Government Germany 2.5-5.5 (Isin: DE 000 628 948 1); für Rentenfonds mit geringem Risiko.
- iShares eb.rexx Government Germany 5.5-10.5 (Isin: DE 000 628 949 9); für Rentenfonds mit mittlerem Risiko.

Mit Währungen spekulieren

Rentenfonds bieten dem Anleger nicht nur die Möglichkeit, an den Renditechancen des heimischen Kapitalmarkts teilzuhaben. Durch sie bekommt er auch einfachen Zugang zu den internationalen Zins- und Währungsmärkten. So zum Beispiel mit Rentenfonds Europa. Bei ihnen liegt der Schwerpunkt zwar auch auf Euro-Anleihen, aber der Fondsmanager mischt dazu Papiere aus Ländern außerhalb von Euroland einschließlich der entsprechenden Währungen. Das können Anleihen sein, die auf britische Pfund oder polnische Zloty lauten. Das kann die Rendite steigern, während das Währungsrisiko überschaubar bleibt.

Rentenfonds Welt gehen noch weiter. Sie streuen das Geld an den Kapitalmärkten rund um den Globus. So bieten sie die Chance auf höhere Anleiherenditen in anderen Währungsräumen. Der Anleger kann zudem noch auf Devisenkursgewinne hoffen. Aber er hat auch das Risiko, entsprechende Verluste einzufahren. Denn anders als bei Aktienfonds erhöht bei Rentenfonds die breite Streuung auf viele verschiedene Währungen die Gefahr, ein Minus zu machen.

Wichtig: Beachten Sie, dass Sie beim Kauf von Währungsfonds neben dem Währungsrisiko auch ein Zinsrisiko eingehen. Es gibt keine eindeutige Abhängigkeit zwischen Zinsen und Währungen. Das erhöht das Risiko. Solche Fonds sollten Sie nur als Beimischung im Depot mit einem Anteil von höchstens 10 Prozent haben.

High Yield mit besonderem Renditekick

Anleger, die sich einen besonderen Renditekick wünschen, können zu sogenannten High-Yield-Fonds greifen. Sie investieren in Anleihen von Schuldnern geringer Bonität. Das ist riskant, kann aber viel bringen. High Yield heißt auf deutsch „hoher Ertrag".

Rentenfonds High Yield legen ihr Geld in Staatsanleihen von Schwellenländern, also auf den „Emerging Markets" an oder sie konzentrieren sich auf Unternehmensanleihen (Corporate Bonds) von minderer Qualität. Als Gegenleistung für das Risiko, das die Fonds dabei eingehen, bekommen sie im Erfolgsfall hohe, teilweise zweistellige Zinserträge.

Anders als Emerging-Markets-Fonds investieren auf Unternehmensanleihen spezialisierte High-Yield-Fonds in den entwickelten Märkten. Ihre Manager suchen nach Unternehmen, die zwar nicht als erstklassige Schuldner gelten, aber dennoch eine attraktive Anlage versprechen. Sie sollten bei überschaubarem Risiko möglichst hohe Zinsen bieten.

Pleite der Fondsgesellschaft

Sie müssen keine Angst davor haben, dass Ihr Geld verschwindet, wenn die Fondsgesellschaft pleitegeht. Der Fonds zählt als „Sondervermögen", auf das fremde Gläubiger keinen Zugriff haben. Die Fondsgesellschaft ist lediglich Treuhänder des Vermögens. Sie kann das Geld der Anleger nicht in die eigene Tasche stecken.

Geldmarktfonds

„Die Krise", so lautete schlicht die Überschrift eines Finanztest-Artikels im Oktober 2007. Darin ging es allerdings nicht um einen Crash an den Aktienmärkten, sondern um kreuzsolide Geldmarktfonds. Einige Kandidaten aus dem Fondsdauertest waren ins Minus gerutscht. Um größere Verluste zu vermeiden, wurden einige Fonds sogar vorübergehend geschlossen.

Bis dahin galten Geldmarktfonds als sichere Sache. Viele Sparer schätzten sie als bequemen Hafen, um Geld für kurze Zeit zu parken, und sie waren sicher, dass sie ihre Anteile jeden Tag zu Bargeld machen konnten. Rechnen konnten sie dabei mit einer sicheren Rendite, die sich am Niveau der kurzfristigen Kapitalmarktzinsen orientiert. Diese Sicherheit ist nun dahin.

Tipp

Wenn Sie Ihr Geld in einem Geldmarktfonds parken möchten, nehmen Sie nur einen Fonds ohne Ausgabeaufschlag. Sonst schmälern Sie Ihre Rendite unnötig.

Was war 2007 geschehen? Die Manager mancher Geldmarktfonds waren vom Kurs abgekommen. Üblicherweise legen sie das Geld kurzfristig als Bankguthaben oder am Geldmarkt an. Dabei können sie mit den Anlagemillionen im Rücken viel bessere Zinskonditionen aushandeln, als das Privatanlegern möglich wäre.

Laut Gesetz dürfen sie nur Papiere kaufen, die eine Restlaufzeit von unter zwölf Monaten haben. Länger laufende Papiere sind dann zugelassen, wenn sie variabel verzinst sind. Bei kurzen Laufzeiten der Anlagen und bei einer Auswahl erstklassiger Herausgeber sollte das Verlustrisiko gleich null sein.

Den Pfad der Tugend verlassen

Doch um die Rendite aufzupolieren, kauften einige Fonds sogenannte Asset Backed Securities (ABS). Das sind Wertpapiere, die mit Forderungen aus Krediten abgesichert sind. Als Sicherheit können Forderungen aus Immobiliengeschäften dienen, aber auch Zahlungsverpflichtungen aus Kreditkarten- oder Autoleasinggeschäften.

Im Zuge der Immobilienkrise in den USA verloren ABS-Papiere stark an Wert oder waren überhaupt nicht mehr handelbar. Die Geldmarktfonds hatten mit Zitronen gehandelt. Ihr Vermögen ließ sich nur mit Verlusten zu Geld machen, während gleichzeitig Anleger ihre Anteile zurückhaben wollten.

Dieses Problem verschärfte sich im Herbst 2008. Angesichts der Staatsgarantie für Bankeinlagen und der relativ hohen Zinsen für Tages- und Festgeld beschleunigte sich der Rückzug der Anleger aus Geldmarktfonds. Und es stellte sich heraus, dass einige auch Papiere der isländischen Banken Glitnir und Kaupthing im Depot hatten, die nur noch einen Bruchteil des Kaufpreises wert waren.
Die Folge: Fonds wie etwa der BWI-Geldmarktfonds und der UniMoneymarket:Euro rutschten schlagartig ins Minus. Zuvor war ihr Wert jahrelang äußerst stabil gestiegen. Verluste von bis zu 4 Prozent sind für sicherheitsbewusste Anleger eine böse Überraschung.

Geldmarktfonds neu bewertet

Jetzt ist klar, dass die ursprüngliche Idee der Geldmarktfonds nicht mehr aufgeht. Anleger sind vor Verlusten doch nicht absolut sicher und in Extremfällen droht ihnen sogar, dass sie zeitweise überhaupt nicht an ihr Geld kommen. Daher hat Finanztest die Einordnung von Geldmarktfonds im Fondsdauertest geändert. Früher wurden nur Fonds in die Gruppe der Geldmarktfonds eingeordnet, die in keinem Zeitraum Verluste eingefahren hatten. Seit April 2008 gibt es eine neue Gruppe „Geldmarktfonds und geldmarktnahe Fonds". Hier befinden sich Fonds, die eine Chance-Risiko-Klasse von 1 haben. Das bedeutet, dass sie auf Jahressicht mit hoher Wahrscheinlichkeit einen Verlust von höchsten 2,5 Prozent erleiden können.

Damit kommen Geldmarktfonds zwar weiterhin für den sicheren und verfügbaren Teil eines Depots in Betracht. Aktuell haben die besten Fonds im Dauertest von Finanztest eine Einjahres-Wertentwicklung von über 4 Prozent (Stand 30. September 2008). Doch eine hundertprozentige Alternative zu sicheren Tagesgeldangeboten von Banken sind sie nicht mehr. Als bequemer Parkplatz für kurzfristig verfügbares Geld kommt die Tagesanleihe des Bundes infrage. Sie bietet marktnahe Zinsen ohne Kursrisiko (→ Tagesanleihe, S. 77).

Was passiert, wenn die Fondsgesellschaft, bei der ich meinen Geldmarktfonds habe, pleitegeht?
Von einer Pleite des Anbieters eines Geldmarktfonds sind die Fondsanteile der Anleger nicht berührt. Ihr Geld wird bei einer Depotbank als Sondervermögen geführt und geht nicht in die Insolvenzmasse des Fonds ein.

Immobilienfonds

Statt als Geldanlage ein Haus oder eine Wohnung zu kaufen, können Anleger auch in Immobilienfonds investieren. Diese bündeln das Geld zahlreicher Anleger und kaufen damit zumeist Gewerbeimmobilien. Es gibt offene und geschlossene Immobilienfonds.

Geschlossene Immobilienfonds. In diese Anlagegesellschaft stecken vorwiegend wohlhabende Menschen Geld, das sie längere Zeit nicht benötigen. Hat ein Fonds genug Geld zusammen, um damit wie geplant Objekte zu kaufen, wird der Fonds für weitere Anleger geschlossen. Die Investoren profitieren von den Mieteinnahmen und am Ende der Laufzeit vom Erlös des Verkaufs der Häuser. Erst dann klärt sich allerdings, ob die Einkaufscenter und Bürohäuser an der richtigen Stelle standen und die Anlage wirklich erfolgreich war. Die Anteile an einem solchen Fonds können Anleger nur sehr schwer verkaufen.

Offene Immobilienfonds. An offenen Fonds kann sich jeder schon mit kleinen Summen, meist ab 50 Euro beteiligen. Mit dem Geld kaufen die Manager der 36 offenen Fonds auf dem deutschen Markt Immobilien. Kommt weiteres Geld herein, kaufen sie nach. Wollen Anleger ihre Anteile zurückgeben, konnten Sie das bis zum Jahr 2006 jederzeit tun. Das Fondsmanagement muss eine Barkasse bereithalten. Langfristiges Investment und kurzfristige Liquidität auszugleichen, war die besondere Kunst der Manager, die im Frühherbst 2008 rund 88 Milliarden Euro verwalteten.

?

Mein Immobilienfonds KanAm wurde geschlossen. Wie lange komme ich nun nicht an mein Geld?
Ein Fonds darf maximal bis zu zwei Jahren lang geschlossen bleiben, dann muss er alle Einlagen auszahlen. Laut Branchenverband BVI kann es in nächster Zeit zu weiteren Fondsschließungen kommen.

Immobilienfonds bis 2006 mit makellosem Ruf

Die Rendite für die Anleger in offenen Fonds lag zuletzt zwischen 3 und 6 Prozent. Sie speist sich nicht aus Spekulationen, sondern aus den Mieterträgen und dem Wertzuwachs der Immobilien, der durch regelmäßige Gutachten festgestellt wird. Die Mietverträge bei Gewerbeimmobilien sind meist langfristig und so ergeben sich keine großen Wertschwankungen. Die Renditen sind auch bei Börsenturbulenzen verlässlich.

Seit Anfang der sechziger Jahre haben sich die offenen Immobilienfonds so einen Ruf als gute Anlage erworben. Bis 2006 gab es nicht einmal Wertverluste. Dann bekam die schöne Anlegerwelt einen Knacks. Gerüchte machten die Runde, die Wertgutachten würden den wahren Wert einiger Immobilien übertreiben. Anleger flohen aus dem Investment und der deutsche Fonds-Marktführer DWS, eine Tochter der Deutschen Bank, musste einen Fonds zeitweilig schließen.

Für die im Fonds verbliebenen Anleger war das kein Fehler. Denn die Manager hatten den Fonds geschlossen, um durch weitere Mittelabflüsse nicht zum hektischen Immobilienverkauf gezwungen zu sein. Sie opferten so die Verfügbarkeit der Anteile, um die Sicherheit ihrer Anlageform zu bewahren. Drei Monate später war der Spuk vorbei. Die Anleger konnten wieder an ihr Geld. Einige Anleger, die kurzzeitig Verluste gemacht hatten, bekamen sogar eine Entschädigung.

Tipp

Das Geld in offenen Immobilienfonds ist relativ sicher. Kleinere Verluste gab es bislang nur für Monate und sehr selten. Die aktuell besten offenen Immobilienfonds finden Sie in der Finanztest-Fondsdatenbank unter www.test.de/fonds. Positiv ist es, wenn die Gebäude neu sind und Mietverträge noch lange laufen.

Zum kurzfristigen Parken von Geld sind offene Immobilienfonds nicht geeignet. Hohe Ausgabeaufschläge beim Kauf machen ein kurzfristiges Investment unattraktiv. Zudem drohen jetzt häufiger kurzzeitige Fondsschließungen. Die Möglichkeit, Fondsanteile während einer Schließung etwa an der Hamburger Börse zu verkaufen, ersetzt das Recht auf Rückgabe nicht.

Während dieser kleinen Krise hatte der Dachverband der Fondsgesellschaften BVI ein Maßnahmenpaket vorgelegt, das Anlegerfluchten zukünftig verhindern sollte. Kern des Pakets: Großanleger, die in offene Immobilienfonds investieren, sollten sich künftig registrieren lassen. Sie hatten mit ihren panischen Verkäufen die kleine Krise ausgelöst und für sie sollten nun lange Kündigungsfristen gelten, wenn sie aus einem Fonds herauswollen. Im Krisenherbst 2008 zeigte sich aber, dass die Branche mit dieser Maßnahme nicht wie versprochen Ernst gemacht hatte.

Zu verlockend waren offenbar die Millionen der Großanleger. Als diese dann im Oktober kurzfristig vier Milliarden Euro aus den Fonds abzogen, machte mehr als ein Dutzend Fonds Ende 2008 für zunächst drei Monate dicht, um eine Wertvernichtung durch schnelle Verkäufe zu vermeiden. Wieder waren es die großen Investoren, die mit ihrer Flucht aus dem Markt den Kleinen die Verfügungsmöglichkeit über ihr Geld in den Fonds genommen hatten.

Anleihen

Wer sich eine Anleihe kauft, borgt ihrem Herausgeber, dem Emittenten Geld und bekommt dafür Zinsen. Viele Staaten, Banken und Firmen nutzen diese Möglichkeit und so gibt es ein großes Angebot von Anleihen mit unterschiedlichen Konzeptionen. Der Vorteil der Anleihe: Sie verspricht häufig eine höhere Rendite als etwa eine Sparanlage bei einer Bank. Der Nachteil: Geht die emittierende Bank oder die Firma pleite, ist das Geld der Anleger weg.

Das Grundprinzip einer Anleihe funktioniert so: Der Herausgeber legt einen Zins und eine Laufzeit fest. Der Anleger bekommt regelmäßig Zinsen. Ist die Anleihe fällig, erhält er das geliehene Geld zurück. Er weiß also, womit er am Ende rechnen kann.

Anleihen werden an der Börse auf dem sogenannten Rentenmarkt gehandelt. Anleger können hier ihre Papier verkaufen, beispielsweise wenn sie Geld benötigen. Wenn sie während der Laufzeit verkaufen, riskieren sie aber Verluste aufgrund von Kursschwankungen.

Anleihen mit unterschiedlichen Namen

Bundesanleihen. Diese Papiere gibt die Bundesrepublik heraus. Sie sind am sichersten und eine sehr verlässliche Anlage (→ S. 83). Genau wie der Bund emittieren auch andere Länder Anleihen.

Pfandbriefe. Börsennotierte Pfandbriefe sind stark vertreten am deutschen Rentenmarkt. Sie sind durch Pfandrechte wie Hypotheken auf inländische Grundstücke gesichert. Dass diese Sicherungen erstklassig sind, gewährleistet das Pfandbriefgesetz (→ S. 107).

Unternehmensanleihen. Auch Firmen besorgen sich über Anleihen ihr Kapital. Hier haben Anleger besondere Renditechancen, müssen aber das Risiko einer Firmenpleite abwägen. Je höher dieses Risiko ist, desto höher ist der Zins, den eine Firma versprechen muss.

Aktienanleihe. Das ist eine besondere Form der Unternehmensanleihe. Der Herausgeber entscheidet am Ende, ob er die Anleihe zurückzahlt oder ob der Anleger Aktien bekommt (→ S. 112).

Zertifikate. Auch diese Papiere sind Anleihen und mitunter sehr riskant. Bei ihnen können Zinshöhe und Rückzahlung an weitere Bedingungen geknüpft sein (→ S. 109).

Options- und Wandelanleihen. Anleger haben das Recht, solche Anleihen in Aktien umzuwandeln. Für diese Option nehmen sie meist einen niedrigeren Zins in Kauf.

Wie ist die Bonität des Herausgebers?

Wer eine Anleihe kauft, der sollte wissen, wie finanzkräftig der Schuldner ist. Das gilt besonders für Unternehmen und Banken.

Beispiel: Durch die Pleite der amerikanischen Bank Lehman Brothers haben viele Anleger Verluste erlitten, weil sie Zertifikate – also Anleihen – dieser Bank gekauft hatten. Auch die Bonität von Staaten kann problematisch sein, wie etwa die Käufer von Argentinien-Anleihen schmerzhaft erfahren mussten.

Wichtigstes Hilfsmittel bei der Bonitätseinschätzung sind die Urteile von Ratingagenturen wie Standard & Poor's oder Moody's (→ Tabelle). Vergeben sie A-Noten, dann spricht das dafür, dass der Schuldner pünktlich zahlt. Diese Note kann sich im Laufe der Zeit ändern.

Die Ratingagenturen sind nicht mehr unumstritten. Sie haben auch vielen Wertpapieren gute Noten ausgestellt, deren Handel am Ende zur aktuellen Finanzkrise führte. Dennoch sind die Noten mangels Alternativen eine sehr wichtige Orientierungshilfe.

Infos: Sie können sich zum Beispiel auf der Seite www.bondboard.de über Kurse und Liquidität verschiedener Anleihen und die Bonität einzelner Emittenten informieren. Kurse von Bundesanleihen können Sie auch unter www.deutsche-finanzagentur abrufen.

Wichtig: Wird der Herausgeber einer Anleihe zahlungsunfähig, können Sie ihr Geld ganz oder teilweise verlieren. Im Fall einer Bankenpleite sind Anleihen nicht vom Einlagensicherungsfonds abgedeckt. Abgesichert sind aber Anleihen, die von Sparkassen, Volks- und Raiffeisenbanken herausgegeben werden.

Finanztest **Die Notenskala der Bonitätsprüfer**

Moody's	Standard & Poor's	Was steckt hinter der Note?
Aaa	AAA	Hochqualitative Anleihen. Die Rückzahlung von Zinsen und des eingesetzten Kapitals gilt als sehr sicher.
Aa1 Aa2 Aa3	AA+ AA AA-	Anleihen mit sehr hoher Sicherheit und geringem Ausfallrisiko. Zins und Tilgung werden mit sehr hoher Wahrscheinlichkeit geleistet.
A1 A2 A3	A+ A A-	Gute Bonität, viele Kriterien deuten darauf hin, dass Zins und Tilgung geleistet werden. Es gibt aber ein Restrisiko.
Baa1 Baa2 Baa3	BBB+ BBB BBB-	Durchschnittliche Bonität. Anleger, die nicht spekulieren wollen, sollten keine schlechter bewerteten Anleihen kaufen.
Ba1 Ba2 Ba3	BB+ BB BB-	Hohes Risiko. Zurzeit werden Zins und Tilgung zwar noch gezahlt, doch langfristig scheint das Risiko eines Zahlungsausfalls hoch.
B1 B2 B3	B+ B B-	Spekulative Anlage. Die Rückzahlung der Anleihen ist stark gefährdet.
Caa Ca C	CCC CC C	Hoch spekulativ. Zahlungsverzug bereits eingetreten (Moody's) oder direkte Gefahr, dass der Schuldner in Zahlungsverzug gerät (S&P) .

Auf viele Faktoren kommt es an

Neben der Bonität des Emittenten sollten Käufer von Anleihen noch weitere Punkte beachten.

Liquidität. Wer nicht sicher ist, ob er die Laufzeit einer Anleihe durchhält, sollte Papiere wählen, die stark gehandelt werden, die also liquide sind. Wer eine Anleihe hat, die keinen interessiert, kann sie nicht oder nur zu einem schlechten Kurs verkaufen.

Kaufkosten. Anleger sollten bei ihrer Renditeberechnung die Kaufkosten berücksichtigen. Bei Festpreisangeboten sind sie eingerechnet. Wer im Internet nach Angeboten sucht, findet dagegen fast immer die Angabe von Bruttorenditen. Davon müssen Anleger noch ihre individuellen Kosten für den Kauf über die Börse abziehen. Viele Direktbanken verlangen einen Mindestpreis von etwa 10 Euro.

Währung und Zins. Auch wenn der Herausgeber aus Deutschland kommt, muss seine Anleihe nicht unbedingt auf Euro ausgestellt sein. Anleger sollten darauf achten, dass die Anleihen auf Euro notieren, sonst nehmen sie Wechselkursschwankungen in Kauf. Anleihen unterscheiden sich zudem auch darin, wie der Zins festgelegt wird. Es gibt Anleihen mit festem Zins und solche, bei denen der Kurs nachträglich vom Herausgeber geändert werden kann. Mitunter kommen Anleihen auch als sogenannte Floater daher. Hier gilt dann ein Zins, der sich am Markt orientiert und variabel ist.

Laufzeit. Anleihen unterscheiden sich auch in der Laufzeit. Es gibt Kurzläufer, die bis zu drei Jahren laufen, mittelfristige Papiere und Langläufer, die sogar bis zu 50 Jahren laufen. Langläufer bieten meist mehr Zinsen. Anleger gehen aber das Risiko ein, dass sie nicht davon profitieren können, wenn der Markt einmal viel mehr Zins bietet.

?

Normalerweise zahlen Banken für langfristige Anlagen höhere Zinsen als für kurzfristige. Warum trifft das nicht immer zu?
Gehen Anleger davon aus, dass das Wirtschaftswachstum in den nächsten Jahren zurückgeht, läuft die Konjunktur zu diesem Zeitpunkt aber noch und hält die Notenbank die Leitzinsen hoch, dann will sich jeder auf Dauer das aktuell hohe Zinsniveau sichern. Die Nachfrage nach Langläufern steigt, der Zins beginnt zu sinken. So ähnlich war es bis zum Herbst 2008, an dessen Ende Deutschland dann auch in eine Rezession geriet.

Pfandbriefe

Vor dem Streben nach Sicherheit ist offenbar nichts sicher. So geriet Anfang Oktober 2008 sogar der Handel mit Pfandbriefen an den Börsen ins Stocken. Anleger flüchteten in Bundesanleihen oder die Tagesanleihe des Bundes. Mit den von Banken herausgegebenen Pfandbriefen wollten viele nichts mehr zu tun haben. Wer seine Papiere loswerden wollte, fand hierfür plötzlich keinen Käufer mehr oder konnte die Pfandbriefe nur noch mit hohen Kursabschlägen verkaufen.

Dabei gelten Pfandbriefe unter Experten als fast ebenso sicher wie Bundeswertpapiere. Und das zu Recht. Denn es gibt strenge gesetzliche Regeln, die das Geld der Anleger schützen. Zum Teil stehen die öffentlichen Haushalte von Ländern und Kommunen für die Anlage ein. Oder sie sind durch Immobilien gedeckt.

Käufer von Pfandbriefen geben der herausgebenden Bank einen Kredit. Diese wiederum reicht das Geld als Darlehen an Hausbesitzer weiter oder auch als Kredit an Bundesländer und Kommunen. Als Sicherheit dienen Immobilien, die höchstens mit 60 Prozent ihres Werts angesetzt werden dürfen. Oder die Verpflichtungen der öffentlichen Hand, wie etwa bei Bundesanleihen.

Im Pleitefall sind Pfandbriefe gesichert

Geht die Herausgeberin eines Pfandbriefs pleite, greifen eine Reihe von Sicherungen. Besonders wichtig: Gläubiger der Bank haben keinen Zugriff auf die Pfandbriefe, denn das Geld der Anleger wird wie Sondervermögen behandelt. Im Pleitefall setzt das Bundesamt für Finanzdienstleistungsaufsicht einen „Sachwalter" ein, der dieses Vermögen weiter verwaltet. Er kassiert Zinsen und Tilgungen von dem Schuldner und zahlt den Inhabern der Pfandbriefe weiter Zinsen und bei Fälligkeit eines Pfandbriefs den vollen Nennwert zurück. Eine Pleite der Bank ist für den Käufer des Pfandbriefs also kein Problem, solange die Immobilienkäufer, Länder und Kommunen, an die die Bank das Geld weitergereicht hat, zahlen können. Und selbst wenn auch diese insolvent werden würden, können immer noch die Immobilienwerte zu Geld gemacht werden.

Tatsächlich ist in der über 200-jährigen Geschichte dieser Anlage noch nie ein Pfandbrief ausgefallen. Und in der Begründung zum Finanzmarktstabilisierungsgesetz bekräftigt die Bundesregierung,

Infos: Eine gute Übersicht über Laufzeiten, Kurse und Renditen von Pfandbriefen finden Sie im Internet unter www.bondboard.de. Grundsätzliche Informationen zu diesen Papieren gibt es unter www.hypverband.de.

dass sie für die Funktionsfähigkeit des Pfandbriefmarktes einstehen wird. Immerhin stecken in Deutschland zurzeit etwa 900 Milliarden Euro in Pfandbriefen. Würde das Vertrauen in diese Anlagen ernsthaft gefährdet, fiele eine günstige Finanzierungsquelle für Banken und Investoren aus. Wenn Pfandbriefe tatsächlich notleidend werden sollten, stünde die Sicherheit von Bundesanleihen wohl ebenfalls infrage.

Pfandbriefe an der Börse kaufen

Die meisten Pfandbriefe können theoretisch bereits ab 50 Euro an der Börse gekauft werden. Wegen der Mindestgebühren, die die meisten Banken beim Kauf berechnen, sollten jedoch höhere Beträge angelegt werden. Bei einzelnen Emissionen liegt der kleinste Nennwert mitunter ohnehin bei 1 000 oder 5 000 Euro.

Tipp

Informieren Sie sich vor dem Kauf von Pfandbriefen über den Markt und setzen Sie sich einen Höchstkurs. Dementsprechend sollten Sie dann Ihre Kauforder begrenzen. Ordern Sie lediglich „bestens", könnten Sie einen erheblich schlechteren Kurs bekommen, als Sie erwartet haben.

Pfandbriefe gibt es mit Laufzeiten bis zu 30 Jahren. Anleger erhalten jährlich eine feste Verzinsung. Sie können also schon beim Kauf mit einer festen Rendite rechnen, sofern sie den Pfandbrief bis zur Fälligkeit halten. Problematisch kann es allerdings werden, wenn sie die Anlage während der Laufzeit an der Börse verkaufen müssen. Sie können sich nicht darauf verlassen, jederzeit einen guten Kurs zu bekommen. Um die Handelbarkeit von Pfandbriefen zu verbessern, werden seit Mitte der 90er Jahre sogenannte Jumbo-Pfandbriefe mit einem Volumen von mindestens 1 Milliarde Euro herausgegeben. Das hat Schwung in den Markt gebracht.

Die Rendite von Pfandbriefen lag in den vergangenen Jahren zwischen 0,15 und 0,5 Prozentpunkten über denen von Bundesobligationen und -anleihen mit vergleichbarer Laufzeit. Während der Finanzkrise hat sich der Renditeabstand auf 1 Prozentpunkt und mehr vergrößert. Dies können sich Anleger zunutze machen.

Beispiel: Mitte November lag die Rendite eines Pfandbriefs der Hypo Real Estate mit einer Fälligkeit im März 2012 bei 4,9 Prozent. Eine Bundesanleihe mit vergleichbarer Laufzeit bis Mitte April 2012 brachte dagegen lediglich 2,7 Prozent. Wenn Sie sicher sind, dass Sie die Anlage bis zur Fälligkeit durchhalten, können Sie von diesem Renditevorteil profitieren.

Zertifikate

Zertifikate sind Anleihen. Das klingt vertraut und verlässlich, doch häufig entwickeln sie ein für Anleger überraschendes Eigenleben. Bei traditionellen Staats- oder Firmenanleihen gibt der Käufer dem Herausgeber einen Kredit. Dafür bekommt er regelmäßig Zinsen und erhält am Ende der Laufzeit sein Geld zurück. Bis zur Fälligkeit ist das Papier an der Börse handelbar. Je nachdem, wie viel die vereinbarten Zinsen angesichts der jeweiligen Marktzinsen wert sind, kann der Anleger es mit Gewinn oder Verlust an der Börse verkaufen.

Bei Zertifikaten allerdings knüpft der Herausgeber Gewinn und Rückzahlung an bestimmte Bedingungen, etwa an die Entwicklung eines Aktienindexes. Egal wie riskant diese Wette ist – jeder Anleger hat ein weiteres Risiko: Geht der Emittent pleite, kann er sein gesamtes Geld verlieren. Es ist nicht vom Einlagensicherungsfonds geschützt. Diese schmerzliche Erfahrung mussten kürzlich Inhaber von Lehman-Zertifikaten machen. Wer Zertifikate kauft, sollte daher genau schauen, wer Herausgeber der Papiere ist.

Indexzertifikate

Indexzertifikate bilden einen Index ab, zum Beispiel den Aktienindex Dax. Sie entwickeln sich genau wie der entsprechende Index und bieten damit hohe Renditechancen, aber auch hohe Risiken. Schütten die im Index vertretenen Unternehmen Dividenden aus, profitieren Zertifikate-Inhaber nur, wenn sich ihr Papier an sogenannten Performance-Indizes wie etwa dem Dax orientiert und die Dividenden im Zertifikat berücksichtigt werden. Bei Zertifikaten auf reine Preisindizes wie den Nikkei 225 zählen dagegen nur die Kurssteigerungen. Dividenden bleiben immer außen vor.

Basketzertifikate

Basketzertifikate bilden die Wertentwicklung von Aktienkörben ab. Diese Körbe können 6, 10, 20 oder mehr Aktien enthalten. Meist beziehen sich Basketzertifikate auf ein bestimmtes Thema wie etwa den Klimawandel oder die Ölförderung. Nicht bei allen Basketzertifikaten profitieren Anleger auch davon, wenn Unternehmen Dividen-

Tipp

Achten Sie bei Basketzertifikaten besonders genau auf die Zusammensetzung des Korbes. Der Herausgeber kann die Bedingungen auch während der Laufzeit ändern.

den zahlen. Unter dem Strich sind die Chancen und Risiken höher als bei Indexzertifikaten, weil das Risiko nicht so breit gestreut ist.

Discountzertifikate

Mit Discountzertifikaten kaufen Anleger indirekt eine Aktie, einen Index oder Rohstoffe mit Rabatt. Die Papiere sind so konstruiert, dass ihr Preis zum Verkaufszeitpunkt unter dem des Basiswerts liegt, auf den sie sich beziehen.

Beispiel: Angenommen, der Dax steht bei 4800 Punkten. Dann würde ein Dax-Discountzertifikate nicht 48 Euro kosten, wie das bei einem Indexzertifikat der Fall wäre, sondern zum Beispiel nur 35 Euro. Erst wenn der Dax unter 3500 Punkte fällt, macht der Käufer des Discountzertifikats Verlust. Der Käufer eines Indexzertifikats hingegen verliert bereits, wenn der Dax unter 4800 Punkten liegt. Im Gegenzug für das geringere Risiko sind die Gewinnchancen von Discountzertifikaten begrenzt. Inhaber profitieren zwar von Steigerungen des Basiswerts, doch nur bis zu einer festen Grenze (Cap).

Bonuszertifikate

Bonuszertifikate bieten ein Aktien-, Rohstoff- oder Währungsinvestment mit Zusatzchance auf einen Bonus. Als Basiswerte kommen Aktien, Indizes, Währungen wie der US-Dollar und Rohstoffe wie Gold und Öl infrage. Bewegt sich der Basiswert in einer vorab festgelegten Bandbreite, erhält der Anleger einen Bonus. Steigt der Basiswert über die Bonusobergrenze, steigt auch der Wert des Zertifikats. Einen zusätzlichen Bonus gibt es dann aber nicht mehr. Fällt der Basiswert unter die Schwelle am unteren Ende der festgelegten Bandbreite, ist der Bonus futsch. Das ist jetzt bei drei Viertel der auf dem Markt befindlichen Bonuszertifikate geschehen. Ohne Verlust kommen Anleger nur davon, wenn der Dax wieder nach oben geht.

Expresszertifikate

Mit Expresszertifikaten setzen Anleger darauf, dass ein zuvor festgelegtes Ereignis in einem bestimmten Zeitraum eintritt. Ist das der Fall, gibt es das Geld plus einen satten Zins zurück. Ein solches Ereignis kann zum Beispiel sein, dass eine Aktie zum Stichtag ein Jahr

Checkliste Zertifikate

Viele Zertifikate sind ausgeklügelt konstruiert, taugen aber kaum als nachhaltige Geldanlage. Die Checkliste zeigt, wie Anleger sinnvolle und wenig sinnvolle Wertpapiere erkennen können.

Name. Der Begriff „Zertifikat" taucht im Namen der Papiere oft nicht auf, sie kommen häufig als „Anleihen" daher. Je blumiger der Name, desto genauer sollten Sie hinschauen. Seien Sie skeptisch, wenn der Anlagezweck aus dem Namen nicht ersichtlich ist – wie zum Beispiel bei der Espresso-Anleihe oder den Anleihen mit Namen Sunshine, Oktoberfest, Colibri, Cobold, Zinshamster oder Nikolaus.

Lockzinsen. Häufig bieten die Papiere hohe Zinsen. Oft ist dieser Zins für das erste Jahr garantiert, manchmal auch für das zweite. Danach hängt er von der Entwicklung verschiedener Aktien oder Börsenindizes ab. Nach Erkenntnissen von Finanztest geht die Wette selten gut für den Anleger aus. Und immer gilt: Je höher der Zins, desto höher ist das Risiko – es ist dann nur gut versteckt.

Kapitalgarantie. Viele Papiere haben eine Kapitalgarantie – ein wichtiges Verkaufsargument. Wer aber nach fünf Jahren gerade mal sein Geld wiederbekommt, hat aufgrund der Inflation Verlust gemacht. Trotzdem bleibt vielen Käufern derzeit nichts anderes übrig, als bis zur Fälligkeit ihrer Papiere zu warten, wenn sie ihr Geld wiedersehen wollen. Zudem droht ihnen auch bei Papieren mit Kapitalgarantie ein Verlust, wenn Sie während der Laufzeit in Not geraten und die Zertifikate verkaufen müssen. Der Kurs solcher Papiere schwankt und so taugen diese Produkte nicht als Alternative zum Festgeld.

Laufzeit. Bei manchen Zertifikaten hängt auch die Laufzeit von einer Wette ab. Das gilt vor allem für Expresszertifikate und Bonus-Expresszertifikate. Hier gilt: Wenn ein bestimmtes Ereignis in einem bestimmten Zeitraum eintritt, gibt es das Geld plus sattem Zins zurück. Das Ereignis kann zum Beispiel sein, dass eine Aktie exakt ein Jahr später auf einen bestimmten Kurs steigt. Tritt es nicht ein, läuft das Zertifikat ein Jahr weiter. Das Spiel wiederholt sich drei- oder viermal, dann läuft das Zertifikat aus. Ist das Papier mit Kapitalschutz ausgestattet, bekommen Sie Ihr Geld zurück, aber keinen Zins. Gibt es keine Kapitalgarantie, drohen Ihnen zudem Verluste. Das ist häufig bei Bonus-Expresszertifikaten der Fall. Hier gibt es nur eine Sicherheitsschwelle. Unterschreitet der Kurs, auf den die Wette läuft, diese Schwelle, ist bei manchen Papieren ein Totalverlust möglich.

Verständlichkeit. Viele Zertifikate und strukturierte Anleihen sind schwer verständlich. Halten Sie sich an die Faustregel: Je länger Sie brauchen, bis Sie das Produkt verstanden haben, desto eher sollten Sie die Finger davon lassen.

später auf einen bestimmten Kurs steigt. Tut sie das nicht, läuft das Zertifikat ein Jahr weiter. Das Spiel wiederholt sich drei- oder viermal, dann erst läuft das Zertifikat aus und der Anleger bekommt sein Geld zurück. Wenn es schlecht läuft, bekommt er nur sein Geld und keinen Zins. Hat er eines der schwer durchschaubaren Kombipapiere aus Express- und Bonuszertifikaten erworben, kann er auch Verluste erleiden.

Garantiezertifikate

Der Herausgeber eines solchen Papiers garantiert, dass bei Fälligkeit mindestens das eingezahlte Kapital zurückgezahlt wird. Manche Anbieter garantieren sogar eine Mindestverzinsung. Mitunter beträgt die Garantie nicht 100 Prozent, sondern nur 90 Prozent des eingesetzten Kapitals. Mit einer Garantie ausgestattet sein können Indexzertifikate, Bonuszertifikate oder Expresszertifikate. Während der Laufzeit kann das Papier im Wert sinken, sodass ein zwischenzeitlicher Verkauf Verluste bringen würde. Finanztest empfiehlt diese Papiere nicht, weil die Renditechancen meist viel zu gering sind.

Hebelzertifikate

Hebelzertifikate sind sehr spekulative Anlagen. Sie beziehen sich auf einen Basiswert, etwa eine Aktie, einen Index oder einen Rohstoff. Steigt der Basiswert, steigt das Hebelzertifikat um ein Vielfaches, aber auch Verluste werden vervielfacht. Und fällt der Basiswert unter eine vorgegebene „Knock-out-Schwelle“, wird das Zertifikat wertlos. Diese Papiere eignen sich nur für sehr risikofreudige Anleger.

Aktienanleihen

Hinter Aktienanleihen steckt dieselbe Anlage-Idee wie hinter Discountzertifikaten, sie wird nur anders umgesetzt. Auch hier kaufen Anleger indirekt eine Aktie, doch statt eines Rabatts auf den Kaufpreis der Anleihe gibt es extra hohe Zinsen. Die Zinsen gibt es immer, die Rückzahlung des Geldes aber hängt vom Preis der Aktien bei Fälligkeit der Aktienanleihe ab.

Liegt der Preis unter einer bestimmten Schwelle, zahlt das Unternehmen kein Geld aus, sondern liefert die Aktien ins Depot des Anlegers. Der kann dann die Kursverluste nur aussitzen oder die Aktien mit Verlust verkaufen.

Gold

In Krisenzeiten bekommt Gold einen ganz besonderen Glanz. Denn wenn die Börsen verrückt spielen, versprechen sich Anleger von Gold Sicherheit. Seit Jahrtausenden ist Gold Inbegriff von Stabilität und Solidität. Bis Anfang der 70er Jahre war weltweit sogar der Wert von Währungen an Gold gebunden. Edelmetallfans schwören nach wie vor auf Goldanlagen. Gerade in Krisenzeiten sind sie ein sicherer und gefragter Sachwert.

Ein Blick auf die Wertentwicklung des schönen Metalls seit 1970 ernüchtert aber. In den vergangenen fast 40 Jahren zeichnet sich der Goldkurs durch extreme Schwankungen aus. Wer ausgerechnet zum Zeitpunkt der Ölkrise 1980 Gold gekauft hat, zahlte in der Spitze einen Preis von über 800 Dollar. Wenige Jahre später hätte sich der Wert der Anlage halbiert. Erst 27 Jahre später, Ende 2007, erreichte der Goldkurs wieder die 800-Dollar-Marke.

Wichtig: Für Anleger aus dem Euro-Raum kommt zu den Kursschwankungen noch das Währungsrisiko hinzu. Gold wird in US-Dollar gehandelt. Ist der Euro seit dem Kauf beispielsweise gestiegen, schmälert das den Gewinn von Anlegern, die verkaufen wollen.

Infos: Eine gute Übersicht über aktelle An- und Verkaufskurse von Gold finden Sie im Internet auf www.euro-change.de.

Von Stabiliät keine Spur – der Goldpreis schwankt

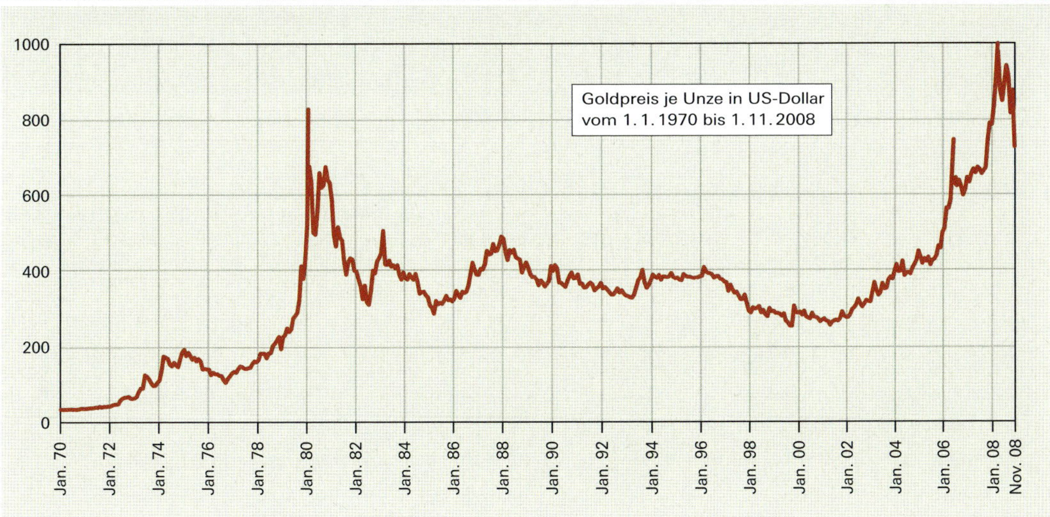

Tatsächlich ist Gold zum Spekulationsobjekt geworden. Wer dennoch sein Vermögen gerne im Tresor verwahrt, kann Münzen oder Barren kaufen. Käufer müssen aber häufig mit Unterschieden zwischen Ankaufs- und Verkaufskursen von bis zu 10 Prozent rechnen. Wer auf Gold setzen möchte, ohne es wirklich zu kaufen, kann sich Goldzertifikate ins Depot legen (→ Zertifikate S. 109).

Eine andere Wette gehen Käufer von Goldaktienfonds und Goldminenaktien ein. Sie beteiligen sich an Goldminenunternehmen wie Newcrest Mining oder Barrick Gold Corporation. Trotz des Anstiegs des Goldpreises haben Goldminenfonds im vergangenen Jahr aber bis zu 40 Prozent Verlust gemacht.

Anlagemöglichkeiten rund ums Gold

Goldmünzen. Bekannte Münzen sind Maple Leaf, Krügerrand, Nugget oder American Eagle. Der Kauf und Verkauf von Münzen erfolgt zum Tageskurs von Gold.

Goldbarren. Barren gibt es in Gewichtsklassen von 5 Gramm bis zu 10 Kilogramm. Der Preis hängt vom Tageskurs von Gold ab. Große Barren sind vergleichsweise günstiger als kleine Barren.

Goldminenaktien und -fonds. Aktien bieten die Chance, von Kursgewinnen und Dividenden zu profitieren. Der Kurs der Aktie hängt vom Goldpreis, aber auch von anderen Faktoren wie Marktaussichten, allgemeine Börsenlage und finanzielle Lage der Minengesellschaft ab. Auch über Aktienfonds können Anleger in Minenkonzerne investieren, wenn sie an den langfristigen Erfolg dieser Branche glauben.

Zertifikate auf den Goldpreis. Der Wert eines solchen Zertifikats ist an die Goldpreisentwicklung gebunden. Zertifikate sind Schuldverschreibungen. Anleger erwerben also keinen Anteil an Goldvorräten, sondern nehmen nur an der Preisentwicklung teil. Als Krisenanlage eignen sich diese Papiere nicht. Bei einer Pleite des Zertifikate-Herausgebers ist das Geld weg.

Hebelzertifikate. Hebelzertifikate bilden den Goldpreis um ein Vielfaches ab. Steigt Gold um 10 Prozent, steigt das Zertifikat beispielsweise um 50 Prozent. Auch Verluste werden vervielfacht. Diese Papiere eignen sich zur kurzfristigen Spekulation.

Börsengehandelte Goldfonds. Der Kurs börsengehandelter Fonds (ETC) hängt vom Goldpreis ab. Mit den Einzahlungen der Anleger kaufen sie reales Gold. Allerdings ist das Goldvermögen nicht geschützt, wenn der Anbieter des Fonds pleitegeht. Die Rückzahlung der Anlage erfolgt in bar. Bei manchen Anbietern kann sich der Anleger auch das Gold liefern lassen.

Krisensichere Altersvorsorge

Riester-Rente: Vorsorge mit Netz und doppeltem Boden

Eine Riester-Rente ist sehr sicher und sollte erste Wahl für eine staatlich geförderte Altersvorsorge sein. Sie verspricht durch staatliche Zulagen und Steuervorteile eine gute Rendite. Der Staat schützt die Sparer durch strenge Produktvorgaben. Das eingezahlte Geld muss in jedem Fall erhalten bleiben und die Kosten dürfen nicht auf einen Schlag fällig werden. Was den gesetzlich Rentenversicherten durch die Reformen der vergangenen Jahre beim Rentenanspruch verlorengegangen ist, soll die Riester-Rente ausgleichen – zumindest zum Teil. Für die meisten ist die Riester-Rente notwendiger Bestandteil des Alterseinkommens. Deshalb hat der Staat die Bedingungen für das Vorsorgesparen nicht den Banken und Versicherern überlassen. Er hat ihnen strenge Regeln auferlegt.

Tipp

Haben Sie Ihr Geld in Riester-Fonds investiert (Fondssparplan, fondsgebundene Rentenversicherung), sollten Sie Ihren Vertrag nicht wegen Kursrückgängen kündigen oder wechseln. Sonst verzichten Sie auf Ihre Kapitalgarantie und schreiben Ihre Verluste fest. Eine Riester-Rente ist sicher. Zumindest alle Einzahlungen einschließlich der staatlichen Zulagen sind zum Rentenbeginn garantiert.

Riester-Produkte bekommen von der Bundesanstalt für Finanzdienstleistungsaufsicht (Bafin) ein Zertifikat. Es bestätigt, dass die Angebote die Vorgaben für die staatliche Förderung erfüllen. Nur Banken, Versicherer und Investmentgesellschaften dürfen Riester-Verträge anbieten. Was sie als Banksparplan, Rentenversicherung oder Fondssparplan unter dem Namen Riester offerieren, entspricht den Riester-Regeln. Die wichtigsten sind:

- Die Auszahlung der Zusatzrente ist erst ab dem 60. Lebensjahr möglich und vor Beginn der Altersrente gibt es keine Auszahlung.
- Ab 2006 geschlossene Verträge müssen geschlechtsneutral sein. Für gleiche Beiträge erhalten Männer und Frauen die gleiche Rente.
- Die Zusatzrente muss lebenslange Leistungen garantieren.
- Die Abschlusskosten und die Vertriebskosten müssen über einen Zeitraum von mindestens fünf Jahren verteilt werden.
- Die Anbieter müssen den Anleger über die Anlagemöglichkeiten, die Art der Geldanlage und das Risiko informieren.
- Altersvorsorgeverträge und das darin angesparte Kapital dürfen nicht pfändbar sein und nicht der Insolvenzmasse unterliegen.
- Zum Beginn der Auszahlphase müssen die eingezahlten Beiträge und Zulagen garantiert werden.

Eingezahltes Kapital bleibt erhalten

Der Erhalt des eingezahlten Geldes ist eine zentrale Vorgabe. Die Anbieter von Riester-Verträgen garantieren, dass zu Beginn der Auszahlung mindestens das eingezahlte Geld vorhanden ist und die Kunden daraus eine lebenslange monatliche Leistung bekommen.

Eine Verzinsung der Beiträge ist nicht vorgeschrieben. Sind am Ende der Einzahlungsphase nur die Eigenbeiträge des Kunden und seine staatlichen Zulagen übrig, ist das Geld wegen der Inflation natürlich weniger wert. Doch der Kunde ist zumindest vor einem Totalverlust geschützt. Oft gibt es aber mehr Garantie.

So bieten Banken Riester-Sparern in ihren Banksparplänen von vornherein eine Verzinsung ihres Geldes. Geht eine Bank pleite, ist das Kapital durch die Einlagensicherung (→ S. 47) gedeckt.

Lebensversicherer garantieren bei klassischen Rentenversicherungen auf den Sparanteil des Beitrags einen festen Zins von derzeit 2,25 Prozent. Er gilt für die gesamte Vertragslaufzeit. Um die Garantieleistung immer sicher aufbringen zu können, müssen die Versicherer strikte Anlagerichtlinien einhalten. Mit dem Beitragserhalt haben sie bei klassischen Produkten deshalb kein Problem. Sollte ein Unternehmen pleitegehen, verhindert die Auffanggesellschaft Protektor, dass Kunden garantierte Leistungen verlieren.

Bei fondsgebundenen Riester-Rentenversicherungen trägt der Kunde dagegen einen großen Teil des Kapitalmarktrisikos selbst. Der Versicherer garantiert ihm aber auch hier mindestens den Erhalt der eingezahlten Beiträge plus Zulagen zum Rentenbeginn. Dafür schichten die Unternehmen das Sparkapital in den letzten Jahren vor Rentenbeginn schrittweise in sichere Anlagen um.

Finanztest **Jedes Jahr Zulagen vom Staat**

Um die Riester-Förderung in voller Höhe zu erhalten, müssen Sparer einen einkommensabhängigen Beitrag selbst aufbringen. Inklusive der dem Sparer zustehenden Zulagen sind seit 2008 dafür 4 Prozent des Vorjahresbruttoeinkommens nötig. Wer sehr wenig verdient, muss mindestens 60 Euro pro Jahr selbst aufbringen.

Grundzulage (Euro)	**Zulage je Kind, geboren vor 2008** (Euro)	**Zulage je Kind, geboren ab 2008** (Euro)	**Gesamtbeitrag aus Eigenanteil und Zulage**	**Maximal geförderter Beitrag inklusive Zulagen** (Euro)
154	185	300	4 %[1)]	2 100

1) In Prozent des rentenversicherungspflichtigen Vorjahreseinkommens (brutto).

Ähnlich handeln Investmentgesellschaften. Sie führen das Kapital ihrer Riester-Fondssparplan-Kunden als Sondervermögen. Bei einer Pleite bleibt es unangetastet. Um die Mindestgarantie zu sichern, verlagern die Fondsgesellschaften mit steigendem Lebensalter eines Sparers das Schwergewicht des Investments von Aktien auf weniger riskante Anlagen. Als Zieltermin haben einige das 60. Lebensjahr gewählt, auch wenn die Rente erst fünf Jahre später beginnt.

Beispiel: Das Umschichten kann allmählich geschehen oder aber abrupt. Ältere Kunden der stark verkauften UniProfirente erlebten schon nach der ersten Börsenschwäche im Frühjahr 2008 , dass ihre Einlagen in Zinspapiere umgeschichtet wurden. Das stoppte die Verluste. Die großen Einbrüche erlitten diese Sparer nicht mehr. Steigen die Börsen wieder, profitieren sie aber auch nicht von Gewinnen.

Aktuell sind viele Riester-Fondssparpläne im Minus. Die Allianzdit-Förderrente etwa wies zum 30. September 2008 für einen Sparer, der 2002 für 20 Jahre eingestiegen ist, 21,2 Prozent weniger aus, als dieser eingezahlt hat (→ Finanztest 12/08, S. 26). Bei der UniProfirente betrug das Minus 5,5 Prozent und bei der DWS Toprente Dynamik betrug es 4,3 Prozent. Doch bis zum Rentenbeginn können sich diese Verluste wieder ausgleichen oder in Gewinne verwandeln.

Riester-Förderung fürs Eigenheim und im Betrieb

Inzwischen gibt es auch zertifizierte Bausparverträge und Kreditverträge mit Riester-Förderung. Die ersten Produkte sind seit November 2008 auf dem Markt. Eigentümer müssen Haus oder Wohnung selbst nutzen und dort ihren Hauptwohnsitz und Lebensmittelpunkt haben. Die Immobilie muss zudem in Deutschland liegen.

Arbeitnehmer können die Riester-Förderung auch für eine Betriebsrente nutzen. Doch auf die betriebliche Riester-Rente wird – anders als auf eine private Riester-Rente – der volle Kranken- und Pflegeversicherungsbeitrag fällig. Für gesetzlich Krankenversicherte lohnt sich deshalb ein privater Riester-Vertrag meist mehr.

Die Höhe der Riester-Rente muss unabhängig vom Geschlecht des Kunden sein (Unisex-Tarife). Wie für die gesetzliche Rente gilt also auch für die Riester-Rente: Gleiche Rente für gleiche Beiträge. Nur Riester-Rentenversicherungen, die vor 2006 abgeschlossen wurden, stellen Frauen schlechter als Männer. Wegen ihrer höheren Lebenserwartung bekommen sie eine geringere Monatsrente.

Information über die Kosten

Vor dem Vertrag muss der Anbieter die Kunden über alle Kosten unterrichten: Was kostet der Abschluss? Wie hoch sind die laufenden Verwaltungskosten? Was zahlen Kunden für einen Vertragswechsel?

Fallen Abschlusskosten an, darf der Anbieter sie nicht sofort auf einen Schlag kassieren, sondern muss sie zumindest auf fünf Jahre verteilen. Die Höhe der Kosten darf er aber selbst bestimmen. Einzelne Versicherer ziehen rund 20 Prozent aller Beiträge dafür ab.

Einmal im Jahr muss der Anbieter über das angesparte Kapital und die Erträge informieren. Dann sieht der Kunde, ob sich seine Altersvorsorge gut entwickelt oder ob er den Vertrag wechseln sollte.

Wie Sparer die Riester-Förderung bekommen

Die Riester-Förderung lässt sich über Riester-Fonds- und Riester-Banksparpläne, eine Riester-Rentenversicherung oder das neue „Wohn-Riester" nutzen. Förderberechtigte müssen einen zertifizierten Vertrag abschließen und einen eigenen Beitrag einzahlen. Indirekt förderberechtigte Ehepartner erhalten nur staatliche Zulagen, wenn auch ihr direkt förderberechtigter Ehepartner einen Vertrag abschließt und einen Eigenbeitrag überweist.

Der Staat zahlt auf Antrag für jedes Jahr eine oder mehrere Zulagen in den Riester-Vertrag ein. Das Geld geht jedoch immer erst im darauffolgenden Jahr ein.

Den Zulagenantrag gibt es beim Anbieter. Der Kunde muss ihn ausfüllen und zurücksenden, der Anbieter leitet ihn zur Zulagenstelle weiter. Bei Änderung der Familienverhältnisse, etwa nach Geburt eines Kindes, muss der Antrag erneuert werden.

Pro Kind bekommen Eltern eine Zulage. Sie legen fest, wer diese nimmt. Volle Zulagen sichern sich Sparer, die mindestens 4 Prozent ihres Bruttoeinkommens des Vorjahres abzüglich ihrer staatlichen Zulagen einzahlen. Wer weniger spart, erhält reduzierte Zulagen.

Sparer können ihre Einzahlung inklusive Zulagen von der Steuer absetzen. Eingegangene Zulagen werden mit dem Steuervorteil verrechnet. Um sich die schon gezahlte Steuer zurückzuholen, müssen Sparer ihrer Steuererklärung eine Bestätigung ihres Anbieters über ihren selbstgezahlten Beitrag beilegen.

Seit 2008 beträgt der geförderte Höchstbeitrag jetzt dauerhaft 2 100 Euro im Jahr und gilt inklusive Zulagen. Insbesondere jene Sparer, die für mehrere Kinder Zulagen erhalten, sollten das beim Eigenbeitrag berücksichtigen.

In der Krise besser nicht wechseln

Riester-Verträge lassen sich verändern. Kunden können ihren Vertrag ruhenlassen oder ihren Anbieter wechseln. Mit einer Frist von drei Monaten zum Ende eines Kalendervierteljahres können sie ihren Vertrag kündigen, um das bis dahin gesparte Kapital auf einen anderen Riester-Vertrag zu übertragen. Bei der Wahl des neuen Vertrags sind Kunden frei. Sie können einen Vertrag beim selben Anbieter oder bei einem anderen abschließen. Mit der gleichen Frist können auch Kunden beantragen, das angesparte Kapital vorübergehend ganz oder teilweise zum Erwerb von selbstgenutztem Wohneigentum entnehmen zu dürfen. Und die Frist von drei Monaten gilt schließlich auch dann, wenn sich ein Kunde bei Rentenbeginn 30 Prozent des Kapitals auf einen Schlag auszahlen lassen will.

Wechselwillige sollten sich also auf jeden Fall nach den Wechselgebühren beim bisherigen Anbieter und nach den Einkaufskosten beim neuen Anbieter erkundigen.

?

Was passiert mit meiner Riester-Rente, wenn der Staat pleite ist? Die Bundesrepublik Deutschland ist aktuell überhaupt nicht von einem Staatsbankrott bedroht. Ihr Riester-Geld ist im Übrigen auch nicht in Staatshänden, sondern wird von den Anbietern verwaltet. Diese müssen strenge Vorgaben für die Geldanlage einhalten.

Ein Wechsel aus einer Riester-Rentenversicherung empfiehlt sich in den meisten Fällen nicht mehr, wenn schon einige Jahre verstrichen sind. Sparer haben mit den Beiträgen der ersten Jahre in der Regel schon große Teile der Abschlusskosten für die gesamte Vertragslaufzeit bezahlt. Diese Kosten werden ihnen bei einem Anbieterwechsel aber nicht erstattet. Soll der neue Vertrag wieder eine Riester-Rentenversicherung sein, werden beim neuen Versicherer sogar erneut Abschlusskosten fällig. Unproblematischer ist der Abschied aus einem Banksparplan. Hier gibt es keine Abschlusskosten. Die Kosten, die das Kreditinstitut während der Laufzeit einbehält, zwackt sich die Bank durch einen Zinsabschlag ab. Wechselt der Kunde zu einem konzernfremden Anbieter, kassieren die Banken beim Abschied jedoch Gebühren. Oft sind es 50 oder 100 Euro.

Schlecht beraten sind Fondsanleger, die wegen der gefallenen Aktienkurse vom Riester-Fondssparplan in einen anderen Vertrag wechseln, etwa einen Riester-Banksparplan. Damit schreiben sie ihre Verluste langfristig fest. Beim gegenwärtigen Anbieter sind Anlegern zumindest alle bisherigen Einzahlungen und Zulagen in einen Riester-Fondssparplan zum vereinbarten Rentenbeginn garantiert. Weniger kann es nicht werden, auch wenn die Börsenkurse zwischenzeitlich stark fallen. Beim Wechsel nimmt der Sparer dagegen nicht die Summe seiner eigenen Einzahlungen und Zulagen mit, sondern nur die Summe, die sein Konto ausweist. Sie liegt bei vielen Fondssparplänen zurzeit weit unter den Einzahlungen.

Ein neuer Anbieter garantiert nur den niedrigeren Betrag, der bei ihm eingezahlt wird. Das Börsentief im alten Fondssparvertrag auszusitzen, bringt also auf jeden Fall mehr als ein Wechsel. Das gilt umso mehr für eine fondsgebundene Riester-Rentenversicherung. Ein Ausstieg in der aktuell schlechten Phase verdirbt hier nicht nur wegen der Kursverluste das Ergebnis. Zusätzliche Verluste entstehen aufgrund der in den Anfangsjahren höheren Kostenanteile.

Infos: Häufig gestellte Fragen und Antworten zum Thema „Riestern" finden Sie unter www.test.de/riesterfragen.

Finanztest – Auch ohne Zinsen geht es beim Riestern schon aufwärts

Für ihren Riester-Vertrag erzielen Sparer mit jedem Euro allein durch die staatliche Förderung eine Rendite. Ältere Einsteiger profitieren durch die sich jahresweise erhöhende Rentenbesteuerung zurzeit am meisten.

Alter bei Vertragsbeginn	Rendite aus staatlicher Förderung ohne Verzinsung des Kapitals			
	Single, Bruttoverdienst 30 000 Euro	Single, Bruttoverdienst 52 500 Euro	Ehepaar, 2 Kinder, Bruttoverdienst 52 500 Euro	Ehepaar, keine Kinder, Bruttoverdienst 52 500 Euro
Rendite vor Steuern (Prozent p. a.)				
30 Jahre	1,7	2,4	2,0	1,6
40 Jahre	2,3	3,2	2,3	2,2
50 Jahre	3,8	5,3	3,6	3,6
Rendite nach Steuern (Prozent p. a.)				
30 Jahre	0,6	0,7	1,0	0,7
40 Jahre	0,9	1,0	1,0	0,9
50 Jahre	1,4	1,7	1,5	1,5

Unsere Annahmen:

- Die Renditeberechnung erfolgt auf Basis des in der Ansparphase gebildeten Kapitals und unter Berücksichtigung des Steuervorteils.
- Der Sparer zahlt seinen Mindesteigenbetrag ein.
- Die gesetzlichen Pauschalen für Werbungskosten und Sonderausgaben werden abgezogen.
- Die Steuerersparnis gilt ohne Solidaritätszuschlag.
- Steuertarif und Rentenversicherungsbeitragssatz gelten für die gesamte Laufzeit wie im Jahr 2008.
- Der Steuersatz beträgt beim Verdienst von 30 000 Euro 30 Prozent, beim Verdienst von 52 500 Euro 39 Prozent und beim Ehepaarverdienst von 52 500 Euro 28 Prozent. Im Alter liegen die Steuersätze jeweils 10 Prozent niedriger.
- Die Auszahlung erfolgt ab 66 Jahren (Vertragsbeginn mit 50 Jahren) oder ab 67 Jahren (Vertragsbeginn mit 30 oder 40 Jahren).
- Ehepaar: Ein Ehegatte ist berufstätig, es gibt zwei Verträge, und nur in einen davon fließen die Zulagen.
- Kinderzulagen sind zugrunde gelegt beim Vertragsbeginn mit 30 Jahren für die Dauer von 20 und 25 Jahren; ein Kind ist 2008 geboren (höhere Zulage); beim Vertragsbeginn mit 40 Jahren sind Kinderzulagen für 10 und 15 Jahre zugrunde gelegt, beim Beginn mit 50 Jahren für 0 und 5 Jahre.

Rürup-Rente: Sicher sind nur die klassischen Varianten

Seit 2005 gibt es als weitere geförderte Altersvorsorge die Rürup-Rente. Benannt ist sie nach ihrem „Erfinder", dem Wirtschaftsprofessor Bert Rürup. Die Versicherungsunternehmen nennen sie häufig „Basisrente". Die Rürup-Rente wird nicht direkt vom Staat mit Zulagen bezuschusst, sondern nur über Steuervorteile gefördert. Vorsorgesparer können einen Teil der Aufwendungen für die Rürup-Rente in der Steuererklärung als Sonderausgaben geltend machen.

Bei Rürup-Fondsvarianten keine Garantie

Die Rürup-Rente wird hauptsächlich von Versicherungsunternehmen angeboten. Es gibt drei Varianten:

- klassische Versicherungen,
- fondsgebundene Versicherungen
- und Fondssparpläne.

Rürup-Banksparpläne sind bisher nicht am Markt. Volksbanken und Sparkassen verweisen lieber auf die Angebote ihrer Versicherungstöchter und machen so ihr Geschäft.

Insgesamt haben inzwischen knapp 700 000 Sparer einen Rürup-Vertrag abgeschlossen. Das Gros sind fondsgebundene Versicherungen. Hier bekommt der Kunde keine garantierte Verzinsung seiner Beiträge und trägt während der Ansparzeit das Anlagerisiko. Laufen die Fonds dauerhaft schlecht, macht der Sparer Verluste. Die Anbieter müssen ihm nicht wie bei der Riester-Rente garantieren, dass bei Rentenbeginn zumindest das Eingezahlte zur Verfügung steht. Es gibt aber auch Fondsvarianten mit dieser Mindestgarantie.

Wichtig: Nur mit einer klassischen Rentenversicherung legen Rürup-Sparer sicher an. Hier haben sie eine garantierte Verzinsung von 2,25 Prozent auf den Sparanteil des Beitrags. Das ist der Teil, der übrig bleibt, nachdem der Versicherer die Kosten abgezogen hat.

Rürup-Fondssparpläne bieten bislang nur die Deka und die DWS an. Die Sicherheit der Fondsanlage hängt vom Konzept für die Ansparphase ab. Für die Rentenphase schließen Fondsgesellschaften eine Rentenversicherung für den Anleger ab.

Deka: Die Deka bietet zwei Konzepte an. Das riskantere ist ein Zielfonds, der das Geld anfangs in Aktien steckt und später in Anleihen und flüssige Mittel umschichtet. Beim anderen Konzept – Zielgarant – bietet die Deka auch Kapitalgarantien.

Anleger dürfen den Rentenbeginn zwischen das 60. und 70. Lebensjahr legen. Die Deka verlangt nur bei einer Laufzeit über acht Jahre (Zielgarant) oder neun Jahre (Zielfonds) 3,5 Prozent Ausgabeaufschlag. Dazu kommen pro Jahr 1 Prozent Vertriebs- und Verwaltungsprovision. Ein Wechsel zu einem anderen Anbieter soll ab 2009 möglich sein.

DWS: Bei der DWS bekommt der Anleger eine Garantie auf das, was nach Abzug der Kosten von den Einzahlungen bleibt. Das Geld fließt in einen Dachfonds und einen Geldmarktfonds zur Wertsicherung. Je länger die Restlaufzeit, desto mehr Geld liegt im Dachfonds. Der Rentenbeginn kann zwischen dem 60. und dem 85. Geburtstag liegen. Als Abschlusskosten zieht die DWS von jeder Einzahlung 5 Prozent ab. Zusätzlich fallen jährlich 1,5 Prozent für das Geld im Dachfonds und bis zu 0,75 Prozent für den Geldmarktfonds an. Für Gebühren von 51,30 Euro ermöglicht die DWS den Wechsel zu anderen Anbietern.

Tipp

Rürup-Rentenversicherungen werden klassisch verzinst oder fondsgebunden angeboten. Zudem gibt es Rürup-Fondssparpläne. Bei Fondsvarianten tragen Sie das Anlagerisiko. Laufen die Fonds schlecht, entstehen Verluste. Wählen Sie ein Rürup-Produkt mit Fonds, sollten Sie einen Vertrag mit Beitragsgarantie nehmen. Dann bleiben zumindest Ihre Beiträge erhalten.

Die klassische Rentenversicherung ist sicher

Bei der klassischen Rentenversicherung können zum Garantiezins Überschüsse hinzukommen. Der Großteil dieser Überschüsse beruht auf Kapitalerträgen jenseits der Garantieverzinsung. Laufen die Märkte schlecht, gibt es weniger Überschüsse. Die aktuelle Finanzkrise wirkt sich auf die Überschüsse aus. Versicherer investieren bei klassischen Formen das Kundengeld aber vor allem in festverzinsliche Wertpapiere. Dort ist die Wertentwicklung viel stetiger.

Es gibt mehrere Varianten, wie der Kunde an den Überschüssen in der Ansparphase beteiligt wird. Am günstigsten ist die Bonusrente. Hier werden die jährlichen Überschüsse sofort in die Rürup-Rente investiert und erhöhen die garantierte Rente. Über die spätere Rentenhöhe entscheidet auch die Überschussbeteiligung während der Rentenphase. Angeboten werden für klassische wie auch für fondsgebundene Tarife vor allem zwei Möglichkeiten: eine Rentenzahlung, bei der die Überschüsse über den Rentenzeitraum gleichmäßig verteilt werden, und eine dynamisch steigende Rentenzahlung.

Wichtig: Gleichmäßig verteilte Überschüsse führen zu einem Einkommensverlust, wenn die Kaufkraft durch Inflation sinkt. Die Rente wird gekürzt, wenn die Überschussbeteiligung herabgesetzt wird.

Sinnvoller ist eine dynamische Rente. Dann zahlt der Versicherer anfangs eine geringere Rente aus, die im Laufe der Jahre steigt. Meist muss der Kunde sich schon bei Vertragsschluss für eine dieser beiden Varianten entscheiden. Es gibt jedoch Gesellschaften, die ihm noch bei Rentenbeginn die Wahl lassen.

Versicherer machen Wechsel schwer

Bei Rentenversicherungen ist ein Anbieterwechsel möglich, wenn diese Möglichkeit im Vertrag erwähnt ist (➔ Finanztest 5/08, S. 20). Viele Unternehmen sperren sich gegen einen Anbieterwechsel. Bei den Versicherern im Test erlaubten dies bisher nur CosmosDirekt und Hannoversche Leben.

Bei allen anderen Angeboten müsste der Kunde ausdrücklich im Vertrag vermerken lassen, dass er in der Ansparphase den Anbieter wechseln darf, wenn er nicht zufrieden ist. Ob sich der Versicherer darauf einlässt, den Zusatz in den Vertrag aufzunehmen, ist ungewiss. Flexibilität sieht anders aus.

Rürup-Vorteil für Selbstständige

Beim Vorsorgesparen à la Rürup gewährt der Staat für weit größere Summen Steuervergünstigungen als beim Riester-Sparen. „Riestern" wird bis maximal 2100 Euro im Jahr gefördert. Bei der Rürup-Rente hingegen erkennt das Finanzamt Beiträge bis zu 20 000 Euro von Alleinstehenden und 40 000 Euro von Ehepaaren an und zieht in diesem Jahr 66 Prozent davon als Sonderausgaben ab.

Alleinstehende können ihr zu versteuerndes Einkommen aus 2008 so um bis zu 13 200 Euro drücken, Ehepaare um bis zu 26 400 Euro. Der abzugsfähige Prozentsatz steigt bis 2025 stufenweise auf 100 Prozent. Für das Jahr 2009 sind 68 Prozent oder 13 600 Euro für Alleinstehende abzugsfähig, für Ehepaare sind es 27 200 Euro.

Arbeitnehmer müssen jedoch den Beitrag abziehen, den sie zusammen mit dem Arbeitgeber in die gesetzliche Rentenversicherung einzahlen. Erst vom Restbetrag berücksichtigt das Finanzamt den jeweiligen Anteil als Sonderausgaben. Wer angestellt ist, kann also weniger Geld mit steuerlicher Förderung sparen als ein Selbst-

Infos: Selbstständige finden alles rund um die Altersvorsorge im Finanztest-Ratgeber „Altersvorsorge für Selbstständige". Das Buch ist für 16,90 Euro im Handel erhältlich. Es kann per Telefon unter 0180 5/00 24 67 (14 Cent/Minute aus deutschem Festnetz) bestellt werden.

ständiger, der nicht in die gesetzliche Rentenversicherung einzahlen muss. Dieser Vorteil für Selbstständige ist vom Gesetzgeber gewollt. Denn für sie ist die Rürup-Rente die einzige Möglichkeit, steuerbegünstigt fürs Alter vorzusorgen.

Tipp

Zahlen Sie maximal den steuerlich geförderten Beitrag. Mehr lohnt sich für Sie nicht. Das sind 20 000 Euro für Alleinstehende und 40 000 Euro für Ehepaare, wenn Sie keine Pflichtbeiträge für die Altersvorsorge zahlen.

Zusatzschutz kostet extra

Die Rürup-Rente wird nicht vererbt. Rürup-Rentenversicherungen sind nur für die Altersvorsorge des Einzahlers gemacht. Schließt der Kunde eine Rürup-Rentenversicherung ab, kann er jedoch Zusatzleistungen vereinbaren: Bis zu 49 Prozent vom Beitrag können in Hinterbliebenen- und/oder Berufsunfähigkeitsschutz fließen. Dafür müssen Rürup-Sparer Abstriche bei der Altersrente in Kauf nehmen, wie unser Beispiel zeigt (→ Tabelle S. 126).

Beispiel: Unser Modellkunde ist bei Vertragsbeginn 40 Jahre alt und zahlt 25 Jahre lang jedes Jahr 6 000 Euro Beitrag. Schließt er gar keinen Zusatzschutz ab, bekommt er in unserem Beispieltarif eine garantierte Altersrente von 748 Euro im Monat. Vereinbart der Kunde für den Fall seiner Berufsunfähigkeit eine Rente, bekommt er mit 65 Jahren nur eine garantierte Altersrente von 634 Euro.

Eine Hinterbliebenenrente schmälert die Altersrente ebenfalls. Für die Zeit vor dem 65. Lebensjahr drückt sie die garantierte Rente in dem Beispiel auf 696 Euro im Monat. Soll der Schutz auch noch in der Rentenphase greifen, schrumpft die Garantierente auf 637 Euro.

Der Hinterbliebenenschutz gilt zudem nur für Ehepartner und zu versorgende Kinder bis 25 Jahre. Für unverheiratete Partner gilt der Hinterbliebenenschutz nicht.

Solche Zusatzversicherungen sind meistens an den Hauptvertrag gebunden. Das hat tückische Folgen: Will der Sparer nicht mehr weiter einzahlen und stellt er den Vertrag beitragsfrei, kann er die Zusatzversicherungen in der Regel nicht weiterführen. Der bis dahin erworbene Hinterbliebenen- und Berufsunfähigkeitsschutz ist dann möglicherweise nicht mehr ausreichend oder fällt ganz weg.

Wichtig: Rürup-Sparer sollten lieber eine separate Berufsunfähigkeitsversicherung abschließen und die Familie durch eine günstige Risikolebensversicherung schützen.

Finanztest **Zusatzleistungen schmälern die Altersrente**

Unser Beispielfall: Ein 40-jähriger Rechtsanwalt zahlt jährlich 6000 Euro Beitrag in eine Rürup-Rente ein. Hat er auch eine Hinterbliebenenversicherung und einen Berufsunfähigkeitsschutz vereinbart, muss er Abstriche bei der Altersrente hinnehmen.

Vereinbarte Leistung	Garantierte monatliche Altersrente
Nur Altersrente (ohne sonstige Versicherungen)	748 Euro
Mit Hinterbliebenenrente während der Ansparphase[1]	696 Euro
Mit Hinterbliebenenrente während der Ansparphase und nach Rentenbeginn[1]	637 Euro
Mit Berufsunfähigkeitsversicherung[2] (ohne Hinterbliebenenschutz)	634 Euro
Mit Hinterbliebenenrente[1] **und Berufsunfähigkeitsversicherung**[3]	540 Euro

Die Beispiele sind nach dem Tarif Basisrente Klassik (BVR1) der Allianz gerechnet (Stand: März 2008). Die Zahlung der Altersrente beginnt mit 65 Jahren. Die Beiträge werden 25 Jahre lang gezahlt. Die garantierten Leistungen erhöhen sich noch um die Überschussbeteiligung.

1) Beim Tod des Versicherten bekommt die Witwe 50 Prozent der Altersrente. Die Ehefrau ist in unserem Beispielfall bei Versicherungsbeginn 40 Jahre alt.

2) Die Berufsunfähigkeitsversicherung besteht bis zum Rentenzahlungsbeginn. Die Leistung bei mindestens 50-prozentiger Berufsunfähigkeit besteht aus einer Rente von 1000 Euro monatlich und der Befreiung von der Beitragszahlung.

3) Bei mindestens 50-prozentiger Berufsunfähigkeit werden 1000 Euro Rente im Monat gezahlt, zudem besteht dann eine Befreiung von der Beitragszahlung.

Wette auf ein langes Leben

Eine Rentenversicherung ist eine Art Wette auf ein langes Leben. Für die Rürup-Rente gilt das besonders. Da der Kunde hier zu Rentenbeginn keinerlei Kapital entnehmen kann, muss er auf jeden Fall lange leben und lange Rente beziehen, um seine eingezahlten Beiträge rentabel zu machen.

Beispiel: Der Modellkunde in der jüngsten Finanztest-Untersuchung hat beim Testsieger CosmosDirekt einen Vertrag abgeschlossen. Er muss rund 15 Jahre Rente beziehen, bis die garantierten Rentenzahlungen seine Beiträge übertroffen haben.

Überschüsse sind dabei noch nicht berücksichtigt. Wirtschaftet das Versicherungsunternehmen so gut wie in den vergangenen Jahren, reichen dem Sparer rund acht Jahre Rentenzahlung. Danach kommt er ins Plus. Er hat dann mehr Rente erhalten, als er an Beiträgen gezahlt hat.

Bei Betriebsrenten kann eigenes Geld nie verschwinden

In Deutschland zahlen rund zwölf Millionen Arbeitnehmer über ihre Firma Geld in eine Betriebsrente ein. Sie sichern sich so ein kleines Zusatzeinkommen für später. Der Teil ihres Gehalts, den sie für ihre Altersvorsorge investieren, bleibt bis zu einer Summe von 2 544 Euro im Jahr von Steuern und Sozialabgaben verschont.

Das Sparen über die Firma lohnt sich für sie wegen der staatlichen Förderung. Bei einem Arbeitnehmer mit 2 500 Euro Bruttogehalt im Monat übernimmt der Staat in der Ansparphase je nach persönlichem Steuersatz bis zur Hälfte der Beiträge.

Meist tragen Arbeitnehmer und Arbeitgeber gemeinsam zu der Zusatzversorgung bei. Seit 2002 gilt ein Recht auf Gehaltsumwandlung. Allerdings sparen Arbeitnehmer nur in einem Drittel der Fälle ihre spätere Betriebsrente vollständig aus eigenem Gehalt an.

Wann eine Firmenrente unverfallbar ist

Der sperrige Begriff „Unverfallbarkeit" steht bei Betriebsrenten für Sicherheit. Ist eine Firmenrente unverfallbar, sind die Ansprüche des Arbeitnehmers bis auf wenige Ausnahmen bei Insolvenz komplett geschützt. Was ein Arbeitnehmer selbst investiert, ist vom ersten Tag an unverfallbar. Bei arbeitgeberfinanzierten Betriebsrenten hingegen gelten Fristen. Junge Arbeitnehmer, die nur kurz in einer Firma sind, könnten bei einer Pleite um eine Rente gebracht werden, die ihr Arbeitgeber ihnen zugesagt hat.

Arbeitnehmerfinanzierte Renten sind immer unverfallbar. Wer selbst einzahlt, genießt unmittelbaren Schutz vor den Folgen einer Insolvenz.

Arbeitgeberfinanzierte Renten sind unverfallbar, sobald zwei Bedingungen erfüllt sind: Der Arbeitnehmer muss mindestens 30 Jahre alt sein und seit wenigstens fünf Jahren vom Chef eine Zusage für eine Betriebsrente haben. Auch Elternzeit zählt zu den fünf Jahren. Finanzieren Arbeitgeber und Arbeitnehmer die Rente, ist nur der vom Mitarbeiter selbst gesparte Teil sofort unverfallbar.

Tipp

Nutzen Sie die Chance, per Gehaltsumwandlung für eine Betriebsrente zu sparen. Diese Vorsorge lohnt sich durch staatliche Förderung. Investieren Sie eigenes Geld, sind Ihre Rentenansprüche sofort unverfallbar.

Fünf Varianten für eine Betriebsrente

Eine betriebliche Rentenzusage kann per Pensionskasse, als Direktversicherung, über einen Pensionsfonds, per Unterstützungskasse oder als sogenannte Direktzusage erfolgen. Der Arbeitgeber entscheidet, auf welchem der fünf Wege und mit welchem Anbieter er die Versorgung seiner Mitarbeiter organisiert. In tariflich gebundenen Betrieben kann ein Tarifvertrag die Wahl einschränken.

Hinter Direktzusagen und Unterstützungskassen stecken interne Lösungen des Arbeitgebers. Der Betrieb sagt eine Versorgung entweder direkt oder über ein firmeneigenes Institut, die sogenannte Unterstützungskasse, zu. Meist unterlegt er seine Zusagen nicht oder nicht voll mit Kapital. Der Betrieb kann das Versorgungskapital zwischendurch also für andere Zwecke verwenden.

In den drei anderen Varianten, Pensionskasse, Pensionsfonds und Direktversicherung (Lebensversicherer), überweist der Arbeitgeber die Spareuros für die Betriebsrenten an externe Versorgungsträger.

Externe Wege haben den Vorteil, dass sich Rentenansprüche leichter zu einem anderen Arbeitgeber mitnehmen lassen. Für die internen Varianten gibt es dafür keine gesetzliche Vorgabe.

In den drei externen Varianten beteiligen sich Arbeitnehmer stärker mit eigenem Geld. Es wird von ihrem Bruttogehalt direkt dafür abgezweigt. Damit die Leistungen stimmen, sollte ein externer Anbieter kostengünstig arbeiten und erfolgreich Kapital anlegen. Arbeitgeber sollten dies kritisch prüfen, bevor sie sich entscheiden. Und Arbeitnehmer sollten versuchen, über den Betriebsrat an einer guten Auswahl mitzuwirken.

Die Direktzusage ist traditionell am stärksten verbreitet (→ Grafik). Meist bezahlt hier nur der Arbeitgeber. Arbeitnehmer investieren selten selbst. Auch bei der Unterstützungskasse zahlen überwiegend die Firmen für die Zusatzrenten.

Auf fünf Wegen zur Betriebsrente

Das Kapital wächst in allen fünf Varianten, die es bei Betriebsrenten gibt. Die Bedeutung von Pensionskassen nimmt aber besonders stark zu.

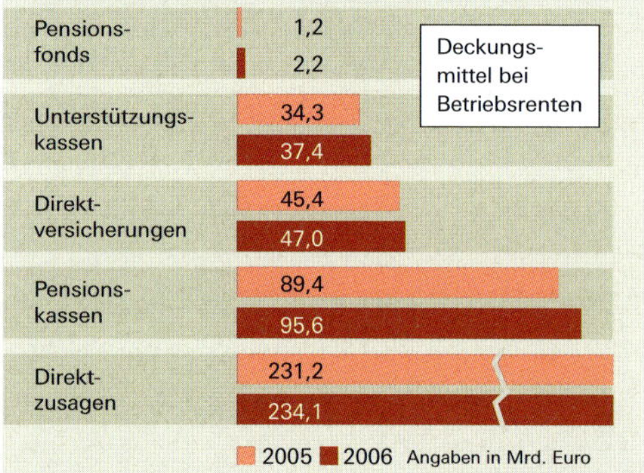

Quelle: Schwind

Unterschiedlicher Schutz bei Pleite

Der Insolvenzschutz für eine Betriebsrente hängt davon ab, welchen der fünf Durchführungswege der Arbeitgeber gewählt hat. Nur Betriebsrentner und Arbeitnehmer mit Ansprüchen aus DDR-Zeiten, die nach dem 31. Dezember 1991 nicht ausdrücklich neu vom Arbeitgeber zugesagt worden sind, haben gar keinen Pleiteschutz. Für alle anderen gilt, je nachdem, wie die Betriebsrente organisiert ist, Folgendes:

- Firmen, die eine Direktzusage, eine Unterstützungskasse oder einen Pensionsfonds anbieten, müssen Mitglied im Pensions-Sicherungs-Verein (PSV) sein. Geht eine Firma pleite, übernimmt der PSV die Zahlung der Betriebsrenten. Beim Pensionsfonds tritt der PSV jedoch erst an zweiter Stelle ein. Wenn der Arbeitgeber, der die betriebliche Altersversorgung für seine Mitarbeiter über einen Pensionsfonds organisiert hat, pleitegeht, muss damit ja nicht auch der Pensionsfonds zahlungsunfähig sein. Erst wenn auch der Fonds nicht mehr zahlt, springt der Verein ein.
- Direktversicherungen sind Lebensversicherungen und werden von Lebensversicherungsunternehmen angeboten. Diese werden von der Bundesanstalt für Finanzdienstleistungsaufsicht kontrolliert. Geht ein Versicherer pleite, ist das Geld der Kunden durch Protektor, die Auffanggesellschaft der Lebensversicherer, geschützt.

Tipp

Wählen Sie eine Betriebsrente mit viel Garantie, wenn Sie schon etwas älter sind. Geschützt sind im Insolvenzfall nur garantierte Leistungen. Bei einer Betriebsrente mit Fondsinvestment sind bei einer Pleite des Anbieters nur Ihre eingezahlten Beiträge abgesichert. Dafür sind die Renditechancen mit Fondsinvestments auf lange Sicht höher. Das sollten vor allem junge Arbeitnehmer bedenken.

In Ausnahmefällen springt aber auch hier der PSV ein. Er kommt für Renten und Anwartschaften aus Direktversicherungen auf, wenn der Arbeitgeber noch kein unwiderrufliches Bezugsrecht für den Arbeitnehmer und seine Hinterbliebenen vereinbart oder er ihre Ansprüche verpfändet oder beliehen hatte. Solche Konstruktionen gibt es nur bei einer arbeitgeberfinanzierten Versorgung.

Der Insolvenzverwalter hätte nach der Firmenpleite Zugriff auf die Versicherung. Damit verschwände die Altersvorsorge der Angestellten in der Insolvenzmasse. Der PSV würde dann einspringen.

Garantiert ein Versicherer, dass er die Altersversorgung unwiderruflich zahlen wird, muss der Arbeitgeber dem PSV nicht beitreten. Beteiligt sich auch der Arbeitnehmer an der Zusatzversorgung per Gehaltsumwandlung, ist eine solche Garantie des Direktversicherers sogar gesetzlich vorgeschrieben.

Pensionskassen sind staatlich kontrolliert

Pensionskassen sind nicht durch den PSV abgesichert. Die Bundesanstalt für Finanzdienstleistungsaufsicht kontrolliert sie jedoch. Die meisten Pensionskassen haben die Rechtsform eines sogenannten

Tipp

Erkundigen Sie sich, ob und wie viel Ihr Arbeitgeber zu einer betrieblichen Altersversorgung dazugeben würde. Viele Unternehmen steuern zumindest den Betrag bei, den sie selbst sparen, wenn ihre Mitarbeiter per Gehaltsumwandlung Bruttobeiträge in eine Betriebsrente einzahlen. Denn auf dieses Geld muss auch der Arbeitgeber keine Sozialabgaben zahlen.

Versicherungsvereins auf Gegenseitigkeit. In den letzten Jahren wurden einige Pensionskassen neu als Aktiengesellschaften gegründet. Ihr Aufbau entspricht dem eines Lebensversicherers und sie können freiwillig der Auffanggesellschaft Protektor beitreten. Das haben auch alle getan.

Die Versicherungsvereine hingegen gehören Protektor nicht an. Sie haben also weder den Pensions-Sicherungs-Verein noch die Auffanggesellschaft im Rücken. In Krisenzeiten können sie dafür auf eine Sanierungsklausel in ihren Satzungen zurückgreifen. Diese Klausel erlaubt es ihnen, im Falle einer finanziellen Schieflage die Beiträge zu erhöhen oder die Leistungen zu kürzen. Vorher könnte aber auch das Trägerunternehmen einstehen, denn viele Pensionskassen gehören direkt zu der Firma, für die sie die Zusatzvorsorge der Belegschaft organisieren.

Der Versicherte selbst muss in so einem Pleitefall nicht draufzahlen. Eine Beitragserhöhung, eine Kürzung der garantierten Leistung oder gar die Insolvenz einer solchen Pensionskasse hat der Arbeitgeber auszubügeln. Er hat die Pflicht, Verluste seiner dort versicherten Mitarbeiter – auch ehemaliger – auszugleichen, sofern er finanziell dazu in der Lage ist.

Damit eine Krise gar nicht erst auftritt, sind Pensionskassen an die gleichen strikten Anlagerichtlinien wie Lebensversicherer gebunden. Sie dürfen beispielsweise nicht mehr als 35 Prozent des Kundengeldes in Aktien anlegen. Oft fließt noch viel weniger in Aktien.

Arbeitnehmern, die sich bei ihrer Firmenrente für einen klassischen Tarif entschieden haben, ist eine bestimmte Verzinsung ihres Geldes garantiert. Hier liegt der Zins bei 2,25 Prozent, sofern der Vertrag nicht schon ein paar Jahre läuft. Dann kann der Zins auch bei 3,25 Prozent oder 2,75 Prozent liegen. Der Zeitpunkt des Vertragsschlusses ist entscheidend. Pensionskassen in Form von Versicherungsvereinen sagen teilweise auch heute noch etwas höhere Rechnungszinsen zu.

Der Garantiezins wird nur auf den Sparanteil der Einzahlungen nach Abzug der Kosten gewährt. Er liegt deshalb effektiv zum Teil deutlich darunter. Erwirtschaftet die Pensionskasse mehr als die zugesagten Erträge oder arbeitet sie unerwartet kostengünstig, kann eine Überschussbeteiligung dazukommen. Sie wird jährlich gutgeschrieben und erhöht peu à peu die garantierte Leistung.

Der Fall Babcock-Borsig

Eine Pleite gab es bei Pensionskassen noch nie. Zu finanziellen Schieflagen kam es allerdings durchaus schon. Laut Bundesregierung mussten in den vergangenen sechs Jahren sieben als Versicherungsverein organisierte Pensionskassen zusammen mit der Bafin Sanierungskonzepte erstellen.

Eine dieser Kassen war die des Anlagenbauers Babcock-Borsig, die inzwischen vom Versicherer Swiss Life übernommen wurde. Die Kasse strauchelte im Jahr 2006. Pensionskasse und Bafin beschlossen, die finanziellen Schwierigkeiten der Kasse zu beheben, indem sie versprochene Steigerungen bei den Anwartschaften zurücknahmen. Knapp 12 000 Anwärter waren davon betroffen.

Der Babcock-Borsig-Konzern, der diese Leistungseinschränkung hätte ausgleichen müssen, war zu dieser Zeit schon pleite. Die Nachfolgeunternehmen von Babcock-Borsig haben die versprochenen Steigerungen aber übernommen.

Arbeitgeber kann Ansprüche kürzen

Um eine Pleite der Firma abzuwenden, dürfen Arbeitgeber ausnahmsweise in eine von ihnen finanzierte betriebliche Altersversorgung für ihre Mitarbeiter eingreifen. Sie müssen sich allerdings an genaue Vorgaben des Bundesarbeitsgerichts halten.
Dabei gilt die Faustregel der Richter: Je weiter Versicherte von der Rente entfernt sind, desto einfacher ist ein Eingriff möglich. Wer schon Betriebsrentner ist, genießt die beste Sicherung. An laufenden Renten darf eine Firma deshalb normalerweise nichts ändern.

Arbeitgeber, die Mitglied im Pensions-Sicherungs-Verein sind, können in wirtschaftlich prekärer Lage manchmal auch schon vor der Insolvenz auf den Verein zählen. „Hält ein Unternehmen die Kürzung der Betriebsrenten für unbedingt notwendig, muss es sich sofort an den Pensions-Sicherungs-Verein wenden", sagt Martin Hoppenrath, Vorstandsvorsitzender des PSV. „Wir prüfen intensiv und kommen gegebenenfalls für Kürzungen auf. Wenn nicht, muss der Arbeitgeber weiterzahlen."

Tipp

Wenn Sie Teile Ihres Bruttogehalts in eine Betriebsrente stecken, sparen Sie Steuern und Sozialabgaben. Jeder Euro für die Firmenrente bringt durch die Förderung bei gleicher Wertentwicklung mehr als die gleiche Einzahlung in eine private Rentenversicherung. Die Rechnung geht auf, obwohl Betriebsrenten im Alter voll steuerpflichtig sind und gesetzlich Versicherte auf die ausgezahlten Renten Kranken- und Pflegeversicherungsbeiträge zahlen.

Mit Nachteilen bei einer Altersvorsorge, die der Arbeitgeber bezahlt, müssen jene Mitarbeiter rechnen, die noch aktiv sind. Wie stark es sie trifft, hängt davon ab, wie schlecht es der Firma geht.

Erhebliche wirtschaftliche Belastung. Leidet die Firma unter einer erheblichen wirtschaftlichen Belastung, darf sie die Anwartschaft auf den vom Arbeitnehmer bereits erworbenen Teil einfrieren. Hat der Arbeitgeber beispielsweise pro Jahr Betriebszugehörigkeit eine Betriebsrente von 0,5 Prozent des letzten Monatsgehalts zugesagt, kann ein Mitarbeiter mit 7,5 Prozent seines letzten Gehalts rechnen, wenn er seit 15 Jahren im Unternehmen ist.

Dabei bleibt es dann aber auch. Egal, wie lange der Beschäftigte bis zur Rente noch arbeitet. Aufgrund der erheblichen wirtschaftlichen Belastung des Betriebs gibt es dann keine Steigerung der zugesagten Betriebsrente mehr.

Gefahr nachhaltigen Substanzverlusts. Ungünstiger ist die Lage für den Arbeitnehmer, wenn dem Betrieb etwa ein nachhaltiger Substanzverlust drohen würde, falls er die betriebliche Altersversorgung uneingeschränkt weiterfinanziert. Dann kann der Arbeitgeber nicht nur die noch kommenden Jahre der Betriebszugehörigkeit bei der Rentenberechnung ausklammern. Er kann außerdem die Betriebsrenten auf Basis des aktuellen Gehalts berechnen, statt nach dem höheren letzten Gehalt vor Rentenbeginn.

Wirtschaftliche Notlage. Am härtesten trifft es Arbeitnehmer, wenn der Arbeitgeber bereits erworbene Ansprüche kürzt. Solch ein nachträglicher Eingriff muss jedoch sehr vorsichtig geschehen und ist nur bei einer wirtschaftlichen Notlage des Arbeitgebers möglich.

Wichtig: Eine Betriebsrente ist für Arbeitnehmer keinesfalls ein unkalkulierbares Risiko. Auch wenn sie in einigen Fällen Verschlechterungen im Vergleich zu der ursprünglichen Zusage hinnehmen müssen – die Betriebsrente gehört trotzdem zu den sichersten Wegen, für das Alter vorzusorgen. Und alles, was Arbeitnehmer selbst zahlen, ist sowieso vom ersten Tag an „unverfallbar".

?

Soll ich statt in die Rente nicht besser in Sachwerte investieren?
Investieren Sie in Kunst, Schmuck oder Immobilien, können Sie nicht sicher auf eine Wertsteigerung setzen. Eine Anlage in Sachwerten empfiehlt sich nur für Leute, die sich im Markt gut auskennen.

Lebensversicherungen sind nur mit Garantiezins sicher

Die Lebensversicherung galt lange als Königsweg, zusätzlich fürs Alter vorzusorgen. Doch das ist Vergangenheit. Es gibt andere Produkte, die flexibler und renditestärker sind wie zum Beispiel Fondssparpläne oder Angebote der geförderten Altersvorsorge wie Riester-Verträge oder die Rürup-Rente. Sicher sind zudem nur „klassische" Kapitallebens- oder Rentenversicherungen mit Garantiezins. Bei Fondsvarianten trägt der Kunde das Anlagerisiko selbst. Hier hängt der Ertrag vor allem davon ab, wie gut oder wie schlecht die Fonds laufen. Kunden sollten also mehr als zweimal hinschauen, bevor sie sich auf einen langlaufenden Lebensversicherungsvertrag einlassen.

Entscheidend ist die Art der Kapitalanlage

Das Zauberwort für Sicherheit heißt bei Lebensversicherungen „Garantiezins". Diesen Zins sagen die Unternehmen ihren Kunden für die gesamte Laufzeit zu, wenn sie sich für eine klassische Vertragsform entscheiden.

Die Höhe des Zinses wird vom Gesetzgeber vorgegeben. Im Amtsdeutsch „Höchstrechnungszins" genannt, orientiert sich der Garantiezins an der durchschnittlichen Umlaufrendite der öffentlichen Anleihen in den vergangenen zehn Jahren. Er soll bei rund 60 Prozent dieses Wertes liegen, wird also gelegentlich angepasst.

Aufgrund der Niedrigzinsphase ist der Garantiezins seit einigen Jahren immer nur gesenkt worden, zuletzt zum 1. Januar 2007 von 2,75 Prozent auf 2,25 Prozent. 2,25 Prozent dürfen Lebensversicherer bei klassischen Produkten also derzeit höchstens zusagen. Weniger zu garantieren, steht ihnen frei, aber das macht keiner der Anbieter.

Die garantierte Verzinsung gilt nur für den Sparanteil des Beitrags. Das ist der Teil, der nach Abzug der Kosten übrig bleibt. Die effektive Zinszusage auf den eingezahlten Beitrag ist deshalb viel niedriger. Je nach Höhe der Kosten liegt sie teilweise unter einem Prozent.

Tipp

Wollen Sie sich nach Riester- und Betriebsrente eine weitere Zusatzrente aufbauen, kommt eine private Rentenversicherung infrage. Sicherheit bietet aber nur die klassische Form mit Garantiezins. Verluste drohen bei vorzeitigem Ausstieg allerdings auch hier.

Garantie steigt Schritt für Schritt

Neben dem Garantiezins erhält ein Kunde bei klassischen Produkten Überschüsse. Sie entspringen drei Quellen.

- Die größte Überschussquelle ist der „Überzins". Versicherungsgesellschaften investieren den Großteil des eingezahlten Kundengeldes am Kapitalmarkt. Erwirtschaften sie dabei mehr als den Garantiezins von 2,25 Prozent, entstehen Zinsüberschüsse. Dieser Überzins fließt dann als größter Posten in den Überschusstopf.
- Weitere Überschüsse erzielen Versicherer durch Kosteneinsparungen und durch Risikogewinne. Risikogewinne fallen bei Rentenprodukten an, wenn die bei einem Unternehmen Versicherten im Durchschnitt früher sterben, als die Gesellschaft zunächst angenommen hat. Dann muss sie weniger Renten auszahlen. Bei Angebo-

Mit der privaten Rentenversicherung die Abgeltungsteuer umgehen

Private Rentenversicherungen werden steuerlich günstig behandelt. In der Ansparphase bleiben die Erträge steuerfrei und von der ausgezahlten Rente ist nur ein geringer Ertragsanteil steuerpflichtig. Dessen Höhe hängt vom Alter bei Rentenbeginn ab. Bei Rentenbeginn mit 65 Jahren beläuft sich der Ertragsanteil auf 18 Prozent. Fließt die Rente erst zwei Jahre später, also mit 67 Jahren, beträgt der Ertragsanteil 17 Prozent der Rente. 83 Prozent bleiben dauerhaft steuerfrei. Von 300 Euro wären also gerade einmal 51 Euro steuerpflichtig und 249 Euro steuerfrei.

Steuerliche Vorteile winken auch bei einer einmaligen Auszahlung. Die Hälfte der Erträge aus der Ansparzeit bleibt von der Steuer verschont, wenn der Vertrag vor der Auszahlung über mindestens zwölf Jahre lief und wenn der Kunde zum Zeitpunkt der Auszahlung mindestens 60 Jahre alt ist.

Die auch bei Fondspolicen geltenden Steuervorteile können ab 2009 für eine Fondspolice statt eines Fondssparplans sprechen. Dann gilt die 25-prozentige Abgeltungsteuer auf alle Kapitalerträge inklusive Kursgewinnen und Dividenden. Wer einen Versicherungsvertrag als Fondspolice abschließt, ist von der Abgeltungsteuer nämlich nicht betroffen. Das kann für Kunden, die den Sparerfreibetrag ausgeschöpft haben, wichtig sein. Vermittler benutzen den Steuervorteil als Verkaufsargument. Entscheidend bleiben aber die Qualität eines Angebots und das Durchhaltevermögen des Kunden.
Wer aussteigt, verliert viel Geld durch Abschlusskosten. Obendrein sind nach Kündigung oft auch noch Steuern fällig.

ten mit einem Todesfallschutz (Kapitallebensversicherung) gibt es Risikoüberschüsse, wenn weniger Kunden in der Vertragslaufzeit sterben als geplant. Dann muss der Versicherer weniger Todesfallleistungen gewähren.

Versicherungsunternehmen sind verpflichtet, Risikogewinne zu mindestens 75 Prozent an die Kunden weiterzureichen. Kostenüberschüsse müssen sie zu mindestens 50 Prozent und Zinsüberschüsse zu mindestens 90 Prozent weitergeben. Die Überschüsse werden Kunden jährlich gutgeschrieben. Sobald sie zugeteilt sind, sind sie garantiert. Sie erhöhen die Garantieleistung also nach und nach.

Kann ich meinem Lebensversicherer vertrauen?
Sie können ihm so weit vertrauen, wie er Ihnen garantierte Leistungen zusagt. Überschüsse der Zukunft sind nicht garantiert. Eine anfänglich gute Prognose über die Auszahlung einschließlich der Überschüsse muss sich nicht bewahrheiten. So gut wie keine Sicherheit bietet Ihnen eine fondsgebundene Lebensversicherung.

Die Leistung aus Überschüssen wird bei Vertragsbeginn hochgerechnet. Diese Hochrechnung basiert auf aktuellen Annahmen. Erwirtschaftet der Versicherer aufgrund schlechter Kapitalmarkterträge, hoher Verwaltungskosten oder hoher Ausgaben für Risikoleistungen weniger als kalkuliert, gibt es weniger Überschüsse. Die aktuelle Finanzkrise dürfte sich auf die Überschüsse für 2008 auswirken. Je nachdem, wie sich die Kapitalmärkte entwickeln und welche Schwerpunkte ein Anbieter setzt, könnten die Überschüsse der kommenden Jahre bei vielen Versicherern beeinträchtigt sein.

Wichtig: Die zugeteilten Überschüsse vergangener Jahre können einem Kunden nicht mehr genommen werden. Sie wurden seinem Konto schon gutgeschrieben. Läuft ein langlaufender klassischer Vertrag demnächst ab, wirkt sich die Finanzkrise nur wenig aus.

Kontrolle durch die Versicherungsaufsicht

Um ihre festen Zusagen aus Garantiezins und zugeteilten Überschüssen immer einhalten zu können, müssen die Lebensversicherer strikte Richtlinien für ihre Kapitalanlage befolgen. So dürfen sie

Tipp

Lassen Sie sich nicht durch das Argument „Abgeltungsteuer" zum Abschluss einer Fondspolice verleiten, wenn Sie eigentlich einen Fondssparplan wollen. Viele Versicherungsangebote haben hohe Kosten und bieten eine mäßige bis schlechte Fondspalette. Und ist eine Versicherung mit im Spiel, ist es mit der Flexibilität des Fondssparens vorbei. Ein vorzeitiger Ausstieg bringt Verluste.

nur maximal 35 Prozent des ihnen anvertrauten Kundengeldes in riskante Anlagen wie zum Beispiel Aktien, Hedgefonds oder Unternehmensbeteiligungen stecken.

Die Aufsichtsbehörde, die Bundesanstalt für Finanzdienstleistungsaufsicht (Bafin), kontrolliert durch Befragungen und Stichproben vor Ort, ob die Versicherer sich an ihre Vorgaben halten. Aktuell beläuft sich der Anteil an Risikokapital bei deutschen Lebensversicherern im Schnitt auf etwas über 16 Prozent. Rund 8 Prozent davon haben die Versicherer in Aktien investiert.

Die Behörde führt einmal jährlich einen sogenannten „Stresstest" durch. Die Versicherungsunternehmen müssen dann vorrechnen, wie sie auf Basis ihrer aktuellen Kapitalanlagen mit Kursstürzen klarkämen. Zusätzliche Kontrollen erfolgen quartalsweise.

Geht trotz der Auflagen und Vorsichtsmaßnahmen ein Versicherungsunternehmen pleite, muss die Auffanggesellschaft Protektor für die garantierten Leistungen bis Vertragsablauf einstehen. Zunächst freiwillig von der Branche im Jahre 2003 nach der Insolvenz der Mannheimer Lebensversicherung gegründet, steht Protektor inzwischen auf einer gesetzlichen Basis.

Wichtig: Haben Sie einen Lebensversicherungsvertrag abgeschlossen, sollten Sie ihn auch durchhalten. Kündigen Sie den Vertrag vorzeitig oder stellen Sie ihn beitragsfrei, ist Ihr Versicherungskonto bis dahin überdurchschnittlich hoch mit Kosten belastet worden. Diese Kosten werden Ihnen nicht erstattet.

Fondspolicen – die völlig andere Welt

Mit Fondsinvestments endet die Sicherheit. Kommen sie ins Spiel, ist es mit garantierten Leistungen bei Lebensversicherungsprodukten vorbei. Zumindest weitgehend. Zwar gibt es auch Angebote, bei denen ein Versicherer seinem Kunden zumindest den Erhalt seiner eingezahlten Beiträge garantiert, wie das für fondsgebundene Riester-Rentenversicherungen, Firmenrenten mit Fondsinvestment und einige fondsgebundene Rürup-Verträge gilt. Und manchmal sind die Fonds, in die das Geld fließt, auch mit Garantien ausgestattet, die dem Kunden einen bestimmten Festpreis pro Anteil mindestens sichern. Doch meistens trägt der Kunde das Kapitalmarktrisiko bei rein privaten Fondspolicen vollständig selbst.

Fondsgebundene Lebensversicherungen sind ein Kombiprodukt aus einer Rentenversicherung und einem Fondssparplan (fondsgebundene Rentenversicherung) oder aus einer Risikolebensversicherung und einem Fondssparplan (fondsgebundene Kapitallebensversicherung). Die Sparanteile des Beitrags werden in einem oder mehreren Investmentfonds angelegt. Dieses Vermögen wird von externen oder konzerneigenen Kapitalanlagegesellschaften verwaltet und in einem gesonderten Anlagestock geführt.

Die Fonds, in die das Geld der Kunden in der Ansparphase fließt, investieren vor allem in Aktien, aber auch in Anleihen oder Immobilien. Weil die Wertentwicklung nicht vorhersehbar ist, können sie keine bestimmte Auszahlung garantieren. Bei guter Wertentwicklung der gewählten Fonds winken also hohe Gewinne, bei schlechter machen Versicherte Verlust.

Ist die Ansparphase zu Ende, zahlt der Versicherer eine einmalige Leistung (Lebensversicherung) oder eine monatliche Rente (Rentenversicherung) aus. Von einer Rente ist dann ein Teil garantiert. Der Kunde kann aber auch bei Rentenversicherungen eine Einmalzahlung wählen oder die Fonds in sein eigenes Depot übertragen lassen.

Soll ich meine Fondspolice wegen Kursverlusten kündigen?

?

Es ist nicht empfehlenswert, in einer schlechten Börsenphase aus einem Fondsinvestment auszusteigen – aus einer Fondspolice schon gar nicht. Dann haben Sie einen Großteil der Kosten schon bezahlt, statt Wertsteigerung beim Investment aber nur Verluste erlitten. Zahlen Sie lieber weiter ein und führen Sie den Vertrag bis zum Ende.

Für die Versicherer ist es bequem, das Anlagerisiko auf ihre Kunden abzuwälzen. Sie überlassen dem Kunden zum Teil die Fondsauswahl, und sind für die Wertentwicklung der Fonds nicht verantwortlich. Zudem können sie Interessenten attraktive Wertentwicklungen vorrechnen, die nicht immer etwas mit der Realität zu tun haben.

Je besser die Börse gerade läuft, desto leichter lassen sich Kunden von kühnen Modellrechnungen blenden. Eine Rente aus einem Vermögen, das sich zum Beispiel nach durchschnittlich 9 Prozent Wertentwicklung jährlich ergibt, ist natürlich sehr hoch. Das gilt vor

allem im Vergleich zu einer auf 2,25 Prozent Rechnungszins basierenden garantierten Rente aus einer konservativ anlegenden privaten Rentenversicherung.
Nach den jüngsten Kursstürzen dürften viele Kunden allerdings skeptischer sein. Schöne Renditezahlen beziehen sich außerdem immer nur auf den Teil der Beiträge, der nach Abzug der Kosten in die Fonds fließt. Die Versicherer lassen sich ihre Arbeit gut bezahlen. Deshalb können auch Verluste auftreten.

In jedem Fall hängt die Renditechance stark vom Anbieter ab. Die Angebote unterscheiden sich enorm hinsichtlich der Kosten, des Fondsangebots und der Möglichkeiten der Kapitalanlage. Bei manchen Policen steht zwar „Fonds“ drauf. Doch wie viel und welche Fonds drin sind, muss der Kunde selbst mühsam herausfinden.

Fondspolicen sind nichts für Klamme

Leute mit wenig Geld liegen mit einer Fondspolice falsch. Wer wenig verdient oder unregelmäßige Einnahmen hat, ist wegen der meist langen vertraglichen Zahlungspflicht hier wie mit jeder ansparenden Lebensversicherung schlecht bedient. Denn er kann nicht wissen, ob er die vereinbarten Beiträge immer aufbringen kann.

Stoppt er die Zahlung oder steigt er gar aus dem Vertrag aus, verliert er Geld, das er eigentlich dringend benötigt. Das ist ein hohes Risiko, wenn man bedenkt, dass ein Kunde bei dieser Form der Altersvorsorge nicht einmal dann auf eine sichere Auszahlung bauen kann, wenn er den Vertrag durchhält.

Für gutverdienende Kunden, die auch persönlich in gesicherten Verhältnissen leben, kann eine Fondspolice aber wegen der ab 2009 geltenden Abgeltungsteuer interessant werden. Hier können sie in gute Fonds investieren und diese steuerfrei wechseln. Die Geldanlage können sie Fondsmanagern überlassen.

Die Grundversorgung im Alter aus gesetzlicher Rente, Riester-, Betriebsrente und – bei Selbstständigen – klassischer privater Rentenversicherung sollten aber auch vermögende Geldanleger gesichert haben, bevor sie sich für eine Fondspolice entscheiden.

Wichtig: Steht eine Fondspolice kurz vor der Auszahlung, sollten Kunden prüfen, ob sie sich statt des Geldes die Fondsanteile übertragen lassen können. Dann können sie auf steigende Kurse hoffen. Oft schichten Versicherer vor der Auszahlung in sichere Anlagen um. Geschah dies rechtzeitig, haben Kunden vielleicht nichts verloren.

Strategien für Anleger

Wie Anleger Fehler vermeiden

Emittentenrisiko, Einlagensicherung, Bonität, Knock-out – die Finanzkrise beschert vielen Sparern und Anlegern neben bösen Überraschungen einen unfreiwilligen Crashkurs in Sachen Geldanlagen. Als Garantieanlagen verkaufte Produkte machen plötzlich Verluste oder sind sogar wertlos. Offene Immobilienfonds, mit denen Anleger auf Beständigkeit und Substanz setzen wollten, werden kurzerhand geschlossen und nehmen vorübergehend keine Anteile zurück. Und die vermeintlich sichere Anleihe mit solider Rendite entpuppt sich plötzlich als riskante Wette auf den japanischen Aktienindex Nikkei. Im besten Fall ärgern sich Anleger über Verluste und hoffen auf bessere Zeiten. Für manche aber ist die finanzielle Zukunftsplanung zusammengebrochen. Leidtragende sind zum Beispiel viele Menschen, die jahrelang in eine Lebensversicherung mit Fonds eingezahlt haben und jetzt auf die Auszahlung angewiesen sind. Gut möglich, dass sich ihre private Altersvorsorge innerhalb weniger Monate halbiert hat.

Den Zusammenbruch von Banken oder den Kurssturz an den Börsen kann kein Anleger verhindern. Wohl aber kann jeder dafür sorgen, dass eine Finanzkrise seine finanzielle Planung nicht völlig über den Haufen wirft. Dafür muss er einige einfache Grundregeln beachten. Es geht dabei nicht um ausgefeilte Anlagestrategien und schon gar nicht um heiße Anlagetipps. Es geht schlicht darum, grobe Fehler zu vermeiden.

1. Regel: Kaufen Sie nur, was Sie verstehen

Egal ob Sie Ihre Anlagen selber managen oder sich auf die Empfehlungen Ihres Bankberaters verlassen: Stecken Sie Ihr Geld nur in Anlagen, die Sie voll und ganz verstehen. Meiden Sie Geldanlagen mit Nebenbedingungen und Sonderklauseln. Je einfacher eine Anlage ist, desto besser lässt sich ihr Risiko kalkulieren. Wer zum Beispiel Geld auf einem Tagesgeldkonto anlegt, weiß: Die Bank zahlt einen bestimmten Zinssatz, den sie jederzeit ändern kann. Dafür kann der Sparer aber täglich Geld vom Konto abheben.

Anders funktioniert eine Festgeldanlage: Hier steht der Zins für die vereinbarte Dauer von beispielsweise drei oder sechs Monaten fest. Während der Laufzeit kann der Sparer aber nicht an sein Geld. Wer dagegen eine Aktie kauft, kann sie jederzeit verkaufen. Er darf sich aber nicht wundern, wenn sie plötzlich 20 Prozent an Wert verloren hat. Aktien werden an der Börse gehandelt und es ist kein Geheimnis, dass Kurse schwanken. Sogar eine riskante Anlage wie etwa ein Hebelzertifikat kann leicht zu verstehen sein: Hier ist der Käufer überproportional an der Entwicklung eines bestimmten Marktes beteiligt. Fällt beispielsweise der Aktienindex Dax, fällt der Verlust für Käufer eines entsprechenden Dax-Hebelzertifikats vier- oder zehnmal so hoch aus. Das ist schmerzhaft, aber nicht überraschend.

Mit meinem Fonds liege ich zum Teil über 50 Prozent im Minus. Reicht es, wenn der Kurs um 50 Prozent zulegt, damit ich wieder bei null bin?

?

Nein, leider nicht. Tatsächlich muss sich der Kurs von heute aus gesehen verdoppeln. Wenn Sie den Fonds für 100 Euro gekauft und die Hälfte verloren haben, steht er heute bei 50 Euro. 50 Prozent von 50 Euro sind jedoch nur 25 Euro. Das heißt, der Kurs klettert „nur" auf 75 Euro. Die Notierung Ihres Fonds muss dann noch einmal um ein Drittel zulegen, (75 : 3 = 25), ehe sie wieder das Ausgangsniveau von 100 Euro erreicht hat.

Seit einigen Jahren verkaufen Banken ihre Produkte zunehmend nach dem Motto: Warum einfach, wenn es auch kompliziert geht? Sie versprechen zum Beispiel hohe Sparzinsen und schreiben das Wort „Garantie" auf das Finanzprodukt. Doch die Hälfte der Anlagesumme lassen sie in einen Investmentfonds fließen. Dumm für den Anleger, wenn dann der Fonds an der Börse in den Keller rauscht. Auf das Anlegergeld im Fonds bezieht sich die Garantie nicht. Sie gilt nur für den Sparanteil. Unter dem Strich macht der Anleger Verlust – trotz „Garantie" und toller Zinsen auf den Sparanteil.

Ein weiteres Beispiel sind Zertifikate. Bei ihnen sind Gewinn und Verlust häufig eine Wette auf gleich mehrere Unbekannte. Was solide klingt, kann hochspekulativ sein.

Um Regel Nummer 1 zu befolgen, muss niemand zum Finanzprofi werden. Egal ob jemand sichere Zinsanlagen sucht, chancenreicher in Aktien investieren oder richtig kräftig spekulieren möchte – es gibt für alle Fälle transparente Produkte, die schnell zu begreifen sind (→ Alle Anlagen im Überblick ab S. 60).

Folgende Fragen, die je nach Art der Geldanlage wichtig sind, sollten Anleger vor Abschluss beantworten können. Oder sie sollten sie ihrem Bankberater stellen und sich Eigenschaften, die für sie besonders wichtig sind, schriftlich zusichern lassen (→ Beratung, S. 39):

- Woraus fließt der Ertrag der Anlage?
- Gibt es festgelegte Bedingungen oder Ereignisse, an die der Ertrag gekoppelt ist?
- Gibt es Bedingungen oder Ereignisse, die zu Verlusten der Anlage führen können?
- Ist die Anlage jederzeit ohne Verlustrisiko verfügbar?
- Hat die Anlage eine feste Laufzeit? Wie ist der Ertrag zum Laufzeitende und wie schmälert eine zwischenzeitliche Verfügung Ertrag und Sicherheit?
- Was passiert, wenn der Herausgeber der Anlage pleitegeht?

2. Regel: Setzen Sie nicht alles auf eine Karte

Infos: Finanztest bietet im Internet einen Rechner zur Vermögensplanung. Mit ihm können Sie feststellen, wie hoch das Risiko für Ihr Depot ist. Sie finden ihn unter www.test.de, Stichwort „Vermögensplaner".

Tagesgeld, Anleihen, Aktien, Immobilien oder Gold – jede Anlage hat unterschiedliche Ertragschancen und Risiken. Das A und O einer erfolgreichen Geldanlage ist der richtige Mix. Niemand würde sein ganzes Vermögen auf eine einzelne Aktie setzen. Aber ebenso falsch ist es, alles aus Sicherheitsgründen auf dem Sparbuch zu parken. Wer nicht wahllos in den großen Topf der Anlagemöglichkeiten greift, sondern sein Vermögen gezielt streut, kann das Risiko stark reduzieren, ohne auf Erträge zu verzichten. Dabei sollten Anleger in zwei Schritten vorgehen:

Erster Schritt: Verteilen Sie Ihr Vermögen auf verschiedene Anlageformen, sodass die Mischung Ihrem Anlagetyp entspricht. Wenn Sie zum Beispiel vor allem auf Nummer sicher gehen wollen, stecken Sie den größten Teil in sichere Zinsanlagen und den kleineren Rest in chancenreichere Anlagen wie zum Beispiel Aktienfonds. Achten Sie auch darauf, dass Ihr Geld tatsächlich zu dem Zeitpunkt verfügbar ist, an dem Sie es vermutlich benötigen (→ „Anlagen richtig mischen", S. 144).

Zweiter Schritt: Auch innerhalb einzelner Anlageformen sollten Sie Ihr Geld möglichst auf unterschiedliche Produkte verteilen. Drei internationale Aktienfonds mit unterschiedlichen Anlageschwerpunkten sind besser als ein einziger Fonds, der stark auf Rohstoffmärkte setzt.

3. Regel: Überprüfen Sie die Anlagen regelmäßig

Die besten Überlegungen zum Kauf bestimmter Anlagen sind wertlos, wenn Anleger nicht regelmäßig einen kritischen Blick in ihr Depot werfen. Schließlich können sich Anlageziele mit der Zeit ändern, eine geplante Investition kann näher rücken – und nicht zuletzt: Kursschwankungen können dazu führen, dass sich das Verhältnis zwischen den einzelnen Bestandteilen des Depots verschiebt. Wichtige Fragen beim regelmäßigen Depotcheck sind:

- Haben sich meine Anlageideen als falsch herausgestellt und sollte ich sie korrigieren?
- Stimmt das Verhältnis zwischen sicheren und riskanteren Anteilen noch?
- Stimmt meine zeitliche Planung noch mit der Depotmischung überein?

Regelmäßiger Depotcheck bedeutet natürlich nicht, dass jetzt jeder zum Anlageprofi werden muss. Der Aufwand hängt aber schon mit den gekauften Anlagen zusammen und ist unterschiedlich hoch. Bei Aktien und Aktienfonds kann ein Blick einmal die Woche oder einmal im Monat nicht schaden. Bei sicheren Zinsanlagen reicht es, jährlich auf die Depotauszüge zu schauen. Bei Währungsanlagen sollten Anleger mindestens einmal im Monat oder wenigstens alle sechs Monate einen kritischen Blick ins Depot werfen.

?

Soll ich meine Verlustbringer jetzt aus dem Depot werfen und auf bessere Zeiten hoffen?

Sicherlich werden an der Börse bessere Zeiten kommen. Allerdings weiß niemand, wie lange es bis dahin dauern wird. Unter Umständen müssen Anleger über Jahre, im ungünstigsten Fall sogar über Jahrzehnte hinweg auf ihr Geld verzichten, wenn sie jetzt nicht mit Verlust aussteigen wollen. Die entscheidende Frage ist allerdings, ob die Titel im eigenen Depot in einer zukünftigen Aufschwungphase zu den Top-Werten gehören könnten. Das wird nur dann der Fall sein, wenn es sich um gewinnstarke Unternehmen mit zukunftsträchtigen Produkten und solidem Geschäftsmodell handelt. Unter den großen Standardwerten zum Beispiel im Dax und international breit anlegenden Aktienfonds sind solche Titel eher zu finden als bei kleinen, spekulativen Nebenwerten.

Anlagen richtig mischen

Die ideale Geldanlage bringt eine hohe Rendite, ist sicher vor Verlusten und kann jederzeit wieder flüssiggemacht werden. Leider gibt es diese Anlage nicht. Kein Investment erfüllt die Kriterien Sicherheit, Rendite und Verfügbarkeit gleichermaßen. Je mehr Wert ein Anleger etwa auf eine hohe Rendite legt, desto größere Abstriche muss er bei Sicherheit und Verfügbarkeit machen.

Die Lösung dieses Dilemmas liegt im richtigen Mix. Anleger sollten einen Teil ihres Vermögens risikoarm anlegen, gleichzeitig chancenreichere Anlagen im Depot haben und darauf achten, dass das Geld zur Verfügung steht, wenn es benötigt wird.

Beispiel: Ein Anleger hat 100 000 Euro. Er entscheidet, sein Depot zu 75 Prozent mit sicheren Anlagen zu füllen. Dafür legt er zunächst 10 000 Euro auf ein Tagesgeldkonto, um für unvorhergesehene Ausgaben flüssig zu sein. Weitere 65 000 Euro verteilt er auf einen vierjährigen Sparbrief, eine Bundesanleihe mit vier Jahren Laufzeit, einen langlaufenden Pfandbrief und zwei Rentenfonds, die in Euro-Papiere investieren. Mit dieser Mischung bleibt er flexibel und sichert sich gute Erträge. Die 25 000 Euro, die er renditeorientiert anlegen will, setzt er auf weltweit investierende Aktienfonds. Er wählt drei Fonds mit verschiedenen Anlageschwerpunkten. Außerdem kauft er einen Aktienfonds Nordamerika, weil er glaubt, dass diese Region besser aus der Krise herauskommen wird als andere.

Natürlich hängt die richtige Strategie von der persönlichen Risikobereitschaft des Anlegers, von seiner Lebenssituation, aber auch von seinen Anlagezielen ab. Wer 30 Jahre alt ist und für die Altersvorsorge spart, sollte auch die Chancen von Aktienfonds nutzen. Möchte der Sparer in fünf Jahren bauen, sind sichere Anlagen, die er kurz vor Baubeginn auflösen kann, erste Wahl. Um festzustellen, wie die richtige Mischung für das eigene Depot aussieht, sollten Anleger die Punkte Sicherheit, Rendite und Verfügbarkeit genau abklopfen. Die Porträts der einzelnen Anlageformen in diesem Buch helfen dabei.

Sicherheit: Die Tagesanleihe des Bundes, Bundesschatzbriefe und Finanzierungsschätze des Bundes sind beim Thema Sicherheit erste Wahl. Ebenso sicher sind Tagesgeldkonten, Festgeldanlagen und Einmalanlagen mit Festzins sowie Banksparpläne, wenn Sparer darauf achten, dass die Einlagensicherung des Instituts stimmt. Wer auf Bundesanleihen setzt, kann mit einem sicheren Ertrag am Ende der Laufzeit kalkulieren. Muss der Anleger so ein Papier aber während der Laufzeit verkaufen, kann seine Rendite schrumpfen und sogar ein Verlust ist möglich. Ebenfalls mit Kursrisiken müssen Anleger bei Rentenfonds rechnen. Für den sicheren Teil im Depot sind Rentenfonds Euro mit geringem Risiko aus dem Finanztest-Dauertest empfehlenswert. Den Test veröffentlicht Finanztest monatlich.

Rendite: Sicher jeder Anleger schaut bei der Auswahl einer Geldanlage auf die Rendite. Viele Zinsprodukte haben den Vorteil, dass sich bereits vor dem Kauf berechnen lässt, was sie einbringen. Dafür ist die Rendite begrenzt. Bei Aktien oder Aktienfonds hingegen dürfen Anleger auf höhere Erträge hoffen – doch die sind dafür ungewiss. Gewiss ist nur: Langfristig ist bei Aktienanlagen deutlich mehr Rendite drin als als bei Zinsanlagen.

Liquidität: Neben der Rendite und der Sicherheit einer Anlage ist auch wichtig, wie schnell und einfach Anleger wieder aussteigen können. Jederzeit flüssig sind sie mit Tagesgeldkonten oder der Tagesanleihe des Bundes. Auch Aktien, Anleihen oder Fonds können Anleger jederzeit verkaufen. Doch Vorsicht: Hier müssen Anleger damit rechnen, dass die Kurse gerade zum Wunsch-Verkaufszeitpunkt im Keller sind und sie dann mit Verlust verkaufen würden. Käufer von Aktienfonds sollten deshalb von Anfang an einen Anlagezeitraum von mindestens zehn Jahren ins Auge fassen.

Das magische Dreieck der Geldanlage

Sicherheit, Rendite und Liquidität: Zwischen diesen Eckpunkten lassen sich die Geldanlagen einordnen. Kein Investment erfüllt alle drei Kriterien gleichermaßen. Das klassische Dreieck lässt sich um das Kriterium „Bequemlichkeit“ erweitern.

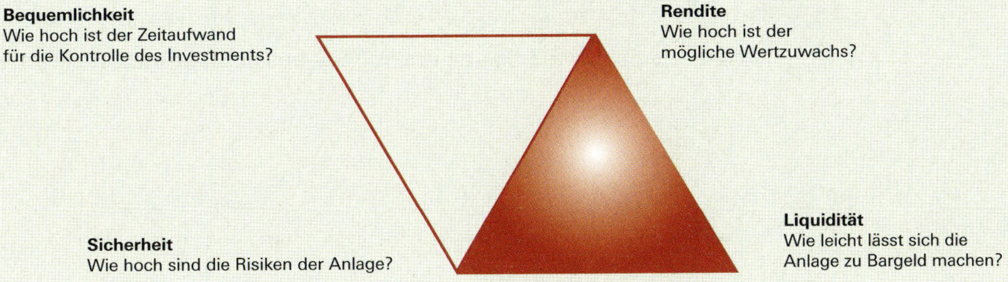

Mustergültig anlegen

Alles Geld aufs Sparbuch zu legen, ist keine gute Idee. Denn bei mickrigen Zinsen von häufig um die 1 Prozent sorgt die Inflation dafür, dass das Vermögen schmilzt und nicht wächst. Nur Aktien zu kaufen ist ebenfalls keine Lösung. Dann wären die Wertschwankungen und Verlustrisiken viel zu hoch. Die Lösung liegt in der richtigen Mischung von sicheren Anteilen und Aktien oder Aktienfonds.

Finanztest hat drei Musterdepots entwickelt. Eines mit wenig, eines mit halbem und eines mit hohem Risiko. Bei dem riskanten Depot liegt das Risiko, dass der Anleger Geld verliert, nach fünf Jahren bei 6 Prozent. Anders gesagt: Anleger mit diesem Depot müssen dann in 6 von 100 Fällen mit Verlusten rechnen. Im ausgewogenen, mittleren Depot liegt dieses Risiko bei 1 Prozent. Beim sicheren Depot ist es im Promillebereich. Klar: Dafür hat dieses Musterdepot natürlich wesentlich geringere Renditechancen.

Musterdepot mit geringem Risiko

Mit 75 Prozent Zinsanlagen im Depot sind Anleger auf der sicheren Seite. Auch für einen relativ kurzen Anlagezeitraum von nur fünf Jahren liegt die Wahrscheinlichkeit, dass das Depot in die Verlustzone gerät, nur im Promillebereich.

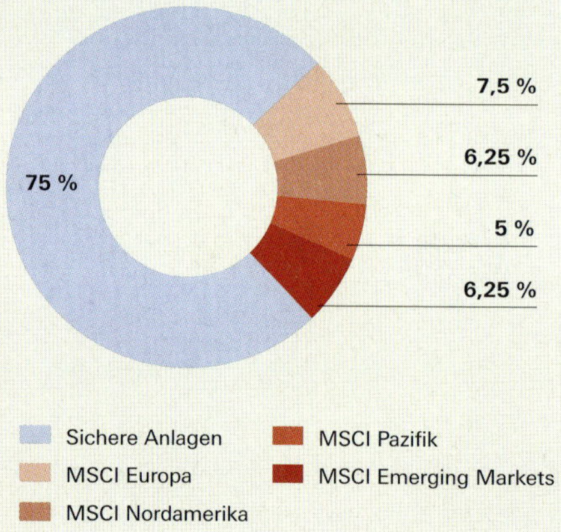

1. Schritt: Inventur. Wenn Sie den Konzepten eines der Musterdepots folgen wollen, sollten Sie zunächst notieren, was Sie alles haben – von der Aktie bis zur Zinsanlage. Auf die Liste gehören auch längst vergessene Sparbücher oder die alten Genossenschaftsanteile bei der Volksbank.

2. Schritt: Analyse. Stellen Sie dann fest, wie sich Ihr Vermögen auf sichere Zinsanlagen und Anlagen mit Risiko verteilt. Zinsanlagen sind vor allem Sparbücher, Tages- und Festgeld, Geldmarkt- und Rentenfonds Euro sowie gute Staatsanleihen. Auf der Risikoseite stehen Aktien, Aktienfonds und Zertifikate. Sie schwanken im Wert und können Verluste schreiben. Das Ergebnis zeigt, wie hoch der Sicherheitsanteil Ihres Depots ist.

3. Schritt: Selbsteinschätzung. Seien Sie ehrlich. Wie viel Verlust können Sie ertragen? Flattern Ihre Nerven, wenn Ihr Depot mal ins Minus rutscht? Berücksichtigen Sie Ihr Alter und Ihre Sparziele. Je näher der Zeitpunkt rückt, zu dem Sie Ihr Geld benötigen, desto geringer sollte der Risikoanteil im Depot sein. Welchen Verlust könnten Sie selbst am Ende der Sparzeit ertragen?

4. Schritt: Depotanteile festlegen. Legen Sie fest, welches Verhältnis von sicheren Anlagen und Aktien oder Aktienfonds zu Ihnen passt. Die drei Musterdepots helfen Ihnen dabei, Ihre Anlagen so zu strukturieren, dass sie Ihrer Risikobereitschaft und Ihrem bevorzugten Anlagezeitraum entsprechen. Sie können anhand der Depots feststellen, ob Sie den sicheren Anteil erhöhen oder senken sollten.
5. Schritt: Spitzenzinsen kassieren. Bringen Sie den sicheren Anteil Ihres Depots auf den neuesten Stand. Prüfen Sie, ob Ihre bestehenden Tagesgeld- und Festgeldkonten ausreichend Zinsen bringen. Um die 5 Prozent dürfen es im Moment ruhig sein.
6. Schritt: Aktienanteil auffüllen. Nehmen Sie sich nun die Aktien und Aktienfonds vor. Wenn Sie diese Anlagen so verteilen wie in dem Musterdepot, das Ihrem Naturell am besten entspricht, gewinnen Sie ein gutes Stück Sicherheit. Umgekehrt gehen Sie ein höheres Risiko ein, wenn Ihr Anlageschwerpunkt nur in Nordamerika oder nur in Europa liegt. Was für die Risiken einzelner Regionen gilt, gilt auch für Anlagethemen. Wer nur auf eine einzige Branche setzt, verliert.

So streuen Sie die Risiken

Finanztest hat sich bei der Berechnung der Depotrisiken an der Entwicklung der renommierten Aktienindizes der Bank Morgan Stanley (MSCI) orientiert. Mit den vier MSCI-Indizes aus Europa, Nordamerika, dem Pazifikraum und den Schwellenländern sowie den darin enthaltenen mehr als 2500 Firmen werden die entwickelten Volkswirtschaften wie die Europäische Union, Nordamerika und Japan berücksichtigt. Umfasst sind von der Betrachtung auch aufholende Länder wie China, Indien, Russland und Brasilien, die sogenannten Emerging Markets. Die breite Streuung senkt die Verlustwahrscheinlichkeit über die Jahre.

Eine Aufteilung Ihres Vermögens auf verschiedene Regionen und Branchen erreichen Sie sehr bequem mit Indexfonds. Es gibt sie für alle genannten MSCI-Indizes. Eine höhere Renditechance bieten aber die guten aktiv gemanagten Fonds für alle hier vorgestellten Regionen. Finanztest empfiehlt solche Fonds deshalb.

Musterdepot mit halbem Risiko

Enthält das Depot zur Hälfte sichere Anlagen und wird der Rest nach dem unten abgebildeten Schlüssel in Aktienanlagen investiert, liegt das Verlustrisiko nach fünf Jahren bei 1 Prozent und ist nach zehn Jahren bereits nahe null.

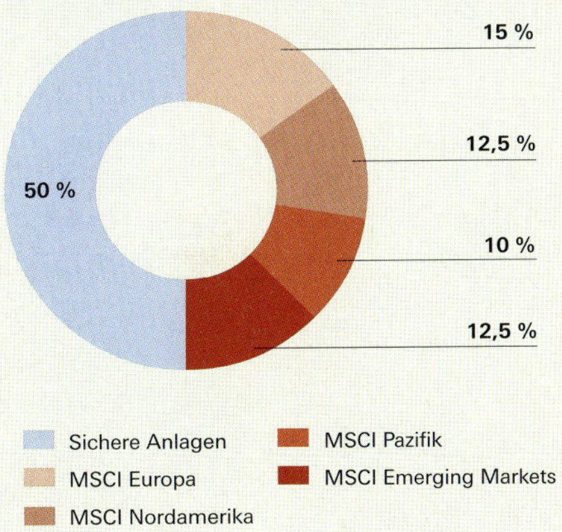

Musterdepot mit hohem Risiko

Bei nur 25 Prozent Zinsanlagen liegt das Verlustrisiko nach fünf Jahren bei 6 Prozent. Nach zehn Jahren ist es auf 1 Prozent gesunken. Nach 20 Jahren ist ein Verlust nur noch zu 4 Promille wahrscheinlich und nach 30 Jahren überhaupt nicht mehr zu erwarten.

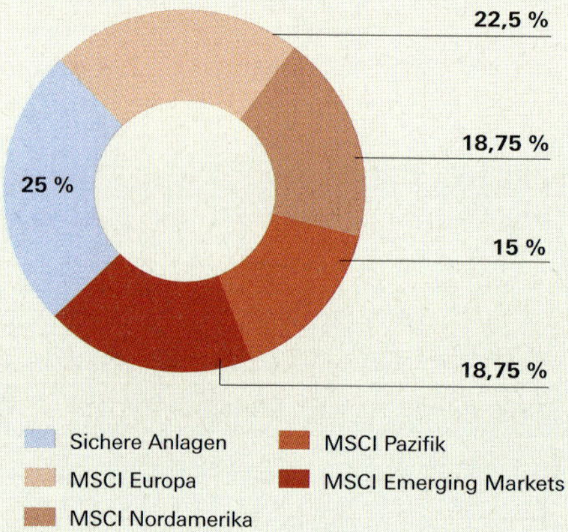

Wichtig: Sie finden die gemangten Fonds in den monatlichen Fondstabellen in Finanztest oder im Internet unter test.de/fonds. Spitzenfonds haben eine Bewertung von 65 Punkten und darüber.

Die Musterdepots von Finanztest wurden mit Hilfe eines statistischen Verfahrens unter Verwendung von Daten der Vergangenheit ermittelt. Sie setzen sich aus einer sicheren und einer riskanten Anlage zusammen. Auch vor dem Hintergrund der aktuellen Finanzkrise hält Finanztest dabei an der Zusammensetzung der riskanten Anlage fest.

Wenn Sie nur die Risikoaufteilung eines der Musterdepots nachvollziehen, nicht aber Fonds aus den verschiedenen Weltregionen kaufen wollen, fahren Sie auch mit weltweit anlegenden, breitstreuenden Fonds gut. Sie müssen nur an eine Einschränkung denken: Die Fondsmanager verteilen das Geld natürlich nicht nach unserem Vorschlag. Sie sollten also regelmäßig prüfen, welche Werte in den einzelnen Fonds auftauchen und die Fonds so zusammenzustellen, dass das von uns vorgeschlagene Mischungsverhältnis stimmt.

Den Depot-Typ später wechseln

Zu einem vernünftigen Umgang mit den Musterdepots gehört es, dabei auch an die Zukunft zu denken. Nach einigen Jahren wird es Zeit, den Risikoanteil im Vermögen zu reduzieren. Anleger, die ihr Geld 20 Jahre lang arbeiten lassen wollen und eine Verlustwahrscheinlichkeit von 0,5 Prozent aushalten, können zum Beispiel so vorgehen.

Beispiel: Am Anfang verteilt der Anleger sein Geld zu 75 Prozent auf Aktienfonds und zu 25 Prozent auf Zinsanlagen. Nach zehn Jahren wechselt er zu einem Verhältnis von 50 zu 50. Weitere fünf Jahre später verringert er den Aktienanteil dann auf 25 Prozent.

Selbst Anleger, die gar kein Risiko eingehen wollen, können es wagen, in Aktien zu investieren. Für sie gibt es das Finanztest-Garantiedepot. Auf den folgenden Seiten wird es erklärt.

Ein Depot ohne Verlust

Sicherheit steht jetzt hoch im Kurs. Dass heißt aber nicht, dass sicherheitsbewusste Anleger ihr Geld ausschließlich in Zinsanlagen investieren müssen. Sie können sich ohne großen Aufwand ein Garantiedepot zusammenstellen, das neben Zinsanlagen beispielsweise auch Aktien und Fonds enthält und trotzdem sicher ist.

Völlig auf solche Anlagen zu verzichten, kostet Renditechancen. Verbinden Anleger sie aber geschickt mit sicheren Investments, ist ihnen der volle Kapitalerhalt gewiss und sie haben zusätzlich die Aussicht auf einen Renditekick.

Garantiedepot – so gehts

Auf die richtige Mischung kommt es an. Der Grundgedanke des Garantiedepots: Das Kapital muss am Ende des Anlagezeitraums in jedem Fall erhalten bleiben. Dafür muss das Verhältnis von sicheren zu riskanten Anlagen stimmen. Denn die sicheren Zinseinnahmen etwa aus Sparverträgen dienen als Puffer für jene Risiken, die aus Geschäften mit Aktien oder Fonds erwachsen können. Dabei gilt: Je länger der Anlagezeitraum, desto höher darf der Risikoanteil sein.

Beispiel: Wer sein Geld für 25 Jahre anlegt, kann risikolos die Hälfte in Aktien oder Aktienfonds stecken, sofern er die andere Hälfte zu einem Zins von 3,5 Prozent bombensicher anlegt. Der Zinseszinseffekt sorgt dafür, dass der Sicherheitspuffer mit den Jahren so groß ist, dass viel Geld für riskantere Geschäfte zur Verfügung steht. Die Tabelle auf Seite 150 zeigt, wie hoch der Aktienanteil je nach Anlagezeitraum und Ertrag der Zinsanlagen sein kann.

Auch bei kürzeren Anlagehorizonten lässt sich Sicherheit schaffen. Wer nur zehn Jahre Zeit und einen Zins von 5 Prozent sicher hat, muss von 1 000 Euro, die er anlegen will, nur 680 Euro in die Zinsanlagen stecken (→ S. 150). Mit dem Rest kann er etwas riskieren.

Für den sicheren Teil des Garantiedepots kommen zurzeit vor allem hochverzinste Festgeldanlagen und Sparbriefe infrage. Da die Verzinsung noch nicht für die gesamte Laufzeit ihres Garantiedepots feststeht, sollten sehr vorsichtige Anleger für die Gesamtlaufzeit ihres Depots mit einem etwas niedrigeren Zins kalkulieren, als sie jetzt für ein oder zwei Jahre bekommen.

Infos: Die besten Zinsanlagen und Fonds finden Sie regelmäßig im „Marktplatz" der Zeitschrift Finanztest sowie im Internet unter test.de/infodokumente und test.de/fonds.

Für den riskanten Teil des Garantiedepots eignen sich gute Aktienfonds Welt oder Europa, aber auch entsprechende Indexfonds. Hier wiederum können Anleger guten Mutes sein. Das Garantiedepot ist so kalkuliert, dass es sogar einen Totalverlust der Anlagen im Risikoteil ohne Wertverlust übersteht. Wer nicht gerade mit Optionsscheinen oder Hebelzertifikaten zockt, muss nicht von so einem Szenario ausgehen. Selbst bei Einzelaktien sind totale Pleiten selten. Anleger können den Aktienanteil also auch etwas höher wählen als in der Tabelle angegeben. Den Kapitalerhalt gefährden sie nicht ernsthaft. Sie können Fonds und Aktien zudem ja auch regelmäßig kontrollieren und die Notbremse ziehen, bevor die Verluste zu groß werden.

Wichtig: Probleme können auftauchen, wenn Sie die ursprünglich festgelegte Laufzeit des Depots nicht einhalten. Nur wenn Sie dies sicherstellen, ist der Erhalt des Vermögens wirklich garantiert.

Finanztest **So hoch muss der Zinsanteil im Garantiedepot sein**

Mit der richtigen Mischung aus Zinsanlagen und riskanten Investitionen können Anleger sicher sein, dass sie am Ende der selbstgewählten Laufzeit zumindest das eingezahlte Geld zurückbekommen. Die Tabelle zeigt, wie hoch der Anteil an sicheren Zinsanlagen für verschiedene Anlagezeiträume sein muss, um das zu gewährleisten. Bei den Berechnungen haben wir die Abgeltungsteuer und den Solidaritätszuschlag bereits berücksichtigt.
Lesebeispiel: Um nach 20 Jahren das angelegte Geld vollständig zu erhalten, müssen Anleger etwa 45 Prozent ihrer Anlagesumme verzinst anlegen, wenn sie damit 5 Prozent Zinsen pro Jahr erwirtschaften. Mehr als die Hälfte ihres Geldes können sie dann mit Risiko anlegen, also in Aktien und Aktienfonds.

Anlagezeitraum in Jahren	Depotanteil an Zinsanlagen (in Prozent) bei einer sicheren Rendite von ... Prozent pro Jahr										
	3,50	3,75	4,00	4,25	4,50	4,75	5,00	5,25	5,50	5,75	6,00
5	88	87	86	85	85	84	83	82	82	81	80
6	86	85	84	83	82	81	80	79	78	77	76
7	83	82	81	80	79	78	77	76	75	74	73
8	81	80	79	77	76	75	74	73	72	71	70
9	79	78	76	75	74	72	71	70	69	68	66
10	77	75	74	72	71	70	68	67	66	64	63
11	75	73	72	70	69	67	66	64	63	62	60
12	73	71	69	68	66	65	63	62	60	59	57
13	71	69	67	65	64	62	61	59	57	56	55
14	69	67	65	63	61	60	58	56	55	53	52
15	67	65	63	61	59	57	56	54	52	51	49
20	58	56	53	51	49	47	45	43	41	40	38
25	50	47	45	43	40	38	36	34	33	31	29
30	43	40	38	35	33	31	29	27	25	24	22

Alle Werte in der Tabelle sind kaufmännisch gerundet.

Immer geradeaus Richtung Altersvorsorge

Wer kann, der sollte etwas tun und jeden Monat ein bisschen Geld für später zurücklegen. Vom Staat gibt es jede Menge Förderung dazu. Jeder gesparte Cent hilft und gibt im Alter Spielraum und Lebensqualität. Manch einer kann heute tatsächlich keinen Euro entbehren, weil er wenig verdient und seine Wohnung teuer ist. Aber viele andere sehen vielleicht nicht, dass sie eigentlich doch etwas Geld zurücklegen können, ohne sich einschränken zu müssen.

Sicher ist: Die gesetzliche Rente allein wird zukünftig nicht mehr reichen, um den Lebensstandard im Alter zu halten. Wie viel private Zusatzrente jemand einmal benötigen wird, hängt von persönlichen Faktoren ab. Entscheidend sind vor allem der Geburtsjahrgang und der Familienstand. Bei heute jungen Menschen wird die Lücke größer sein als bei älteren. Bei vielen Verheirateten wird sie größer sein als bei Alleinstehenden.

Ist die gesetzliche Rente in der Finanzkrise sicher?

Die gesetzliche Rentenversicherung ist von der Finanzkrise nur indirekt betroffen, wenn sie durch steigende Arbeitslosigkeit weniger einnimmt. Jüngere zahlen die Beiträge ein. Von dem Geld werden die Renten heute Älterer finanziert. Kapital wird nicht aufgebaut. „Die Rentenversicherung ist nicht von den Entwicklungen einzelner Banken oder der Finanzsysteme abhängig", schreibt die Bundesbank.

Die heute noch jungen Menschen werden die drastische Kürzung des Bruttorentenniveaus besonders zu spüren bekommen. Für Durchschnittsverdiener mit 45 Versicherungsjahren sinkt es von zurzeit rund 47 Prozent auf voraussichtlich 40 Prozent im Jahr 2030.

Außerdem müssen sich viele auf eine höhere Besteuerung der Rente einstellen. Wer 1973 geboren wurde, gehört zum ersten Jahrgang, dessen gesetzliche Rente 2040 zu 100 Prozent steuerpflichtig sein wird. Gleichzeitig kann dieser Jahrgang seine Beiträge aber erst ab dem Jahr 2025 zu 100 Prozent steuerfrei einzahlen. Umgerechnet auf alle Jahre der Einzahlung bleiben bei diesen Menschen nur knapp 82 Prozent ihrer Rentenbeiträge steuerfrei.

Rechtzeitig einsteigen bringt Zinseszins

Zeitig mit dem Sparen zu beginnen, löst viele Probleme. Der Zinseszinseffekt lässt auch kleine Raten über die Jahre ordentlich wachsen. Junge Leute sollten das ausnutzen.

Viele Menschen setzen sich jedoch erst ab 40 oder sogar erst 50 Jahren ernsthaft mit einer zusätzlichen Altersvorsorge auseinander. Sie müssen dann jeden Monat höhere Raten anlegen, um noch auf eine attraktive Summe zu kommen. Ihre Zeit bis zur Rente ist kürzer.

Wer irgendwie kann, sollte etwas sparen, egal wie alt er ist. Die Mühe bei Suche nach Sparpotenzial lohnt sich, denn nicht selten gibt der Staat Sparern noch etwas dazu. Das bringt mehr Rendite als private Geldanlagen mit vergleichbarer Sicherheit.

Die Riester-Rente ist für jeden gut

Eine zusätzliche Altersvorsorge, die für jeden passt, der sie bekommen kann, sind die staatlich geförderten Riester-Verträge (→ S. 115). Gesetzlich Rentenversicherte und Beamte sollten einen solchen Vorsorgevertrag abschließen, egal wie alt sie sind.

Alle, ob kinderlos, kinderreich, jung, alt, Gutverdiener oder Menschen mit wenig Einkommen, können ihr Erspartes mit einer Riester-Rente klar besser vermehren als mit anderen Vorsorgevarianten. Das liegt an der kombinierten staatlichen Förderung aus Zulagen und Steuervorteilen.

Riester-Sparer machen sogar dann einen Gewinn, wenn ihre Geldanlage selbst keinerlei Erträge erwirtschaftet. Denn für die Auszahlung sind nicht nur ihre eigenen Einzahlungen, sondern auch die staatlichen Zulagen garantiert.

Wichtig: Das Spargeld in einer Riester-Rente ist Hartz-sicher. Es muss in einer Notlage nicht verbraucht werden, damit anschließend Arbeitslosengeld II fließt.

Allerdings: Verdient jemand dauerhaft wenig, hat er vielleicht trotz einer Riester-Rente später nicht mehr Geld zur Verfügung als ohne. Denn wer im Alter einmal auf die Grundsicherung angewiesen ist, dem wird diese staatliche Fürsorgeleistung nach der heutigen Rechtslage um die Riester-Rente gekürzt.

Doch keiner kann heute wissen, ob er diese Hilfe einmal benötigen wird. Er sollte darauf auch nicht spekulieren. Vielleicht verdient er irgendwann besser, erbt etwas oder lebt im Alter mit einem Partner zusammen, der zu seiner Versorgung beiträgt. Dann bekäme er die Unterstützungszahlung nicht. Zudem weiß niemand, ob es die Grundsicherung in 30 oder 40 Jahren überhaupt noch gibt. Besser ist es deshalb, selbst vorzusorgen.

Hohe Zulagen vom Staat

Bis zu 154 Euro pro Jahr gibt es inzwischen als Grundzulage für einen Riester-Sparer. Für jedes Kind, für das der Sparer Kindergeld erhält, bekommt er bis zu 185 Euro dazu. Für ab 2008 geborene Kinder sind es sogar bis zu 300 Euro.

Weil Sparer ihren Beitrag senken, erhöhen oder aussetzen können, passt sich der Vertrag dem Wechsel des Lebensalltags an. Die Beiträge, die ein Sparer in seinen Riester-Vertrag einzahlt, kann er über seine Steuererklärung nachträglich steuerfrei stellen lassen. Maximal werden 2100 Euro Jahresbeitrag so gefördert.

Wer viel verdient, profitiert vor allem von den Steuervorteilen. Wer weniger verdient, hat mehr von den staatlichen Zulagen. Sie werden auf das Riester-Konto des Sparers überwiesen, wenn er den Antrag dafür abschickt und seinen Eigenbeitrag leistet.

Tipp

Mit einer zusätzlichen Altersvorsorge sollten Sie so früh wie möglich beginnen. Wer lange spart, profitiert besonders stark vom Zinseszinseffekt. Nutzen Sie die Fördermöglichkeiten bei einer Riester-Rente oder einer betrieblichen Altersversorgung zuerst.

Riester-Sparen ist bisher auf drei Arten möglich: mit einer Rentenversicherung, einem Fondssparplan oder einem Banksparplan. Neu ist die spezielle Eigenheim-Förderung, „Wohn-Riester“ genannt. Die ersten Produkte kommen gerade auf den Markt.

Der Staat gibt jedem Riester-Sparer das Gleiche dazu. Doch nicht jedes Riester-Angebot ist für jeden gleich gut. Rentenversicherungen sollten zum Beispiel nur Menschen abschließen, die den vereinbarten Beitrag garantiert immer zahlen können. Auch innerhalb der drei Produktgruppen – Fondssparplan, Banksparplan Rentenversicherung – gibt es große Qualitätsunterschiede bei Kosten, Kapitalanlage, Flexibilität und Verständlichkeit der Unterlagen.

Riester allein reicht nicht

Eine Riester-Rente allein kann die Rentenlücke jedoch keinesfalls schließen. Vor allem für Jüngere gilt die betrübliche Erkenntnis:

Riestern allein reicht nicht. Die Lücke kann aber zum Beispiel mit Einzahlungen in eine betriebliche Altersvorsorge (→ S. 127) weiter verringert werden.

Günstig ist es, wenn bereits Ansprüche auf eine vom Arbeitgeber finanzierte Betriebsrente bestehen. Jeder Arbeitnehmer hat zudem seit dem Jahr 2002 einen Rechtsanspruch auf Gehaltsumwandlung, also die Umwandlung von steuer- und sozialabgabenfreien Gehaltsteilen in eine betriebliche Altersvorsorge. Bis zu 2 544 Euro jährlich können auf diese Weise für den Aufbau einer betrieblichen Zusatzrente verwendet werden.

Eine weitere staatlich unterstützte Sparmöglichkeit ist die steuerlich geförderte Rürup-Rente (→ S. 122).

Die gute Mischung suchen

Alle anderen Altersvorsorgeprodukte sind rein privater Natur. Sie werden nicht gefördert, können dafür aber vergleichsweise frei gestaltet werden. Sichere Anlagen mit eher mäßiger Rendite können mit chancenreicheren, in der Regel jedoch riskanteren Investments kombiniert werden (→ Wie so etwas zum Beispiel mit einem Garantiedepot geht, steht auf S. 149). Anleger sollten dabei auch Sparformen nutzen, die sich kurzfristig ohne Verlust auflösen lassen. Das ganze Geld in langfristige Versicherungen oder Sparanlagen mit fester Laufzeit zu stecken, wäre falsch.

Wichtig: Gerade junge Leute sollten auf die Renditechancen eines Aktienfondssparplans setzen, auch wenn ab 2009 auf Kursgewinne die 25-prozentige Abgeltungsteuer anfällt. Hier können sie ihre Zahlung stoppen, wenn ihnen das Geld ausgeht. Sie können die Fondsanteile außerdem verkaufen, wenn sie das Gesparte benötigen, etwa für den Kauf einer Immobilie.

Ältere Sparer orientieren sich besser konservativ, bis ihre Grundversorgung im Alter gesichert ist. Beim Geld für späteren Luxus können aber auch sie sich an Aktien und Aktienfonds wagen. Die Renditechancen sind bei guter Fondsauswahl trotz der neuen Steuerregelung besser als mit Festzinsanlagen.

Tipp

Kombinieren Sie Sparformen angemessen. Sind Sie jung, sollten Sie verstärkt auf Fondsprodukte setzen, um langfristige Renditechancen zu nutzen. Je älter Sie werden, desto mehr sollten Sie sichere Anlagen bevorzugen. Denn Verluste können Sie kurz vor der Rente kaum noch aussitzen. Achten Sie darauf, nicht zu viel Geld in langfristigen Verträgen zu binden. Sie sollten an Teile Ihres Vermögens herankönnen, wenn das nötig sein sollte.

Finanztest **So kommen Sparer zu einem Vermögen von 500 000 Euro**

Richtig viel sparen und später im Alter wohlhabend sein – ein 25-Jähriger müsste dafür 336 Euro im Monat bei 5 Prozent Zins zurücklegen. Dann hat er mit 65 Jahren ein Vermögen von 500 000 Euro zusammen.

Startalter (Jahre)	**Notwendige monatliche Sparrate** (Euro) **bei einem Zinssatz von ... Prozent**					
	3	**4**	**5**	**6**	**7**	**8**
20	442	337	254	190	141	103
25	544	429	336	261	201	154
30	678	554	449	362	291	232
35	862	727	611	511	425	353
40	1 125	979	850	736	635	547
45	1 526	1 370	1 227	1 097	980	873
50	2 205	2 037	1 880	1 734	1 598	1 472
55	3 577	3 397	3 226	3 063	2 907	2 758

Fondspolicen, die nicht unter die Abgeltungsteuer fallen, sind wegen der meist sehr hohen Kosten für das Versicherungsgerüst keine Alternative zum direkten Fondssparen.

Um für den Ruhestand zu sparen, bieten sich viele Wege an. Der Riester-Vertrag ist meist erste Wahl. Läuft das Leben in festeren Bahnen, könnten eine betriebliche und eine private Rentenversicherung dazukommen, vielleicht als Rürup-Rente.

Auch eine nichtgeförderte, klassische private Rentenversicherung bringt Sicherheit im Alter. Sie wird gering besteuert. Das kann für sehr junge Leute einmal wichtig werden, weil sie ihre gesetzliche Rente weitgehend oder vollständig versteuern müssen.

Außer in eine Riester- und Betriebsrente sollte aber niemand zu früh Geld in langfristige Verträge stecken. Dafür ist die sichere Rendite der Versicherungsangebote zu schmal und die Flexibilität der Angebote ist zu gering.

Eine private Sofortrente kann sich der Sparer später auch durch Einzahlung einer größeren Summe auf einen Schlag sichern. Das Vermögen kann er mit Fonds- oder Banksparen aufbauen.

Selbst die enorme Summe von 500 000 Euro (→ Tabelle oben) lässt sich bis zum 65. Geburtstag zusammensparen, wenn ein Sparer mit 30 Jahren anfängt und Monat für Monat 554 Euro zurücklegen kann. Ein Zins von 4 Prozent genügt.

Infos: Weitere Informationen und Tests zur geförderten Altersvorsorge finden Interessierte im Finanztest Spezial „Altersvorsorge". Sie erhalten das Heft für 7,50 Euro am Kiosk oder können es unter www.test.de und telefonisch unter 0 180 5/00 24 67 (14 Cent/Min. aus dem deutschen Festnetz) bestellen.

Die Abgeltungsteuer: Neue Abrechnung beim Finanzamt

Wenn Anleger ihr Geld auf einem Tagesgeldkonto parken, von ihrem Vermögen Fondsanteile kaufen oder dem Bund Geld leihen und dafür Tagesanleihen oder Bundesschatzbriefe bekommen, dann sind diese Anlageentscheidungen auch für das Finanzamt interessant: Ab 2009 gilt für Kapitalerträge wie Zinsen und Dividenden sowie für Gewinne aus Wertpapiergeschäften ein neuer, einheitlicher Steuersatz von 25 Prozent.

Banken und Fondsgesellschaften führen die neue Abgeltungsteuer direkt an das Finanzamt ab. Zusätzlich zur Steuer fallen noch Solidaritätszuschlag (5,5 Prozent der zu zahlenden Abgeltungsteuer) und eventuell Kirchensteuer an. Je nach Bundesland und Religion liegt diese bei 8 oder 9 Prozent der zu zahlenden Abgeltungsteuer.

Wann die neue Steuer anfällt

Die Abgeltungsteuer wird fällig, sobald Anleger Erträge und Verkaufsgewinne oberhalb des neuen Sparerpauschbetrags erzielen. Er ersetzt den bisherigen Sparerfreibetrag und liegt für einzelne Steuerzahler bei 801 Euro im Jahr, für Ehepaare bei 1602 Euro.

Beispiel: Legt ein Sparer 20000 Euro bei einem effektiven Zinssatz von 4 Prozent für ein Jahr auf einem Festgeldkonto an, erwirtschaftet er 800 Euro Zinsen. Damit bleibt er gerade noch unter dem entscheidenden Freibetrag, sodass er für seine Erträge keine Steuern zahlen muss. Wenn der Sparer allerdings 4,5 Prozent Zinsen erzielt, kommt er auf Erträge von 900 Euro. Für die 99 Euro (900 – 801 Euro) oberhalb des Sparerpauschbetrags wird die Bank dann Abgeltungsteuer an das Finanzamt überweisen.

Einige Gesetzesänderungen sorgen dafür, dass viele Anleger zukünftig den Sparerpauschbetrag schneller ausschöpfen werden als den bisherigen Sparerfreibetrag.

Tipp

Den Sparerpauschbetrag können Sie bei einer Bank in Anspruch nehmen, Sie können ihn aber auch auf mehrere Institute verteilen. Dafür müssen Sie den Banken wie bisher auch entsprechende Freistellungsaufträge erteilen. Wenn Sie am Jahresende merken, dass Sie Ihre Freistellungsaufträge ungünstig verteilt und den Pauschbetrag nicht ausgeschöpft haben, sollten Sie Ihre Kapitaleinkünfte in der Steuererklärung abrechnen (siehe S. 158).

Kursgewinne: Auch Gewinne aus dem Verkauf von Fondsanteilen, Zertifikaten oder anderen Wertpapieren belasten den Sparerpauschbetrag. Bis Ende 2008 war das anders. So konnten zum Beispiel Fondssparer die Kursgewinne bislang steuerfrei kassieren, wenn sie die Papiere mindestens ein Jahr in ihrem Depot hielten. Für alle Fondsanteile, die ab 2009 erworben werden, gibt es diese einjährige Spekulationsfrist aber nicht mehr. Verkaufsgewinne werden in jedem Fall steuerpflichtig – ganz gleich wie lange Anleger die Papiere halten.

Dividenden: Das sogenannte Halbeinkünfteverfahren entfällt. Das bedeutet, dass Dividenden den Sparerpauschbetrag seit 2009 komplett belasten und nicht mehr wie bisher nur zur Hälfte. Das gilt sogar für Dividenden aus Aktien, Fonds- und Genossenschaftsanteilen, die Anleger vor 2009 erworben haben.

Werbungskosten: Über den Sparerpauschbetrag sind Werbungskosten abgegolten. War es früher möglich, beispielsweise Depotgebühren oder auch die Kosten für eine Anlageberatung als Werbungskosten in der Steuererklärung abzurechnen, entfallen diese Möglichkeiten mit Einführung der Abgeltungsteuer.

Gewinner und Verlierer der neuen Steuer

Wenn der Sparerpauschbetrag ausgeschöpft ist, kassiert das Finanzamt bei Kapitalerträgen und Kursgewinnen mit. Je nachdem, welche Produkte Anleger haben, zählen sie zu den Gewinnern oder Verlierern der neuen Steuer.

Zu den Gewinnern der neuen Steuer zählen die Anleger, die einen hohen persönlichen Steuersatz haben und sich auf Zinsprodukte wie Sparbrief oder Tagesanleihe konzentrieren. Sie zahlen nun maximal 25 Prozent Abgeltungsteuer. Bisher mussten sie für Erträge oberhalb des Sparerfreibetrags ihren persönlichen Steuersatz zahlen, der zum Teil deutlich höher lag.

Sparer mit einem niedrigeren Steuersatz stehen mit der neuen Abgabe nicht unbedingt schlechter da als bisher: Liegt ihr Grenzsteuersatz unter 25 Prozent, zahlen sie maximal diesen Satz. Der Grenzsteuersatz gibt an, welche Steuer für den zuletzt verdienten Euro bezahlt werden muss.

Infos: Ihren Grenzsteuersatz können Sie mit einem Finanztest-Rechner selbst ermitteln. Sie finden ihn unter www.test.de/steuersparrechner. Dort können Sie Ihr zu versteuerndes Einkommen eingeben.

Wichtig: Als Richtwert kann der Betrag von 15 000 Euro (für Ehepaare 30 000 Euro) dienen. Liegt Ihr zu versteuerndes Jahreseinkommen darunter, ist Ihr Grenzsteuersatz niedriger als 25 Prozent.

Tipp

Für die Verkaufsgewinne aus Zertifikaten gelten besondere Steuerregeln. Wer zum Beispiel nach dem 15. März 2007 ein Zertifikat gekauft hat, bei dem weder die Rückzahlung des Verkaufsgewinns noch Erträge garantiert sind, kann die Verkaufsgewinne nur steuerfrei kassieren, wenn er das Papier bis zum 30. Juni 2009 verkauft. Ausführliche Informationen zu den Steuerregeln finden Sie im Finanztest-Spezial „Abgeltungsteuer". Das Heft kostet 7,50 Euro. Sie können es im Internet unter www.test.de/shop oder unter 0180 5/00 24 67 (14 Cent/Minute aus dem Festnetz) bestellen.

Komplett außen vor bleiben bei der neuen Steuer geförderte Altersvorsorge-Produkte wie Verträge über Riester- oder Rürup-Renten. Selbst wenn sich Vorsorgesparer für einen Riester-Fondssparplan entschieden haben, können sie Kursgewinne weiter steuerfrei kassieren.

Auch für private Rentenversicherungen spielt die neue Steuer keine Rolle. Das gilt in der Regel auch für Kapitallebensversicherungen. Nur wenn der Vertrag vorzeitig gekündigt oder verkauft wird, kann Abgeltungsteuer fällig werden.

Zu den Verlierern der neuen Steuer können hingegen Fondssparer gehören, die ihr Geld zum Beispiel weiter in Aktien- oder Rentenfonds investieren. Kursgewinne aus Papieren, die erst 2009 oder später angeschafft werden, sind unabhängig von der Haltedauer der Papiere steuerpflichtig. Überschreiten die Anleger den Sparerpauschbetrag, wird die neue Abgabe fällig. Das gilt auch für diejenigen, die zum Beispiel aus dem Verkauf von Anleihen oder aus dem Verkauf einzelner Aktien Gewinne erzielen.

Steuererklärung bleibt manchmal Pflicht

Die Abgeltungsteuer „führt zu einer erheblichen steuerlichen Entlastung sowie zur drastischen Vereinfachung des Besteuerungsverfahrens von Kapitaleinkünften". So stand es im Gesetzesentwurf für die neue Abgabe. Doch ganz so einfach wird es für viele Anleger nicht. Obwohl sich die Banken darum kümmern, dass die neue Steuer an das Finanzamt abgeführt wird, werden viele Anleger nicht darum herumkommen, weiter ihre Kapitalerträge in der Steuererklärung abzurechnen. Es ist möglich, dass sie dazu aufgrund der Art ihrer Anlagen verpflichtet sind oder dass sie ohne Steuererklärung Geld verschenken würden.

Pflicht bleibt die Steuererklärung zum Beispiel, wenn die Bank die Kirchensteuer nicht automatisch einzieht. Hat der Anleger seiner Bank nichts zu seiner Konfession gesagt, führt sie die Kirchensteuer nicht ab. Anleger müssen dann ihre Kapitalerträge und Kursgewinne weiter in der Steuererklärung abrechnen. Die Steuererklärung bleibt auch Pflichtprogramm für die Anleger, die ein Depot im Ausland führen und dort Kapitaleinkünfte erzielen oder wenn sie mehreren Banken Freistellungsaufträge erteilen und dann den Sparerpauschbetrag überschreiten.

Freiwillige Abrechnung bringt Vorteile

Doch auch ohne gesetzliche Pflicht wird es sich für viele Anleger lohnen, die Erträge freiwillig in der Jahresabrechnung aufzuführen. Das gilt vor allem für die Anleger, deren Grenzsteuersatz unter 25 Prozent liegt (S. 157). Dies dürfte zum Beispiel bei vielen Rentnern der Fall sein. Erzielen sie etwa mit Sparbriefen Zinsen über 801 Euro im Jahr, wird die Bank für sie pauschal 25 Prozent Steuer abführen, auch wenn der zu zahlende Steuersatz tatsächlich nur bei 20 Prozent liegt. Die zu viel gezahlte Abgabe bringt den Sparern nur die Steuererklärung zurück.

Wichtig: Gerade für ältere Anleger kann sich die Steuererklärung selbst dann noch lohnen, wenn sie einen Grenzsteuersatz über 25 Prozent haben. Dafür sorgt der Altersentlastungsbetrag. Senioren über 64 Jahre haben Anspruch auf diesen Steuerfreibetrag für Nebeneinkünfte wie zum Beispiel Zinsen oder Mieteinnahmen. Je nach Alter, Art und Höhe der Nebeneinkünfte können für Anleger so zusätzlich zum Sparerpauschbetrag noch einmal bis zu 40 Prozent der Nebeneinkünfte (maximal 1900 Euro im Jahr) steuerfrei sein.

Umgang mit Verlusten

Lohnen kann sich die Steuererklärung für Anleger schließlich auch dann, wenn sie mit ihren Investitionen Verluste erzielt haben und diese nun mit Gewinnen aus anderen Anlagen verrechnen wollen. Gerade im Zuge der Finanzkrise dürfte das für manchen Anleger von besonderer Bedeutung geworden sein. Wer zum Beispiel seine Fondsanteile zu einem schlechten Kurs verkaufen musste, hat dafür womöglich weniger zurückbekommen, als er beim Kauf ausgegeben hat. Unter Umständen

Nichtveranlagungs-Bescheinigung

Anleger, die insgesamt ein eher niedriges Einkommen haben, sollten prüfen, ob sie vom Finanzamt eine Nichtveranlagungs-Bescheinigung (NV-Bescheinigung) bekommen. Das Finanzamt stellt diese Bescheinigung für bis zu drei Jahre aus, wenn das gesamte Einkommen des Anlegers voraussichtlich so niedrig sein wird, dass er in dieser Zeit keine Steuern zahlen muss. Liegt der Bank diese Bescheinigung vor, werden die Mitarbeiter keine Abgeltungsteuer an das Finanzamt abführen – selbst wenn Kapitalerträge und Gewinne aus Wertpapiergeschäften über dem freigestellten Betrag erzielt werden. Den Antrag für die NV-Bescheinigung bekommen Sie bei Ihrem örtlichen Finanzamt oder unter www.formulare-bfinv.de (Stichworte: Formularcenter > Bürger > Steuern im Inland) im Internet.

kann er mit diesen Verlusten zumindest seine Steuerlast senken. Dafür reicht es aber nicht, wenn ein Anleger dem Finanzbeamten mit einem Depotauszug nachweist, dass seine Fondsanteile im Laufe des Jahres an Wert verloren haben. Entscheidend für die Anerkennung durch das Finanzamt ist der Nachweis, dass die Papiere tatsächlich mit Verlust verkauft wurden. Die Höhe der Verluste oder Gewinne ergibt sich wie folgt:

Verkaufspreis
- direkt beim Verkauf anfallende Kosten
- Anschaffungskosten mit Nebenkosten
= Gewinn oder Verlust

Vor 2009 hat das Finanzamt solche Verluste nur anerkannt, wenn die Anteile innerhalb der Spekulationsfrist von einem Jahr mit Verlust verkauft wurden. Solche Altverluste, die bis Ende 2008 realisiert werden, dürfen Anleger noch bis 2013 mit Verkaufsgewinnen verrechnen – nicht jedoch mit Zinsen und Dividenden, die sie erzielen. Diese Regelung gilt auch noch für bis Ende 2008 gekaufte Papiere, die 2009 innerhalb der einjährigen Spekulationsfrist wieder verkauft werden.

Da für die ab 2009 angeschafften Wertpapiere die Spekulationsfrist entfällt, spielt es für die Anerkennung von Verlusten dann keine Rolle mehr, ob die Papiere innerhalb eines Jahres wieder verkauft werden oder beispielsweise erst nach zwei Jahren. Kursverluste können Anleger zukünftig mit Kursgewinnen und Kapitalerträgen verrechnen – ganz gleich, ob sie durch den Verkauf von Fondsanteilen, Anleihen oder Zertifikaten entstanden sind. Nur bei Verlusten aus Aktienverkäufen gibt es eine Beschränkung. Solche Verluste dürfen nur durch Gewinne aus Aktien ausgeglichen werden.

Wichtig: Kunden, die bei mindestens zwei Banken Konten und Wertpapierdepots haben und Verluste bei einer Bank mit Gewinnen bei einer anderen ausgleichen wollen, müssen selbst aktiv werden. Sie müssen bei der Bank spätestens bis zum 15. Dezember des Steuerjahres – also erstmals zum 15. Dezember 2009 – eine Verlustbescheinigung beantragen, die als Beleg für die Steuererklärung dient. Wird diese Bescheinigung nicht beantragt, überträgt die Bank die Verluste in das nächste Jahr.

Service

Adressen

Börsen- und Bankenaufsicht

Bundesanstalt für Finanzdienstleistungsaufsicht (BaFin),
Abt. Wertpapieraufsicht
Lurgiallee 12,
60439 Frankfurt
Abt. Banken- und Versicherungsaufsicht,
Graurheindorfer Str. 108,
53117 Bonn,
Tel. 02 28/4 10 80,
www.bafin.de

Verbände und Organisationen

Bundesverband deutscher Banken,
Burgstr. 28,
10178 Berlin,
Tel. 0 30/1 66 30,
Fax 0 30/16 63 13 99,
www.bankenverband.de

BVI Bundesverband Investment und Asset Management eV,
Eschenheimer Anlage 28,
60318 Frankfurt,
Tel. 0 69/1 54 09 00,
Fax 0 69/5 97 14 06,
info@bvi.de, www.bvi

BVR Bundesverband der Deutschen Volksbanken und Raiffeisenbanken eV,
Schellingstr. 4,
10785 Berlin,
Tel. 0 30/2 02 10,
www.bvr.de

DSW – Deutsche Schutzvereinigung für Wertpapierbesitz eV,
Hamborner Str. 53,
40472 Düsseldorf,
Tel. 02 11/66 97 02,
Fax 02 11/66 97 60,
dsw@dsw-info.de,
www.dsw-info.de

Deutscher Sparkassen- und Giroverband (DSGV),
Charlottenstr. 47,
10117 Berlin,
Tel. 0 30/20 22 50,
www.dsgv.de

Verband Deutscher Hypothekenbanken eV,
Georgenstr. 21,
10117 Berlin,
Tel. 0 30/20 91 51 00,
www.hypverband.de

Beratung

Telefonhotline
0 800/6 64 85 88
von Verbraucherzentralen und Bundesverbraucherministerium

Verbraucherzentrale Bundesverband eV – vzbv,
Markgrafenstr. 66
10969 Berlin,
Tel. 0 30/25 80 00
info@vzbv.de,
www.vzbv.de

Verbraucherzentralen
Verbraucherzentrale Baden-Württemberg eV,
Paulinenstr. 47,
70178 Stuttgart,
Tel. 0 180 5/50 59 99,
Fax 07 11/66 91 50,
info@verbraucherzentrale-bw.de,
www.verbraucherzentrale-bw.de

Verbraucherzentrale Berlin eV,
Hardenbergplatz 2,
10623 Berlin,
Tel. 0 30/21 48 50,
Fax 0 30/2 11 72 01,
mail@verbraucherzentrale-berlin.de,
www.verbraucherzentrale-berlin.de

Verbraucherzentrale Brandenburg eV,
Lange Brücke 2,
14473 Potsdam,
Tel. 0 180 5/00 40 49,
www.vzb.de

Verbraucherzentrale des Landes Bremen eV,
Altenweg 4,
28195 Bremen,
Tel. 04 21/16 07 77,
Fax 04 21/1 60 77 80,
info@vz-hb.de,
www.verbraucherzentrale-bremen.de

Verbraucherzentrale Hamburg eV,
Kirchenallee 22,
20099 Hamburg,
Tel. 0 40/24 83 20,
Fax 0 40/24 83 22 90,
info@vzhh.de,
www.vzhh.de

Neue Verbraucherzentrale in Mecklenburg und Vorpommern eV,
Strandstr. 98,
18055 Rostock,
Tel. 03 81/2 08 70 50,
Fax 03 81/2 08 70 30,
info@nvzmv.de,
www.nvzmv.de

Verbraucherzentrale Niedersachsen eV,
Herrenstr. 14,
30159 Hannover,
Tel. 05 11/91 19 60,
Fax 05 11/9 11 96 10,
info@vzniedersachsen.de,
www.vzniedersachsen.de

Verbraucherzentrale Nordrhein-Westfalen eV,
Mintropstr. 27,
40215 Düsseldorf,
Tel. 02 11/3 80 90,
Fax 02 11/3 80 92 16,
vz.nrw@vz-nrw.de,
www.vz-nrw.de

Verbraucherzentrale Rheinland-Pfalz eV,
Ludwigstr. 6,
55116 Mainz,
Tel. 0 61 31/2 84 80,
Fax 0 61 31/28 48 66,
info@vz-rlp.de,
www.verbraucher zentrale-rlp.de

Verbraucherzentrale Sachsen eV,
Brühl 34–38,
Brühl-Center,
04109 Leipzig,
Tel. 03 41/69 62 90,
Fax 03 41/6 89 28 26,
vzs@vzs.de,
www.verbraucher zentrale-sachsen.de

Verbraucherzentrale Sachsen-Anhalt eV,
Steinbockgasse 1,
06108 Halle,
Tel. 03 45/2 98 03 29,
Fax 03 45/2 98 03 26,
vzsa@vzsa.de,
www.vzsa.de

Verbraucherzentrale Schleswig-Holstein eV,
Bergstr. 24,
24103 Kiel,
Tel. 04 31/59 09 90,
Fax 04 31/5 90 99 77,
info@verbraucher zentrale-sh.de,
www.verbraucher zentrale-sh.de

Verbraucherzentrale Thüringen eV,
Eugen-Richter-Str. 45,
99085 Erfurt,
Tel. 03 61/55 51 40,
Fax 03 61/5 55 14 40,
info@vzth.de,
www.vzth.de

Schutzgemeinschaft der Kapitalanleger eV,
Maximilianstr. 8,
80539 München,
Tel. 0 89/20 20 84 60,
Fax 0 89/2 02 08 46 10,
info@sdk.org,
www.sdk.org

Beschwerdestellen

Kundenbeschwerdestelle beim Bundesverband Öffentlicher Banken Deutschlands, VÖB,
Lennéstr. 11,
10785 Berlin,
Tel. 0 30/8 19 22 95,
Fax 0 30/8 19 22 99,
ombudsmann@voeb.de,
www.voeb.de/de/ue ber_uns/ombudsmann/

Bundesverband Deutscher Banken eV,
Kundenbeschwerdestelle,
Postfach 0 40 03 07,
10062 Berlin,
Tel. 0 30/16 63 31 66,
Fax 0 30/16 63 31 69,
ombudsmann@bdb.de,
www. bankenombudsmann.de

Kundenbeschwerdestelle beim Verband deutscher Hypothekenbanken,
Postfach 8 05 54,
10005 Berlin,
Tel. 0 30/20 91 51 00

Sparkassen
Deutscher Sparkassen- und Giroverband eV, Kundenbeschwerden, Charlottenstr. 47, 10117 Berlin, Tel. 030/2 02 25 53 41, www.dsgv.de
Der DSGV ist zentraler Ansprechpartner und zuständig für die kurzfristige Weiterleitung von Kundenbeschwerden.

Baden-Württemberg
Sparkassenverband Baden-Württemberg, Schlichtungsstelle, Am Hauptbahnhof 2, 70173 Stuttgart

Bayern
Ab 1. Januar 2009 ist für Kunden der bayerischen Sparkasse die Schlichtungsstelle zentral beim DSGV angegliedert. Kunden müssen sich ab dann bei Beschwerden an folgende Adresse wenden: Deutscher Sparkassen- und Giroverband

Berlin
Sparkassenverband Berlin, Schlichtungsstelle, Bundesallee 171, 10715 Berlin

Brandenburg
Ostdeutscher Sparkassen- und Giroverband, Schlichtungsstelle, Leipziger Str. 51, 10117 Berlin, Tel. 0 30/20 69 17 47, Fax 0 30/20 69 27 47, ute.marquardt@osv-online.de, www.osv-online.de/unsere_fachthemen/recht/schlichtungsstelle/

Bremen
Sparkasse Bremen, Am Brill 1–3, 28195 Bremen

Hamburg
Hamburger Sparkasse, Vorstandsbeauftragter für Kundenbeanstandungen, Ecke Adolphsplatz/Gr. Burstah, 20457 Hamburg

Hessen
Sparkassen- und Giroverband Hessen-Thüringen, Schlichtungsstelle, Bonifaciusstraße 15, 99084 Erfurt, www.sparkassen-finanzgruppe-ht.de/finanzgruppe/finanzgruppe/verband/schlichtungsstelle.php

Frankfurter Sparkasse, Ombudsfrau Ursula Fokken-Müller, Neue Mainzer Str. 47–53, 60255 Frankfurt, Tel. 0 69/26 41 22 26, Ombudsfrau@frankfurter-sparkasse.de

Mecklenburg-Vorpommern
Ostdeutscher Sparkassen- und Giroverband, Schlichtungsstelle, Leipziger Str. 51, 10117 Berlin, Tel. 030/20 69 17 47, Fax 030/20 69 27 47, ute.marquardt@osv-online.de, www.osv-online.de/unsere_fachthemen/recht/schlichtungsstelle/

Niedersachsen
Sparkassenverband Niedersachsen, Schlichtungsstelle, Postfach 43 80, 30043 Hannover

Nordrhein-Westfalen
Landesteil Rheinland
Kundenbeschwerdestelle bei dem Rheinischen Sparkassen- und Giroverband, Postfach, 40033 Düsseldorf
Tel. 02 11/3 89 22 99
Fax 02 11/3 89 24 04

Landesteil Westfalen-Lippe
Westfälisch-Lippischer Sparkassen- und Giroverband, Schlichtungsstelle, Postfach 86 69, 48046 Münster

Rheinland-Pfalz
Sparkassen- und Giroverband Rheinland-Pfalz, Schlichtungsstelle, Dr. jur. Christian Roßkopf, Schandeinstr. 25, 67346 Speyer, Tel. 0 62 32/7 83 52, Fax 0 62 32/2 47 17, c.rosskopf@gmx.de

Saarland
Sparkassenverband Saar, Ursulinenstr. 46, 66111 Saarbrücken, Tel. 06 81/9 34 00, guenter.jaecker@svsaar.de, www.sparkassen-finanz gruppe-saar.de (Suchbegriff „Schlichtung")

Sachsen
Ostdeutscher Sparkassen- und Giroverband, Schlichtungsstelle, Leipziger Str. 51, 10117 Berlin, Tel. 0 30/20 69 17 47, Fax 0 30/20 69 27 47, ute.marquardt@ osv-online.de, www.osv-online.de/ unsere_fachthemen/recht/ schlichtungsstelle/

Sachsen-Anhalt
Ostdeutscher Sparkassen- und Giroverband, Schlichtungsstelle, Leipziger Str. 51, 10117 Berlin, Tel. 0 30/20 69 17 47, Fax 0 30/20 69 27 47, ute.marquardt@ osv-online.de, www.osv-online.de/ unsere_fachthemen/recht/ schlichtungsstelle/

Schleswig-Holstein
Sparkassen- und Giroverband für Schleswig-Holstein, Schlichtungsstelle, Herrn Prof. Dr. jur. Wolfhart Nitsch, Faluner Weg 6, 24109 Kiel, Tel. 04 31/5 33 55 11, Fax 04 31/5 33 55 19

Genossenschaftsbanken (Volks- und Raiffeisenbanken, Sparda-Banken, etc.)
Bundesverband der Deutschen Volksbanken und Raiffeisenbanken – BVR, Kundenbeschwerdestelle, Schellingstr. 4, 10785 Berlin, Tel. 0 30/20 21 16 39, Fax 0 30/20 21 19 08, kundenbeschwerdestelle @bvr.de**Bausparkassen**
Schlichtungsstelle der Landesbausparkassen, Postfach 74 48, 48040 Münster, www.lbs.de

Verband der privaten Bausparkassen eV, Kundenbeschwerdestelle, Postfach 30 30 79, 10730 Berlin

Einlagensicherung

Niederlande
De Nederlandsche Bank N.V., P. O. Box 98, NL-1000 AB Amsterdam, Tel. 00 31/2 05 24 91 11 oder Tel. 0 900/5 20 05 20

Österreich
Banken und Bankiers Gesellschaft mbH, Boersegasse 11, AU-1010 Wien, Tel. 00 43/1 53 39 80 30

Island
Depositors' and Investars' Guarantee Fund, Borgartun 26, 3. floor, 105 Reykjavik, Iceland, Tel. 0 03 54/5 40 12 00 (9 bis 16 Uhr) tif@tif.is digf@tryggingarsjodur.is

Bundeswertpapiere

Finanzagentur GmbH, Lurgiallee 5, D-60295 Frankfurt, Tel. 0 800/2 22 55 62, Fax 0 800/2 22 55 90, info@deutsche-finanzagentur.de, www.deutsche-finanzagentur.de/

Glossar

Abgeltungsteuer: Gewinne aus Wertpapierverkäufen sowie Kapitalerträge wie Zinsen und Dividenden, die oberhalb eines Sparerpauschbetrags von 801 Euro für Alleinstehende (1602 Euro für Ehepaare) liegen, werden ab 2009 pauschal mit 25 Prozent versteuert.

Anleihe: Käufer einer Anleihe geben dem Herausgeber einen Kredit. Dafür erhalten sie Zinsen und am Ende der Laufzeit den Nennwert der Anleihe zurück. Die Zinsen liegen meist für die gesamte Laufzeit fest, daher ist auch von festverzinslichen Wertpapieren die Rede. Anleihen, bei denen der Zins variabel ist, heißen Floater.

Asset Backed Securities (ABS): ABS sind Wertpapiere, die mit Forderungen aus Krediten abgesichert sind. Als Sicherheit können Forderungen aus Immobiliengeschäften dienen, aber auch Zahlungsverpflichtungen aus Kreditkarten- oder Autoleasinggeschäften. ABS sind während der Finanzkrise bekannt geworden, weil Banken zunächst mit solchen Wertpapieren handelten, dann aber der Handel wegen unklarer Sicherheiten zusammenbrach.

Assetklasse: Jede Anlageform lässt sich einer Vermögensklasse zuordnen („asset“: Vermögensgegenstand). Zu den wichtigsten Assetklassen zählen Aktien, Anleihen und zum Beispiel Immobilien.

Ausgabeaufschlag: Diese Gebühr kassiert der Verkäufer von Fondsanteilen, also zum Beispiel die Bank, bei der ein Anleger die Anteile kauft. Der Ausgabeaufschlag ist der Preis für diese Dienstleistung.

Ausschüttende Fonds: Diese Fonds schütten Zinsen und Dividenden jährlich an die Anleger aus. Darauf wird sofort → Abgeltungsteuer fällig, auch wenn die ausgeschütteten Erträge wieder in neue Fondsanteile fließen. Hat der Anleger sein Depot in Deutschland, zieht seine Bank die Abgeltungsteuer ab. Das gilt für inländische wie für ausländische Erträge.

Betriebsrente: Unter dem Begriff Betriebsrente werden umgangssprachlich ganz unterschiedliche Leistungen aus einer betrieblichen Altersvorsorge aufgrund der früheren Erwerbstätigkeit zusammengefasst. Dabei handelt es sich um Renten oder Pensionen, die über den früheren Arbeitgeber organisiert sind und für die ganz unterschiedliche Steuerregeln gelten können. Es gibt fünf Variationsmöglichkeiten für diese Versorgung im Alter: → Direktzusage, → Unterstützungskasse, → Pensionskasse, → Direktversicherung und → Pensionsfonds.

Benchmark: Als Benchmark bezeichnet man eine Messlatte, mit der sich die Wertentwicklung von Anlagen vergleichen lässt. Als Benchmark für Fonds dienen zum Beispiel Indizes von Länder- und Branchenmärkten, je nachdem, wo der Fonds investiert. So orientieren sich zum Beispiel viele Fondsmanager bei Aktienfonds Deutschland am Dax oder bei weltweit anlegenden Aktienfonds am MSCI World.

Bonität: Finanztechnischer Begriff für Kreditwürdigkeit.

Dachfonds: Investmentfonds, die nicht in Aktien, Anleihen oder Immobilien, sondern wiederum in andere Fonds investieren. Der mögliche Vorteil für Anleger ist, dass er sich nicht um die Auswahl einzelner Fonds kümmern muss. Der Finanztest-Dauertest hat allerdings gezeigt, dass Dachfonds nicht per se besser abschneiden als Fonds, die direkt in den Aktien- oder Zinsmärkten investieren.

Depotgebühren: Viele Banken und Investmentgesellschaften verlangen für die Verwahrung von Wertpapieren Gebühren. Die Depotgebühren können Anleger ab 2009 nicht mehr als Werbungskosten geltend machen.

Direktversicherung: Form der → Betriebsrente. Bei einer Direktversicherung zugunsten eines Beschäftigten fließen die Einzahlungen vom Arbeitgeber an einen Lebensversicherer. Seit 2005 sind nur noch Rentenversicherungen in klassischer Form oder als Fondsvariante zulässig. Der Arbeitgeber ist der Versicherungsnehmer, der Arbeitnehmer ist aber Bezugsberechtigter für die spätere Leistung.

Direktzusage: Form der → Betriebsrente. Bei der Direktzusage sagt der Arbeitgeber dem Mitarbeiter direkt eine Versorgung zu. Um die Zusage später einlösen zu können, bildet der Arbeitgeber Pensionsrückstellungen und spart so zunächst Steuern. In der Anwartschaftsphase fallen für ihn keine Steuern und Sozialabgaben an. Bezahlt der Arbeitnehmer diese Zusatzversorgung per Gehaltsumwandlung selbst, sind seine Beiträge ebenfalls weitgehend unbegrenzt steuerfrei. Er zahlt bei Beiträgen über 4 Prozent der Beitragsbemessungsgrenze in der gesetzlichen Rentenversicherung aber Sozialabgaben. Die später ausgezahlte Rente muss versteuert werden.

Effektivzins: Dieser Zins gibt die tatsächliche jährliche Rendite wieder und ist deshalb für den Vergleich unterschiedlicher Angebote entscheidend. Bei einer jährlichen Zinsgutschrift sind Effektivzins und Nominalzins gleich. Erfolgt aber zum Beispiel eine monatliche Zinsgutschrift, ist der Effektivzins höher.

Emerging Markets: Aufstrebende Märkte. Länder, die sich in einer Art Zwischenstadium von einem Entwicklungsland hin zu einer hochentwickelten Industrienation befinden wie Brasilien, Südafrika, China oder Indien. Sie werden auch als Schwellenländer bezeichnet.

Emittent: Herausgeber einer Anleihe oder eines Zertifikats.

Ertragsanteil: Viele Renten aus privaten Versicherungen sind mit dem sogenannten Ertragsanteil steuerpflichtig. Dessen Höhe richtet sich danach, in welchem Alter die Rente erstmals gezahlt wurde und für welche Laufzeit sie gezahlt wird. Das bedeutet, dass beispielsweise eine lebenslange Rente aus einer privaten Rentenversicherung nur zu 18 Prozent steuerpflichtig ist, wenn die Rente erstmals im Alter von 65 Jahren ausgezahlt wurde.

Exchange Traded Funds (ETF): Der Begriff steht für börsengehandelte → Indexfonds. Sie sind eine Alternative zu aktiv gemanagten Fonds oder Indexzertifikaten. Gegenüber Indexzertifikaten haben Indexfonds den Vorteil, dass der Anleger die Dividenden auf jeden Fall bekommt und nicht nur dann, wenn sich das Indexpapier auf einen Performance-Index bezieht, in dem die Dividende eingerechnet ist.

Floater: →Anleihe.

Fondsvermittler: Eine Art freier Handelsvertreter für Fonds, der seinen Kunden Fonds lediglich vermittelt, aber keine Beratung bietet und Fonds nicht selbst auflegt. Sie bieten

Fonds häufig ohne Ausgabeaufschlag oder mit hohem Rabatt auf dem Ausgabeaufschlag an.

Fondspolice: Begriff für eine Lebensversicherung, bei der ein Teil des Geldes oder der gesamte Sparanteil in Fonds fließt. Während bei klassischen Lebensversicherungen das Geld der Kunden risikoarm angelegt wird und eine Garantieverzinsung von zurzeit 2,25 Prozent des Sparanteils sicher ist, trägt bei Fondspolicen der Anleger das Kapitalmarktrisiko. Er kann mit den Fonds Verluste erleiden.

Freistellungsauftrag: Sparer können für ihre Geldanlage Freistellungsaufträge bis zur Höhe des Sparerpauschbetrags (801 Euro für Alleinstehende, 1602 Euro für Ehepaare) erteilen. Erst wenn die freigestellte Summe überschritten ist, führt die Bank Abgeltungsteuer ab. Ab 2009 kann ein Freistellungsauftrag nur noch pro Geldinstitut, nicht mehr für einzelne Anlagen, erteilt werden.

Geschlossene Fonds: Anders als bei offenen Fonds ist die Zahl der Anteile bei geschlossenen Fonds begrenzt. Wenn das notwendige Geld für die Investitionsprojekte (Immobilien, Schiffe etc.) zusammen ist, wird der Fonds geschlossen. Dann liegt das Geld für die vorher vereinbarte Laufzeit in dem Fonds fest. Anleger können meist nicht vorzeitig verkaufen.

Grenzsteuersatz: Bei der Einkommensteuer muss zwischen dem Durchschnittssteuersatz des Einzelnen und seinem Grenzsteuersatz unterschieden werden. Im Hinblick auf die → Abgeltungsteuer ist der Grenzsteuersatz entscheidend, mit dem der letzte verdiente Euro zu versteuern ist: Liegt der Satz unter 25 Prozent, lohnt sich meist die Abrechnung der Kapitaleinkünfte über die Steuererklärung.

Hedgefonds: Sie investieren überwiegend am Terminmarkt, zum Beispiel in Optionen und Futures auf Aktienindizes, Devisen oder Anleihen. Dabei sind sie nicht auf bestimmte Märkte oder Marktverläufe festgelegt. Sie können auch durch die Spekulation auf fallende Märkte Renditen erwirtschaften. Häufig leihen sich Hedgefonds zusätzlich zum Geld der Anleger noch weitere Mittel. Wegen der so entstehenden großen Hebelwirkung haben Hedgefonds ein höheres Risiko als normale Fonds.

Index: Bei einem Index handelt es sich um ein Marktbarometer, das die Kursentwicklung einer bestimmten Zahl gleichartiger Wertpapiere widerspiegelt (zum Beispiel der Deutsche Aktienindex Dax mit den 30 wichtigsten deutschen Aktiengesellschaften).

Indexfonds: Anders als aktiv gemanagte Fonds verfolgen Fondsmanager hier nicht das Ziel, einen bestimmten Index zu schlagen, sondern diesen möglichst exakt nachzubilden. Indexfonds gibt es zum Beispiel auf Indizes wie den deutschen Dax oder den Euro Stoxx.

Isin: Abkürzung für International Securities Identification Number, eine Art Bestellnummer für Wertpapiere. Damit die Bank angesichts Zehntausender von Wertpapieren auch tatsächlich die von ihrem Kunden gewünschten Aktien oder Anleihen an der Börse besorgt, bekommt jedes Wertpapier mit der Emission eine Nummer. Die Isin wird auf jedem Kauf- und Verkaufsantrag vermerkt.

Junkbond: Wörtlich übersetzt „Abfallanleihe", auch Schrottanleihe genannt. Bezeichnung für Anleihen von Emittenten mit sehr schlechter Bonität, im Extremfall besteht bereits Zahlungsunfähigkeit.

Kupon: Bezeichnung für Ertragsscheine, die zu einem Wertpapier gehören. Im Fall einer Anleihe sind das die Zinsscheine. Der nominelle Zinssatz einer Anleihe wird auch kurz als Kupon bezeichnet. Bei Aktien spricht man dagegen von Dividendenscheinen.

Leerverkauf: Dieses Geschäft ist eine Wette auf einen fallenden Aktienkurs. Der Anleger versucht, von einem sinkenden Kurs zu profitieren. Dazu verkauft er heute Aktien, die er aber noch gar nicht besitzt. Daher der Begriff „Leerverkauf". Entweder leiht er sich die Aktien dafür aus, oder er verpflichtet sich lediglich, die Aktien zu einem bestimmten Termin zu kaufen. In jedem Fall muss er an einem bestimmten Termin in der Zukunft kaufen. Sinkt der Kurs der Aktien tatsächlich, kann er sie billiger zurückkaufen und den Gewinn einstreichen. Doch die Wette kann auch schiefgehen. Steigt der Aktienkurs, muss er trotzdem kaufen – egal wie hoch der Kurs ist. Die Verlustmöglichkeiten mit Leerverkäufen sind daher nahezu unbegrenzt.

Liquidität: Ausdruck dafür, wie schnell eine Kapitalanlage zu Geld gemacht werden kann. Im engen Sinn: Qualitative Maßzahl dafür, wie rege ein bestimmtes Papier an der Börse gehandelt wird.

Marktzinsniveau: Der Zinssatz, der für Papiere einer bestimmten Laufzeit zu einem bestimmten Zeitpunkt als marktüblich gilt. Durch Zusammenstellung der marktüblichen Zinsen für alle wichtigen Laufzeiten ergibt sich die Zinsstruktur eines Marktes. Kennzahlen für das Zinsniveau am deutschen Kapitalmarkt sind zum Beispiel die Umlaufrendite öffentlicher Anleihen oder die Rendite zehnjähriger Bundesanleihen.

Nachgelagerte Besteuerung: Alterseinkünfte aus privater und gesetzlicher Rente müssen versteuert werden, während für Beiträge zum Aufbau der Altersvorsorge keine Steuern gezahlt werden müssen.

Pensionsfonds: Form der → Betriebsrente. Pensionsfonds sind seit dem 1. Januar 2002 für die betriebliche Altersversorgung zulässig. Pensionsfonds sind Gesellschaften, in denen Betriebe Geld für Betriebsrenten anlegen können und die in ihrer Kapitalanlage frei sind. Sie räumen den späteren Rentnern einen Rechtsanspruch auf Leistungen ein, sind allerdings nur verpflichtet, mindestens die eingezahlten Beiträge zu garantieren. Pensionsfonds müssen bei der Auszahlung lebenslange Leistungen anbieten. Sie können Auszahlpläne und Rentenzahlungen kombinieren. Pensionsfonds werden von der Bundesanstalt für Finanzdienstleistungsaufsicht (Bafin) beaufsichtigt. Arbeitgeber, die ihre betriebliche Altersversorgung über einen Pensionsfonds organisieren, müssen die eingegangenen Verpflichtungen über eine Mitgliedschaft im → Pensions-Sicherungs-Verein schützen.

Pensionskasse: Form der → Betriebsrente. Pensionskassen sind Versicherer, die ausschließlich betriebliche Altersversorgung machen. Pensionskassen werden von der Bundesanstalt für Finanzdienstleistungsaufsicht (Bafin) beaufsichtigt. Sie räumen den späteren Rentnern einen Rechtsanspruch auf Leistungen ein. Arbeitgeber, die ihre betriebliche Altersversorgung über eine Pensionskasse organisieren, müssen diese Ansprüche nicht über den → Pensions-Sicherungs-Verein schützen.

Pensions-Sicherungs-Verein (PSV): Der Pensions-Sicherungs-Verein auf Gegenseitigkeit springt ein, wenn eines der rund 69 400 beitragspflichtigen Mitgliedsunternehmen, die eine betriebliche Altersversorgung haben, pleite ist. So bekommen die geschützten Betriebsrentner weiter ihre Zahlungen, auch wenn ihr früherer Arbeitgeber pleitegeht. Diese Insolvenzsicherung wird über die Beiträge der Mitgliedsunternehmen bezahlt. Weil sich der Geldbedarf jedes Jahr ändert, schwankt die Höhe des Beitrags. Die Abwicklung der Rentenzahlungen hat ein Konsortium von 60 Lebensversicherern unter Geschäftsführung der Allianz Lebensversicherung übernommen. Zurzeit erhalten rund 454300 Rentenempfänger rund 59 Millionen Euro monatlich. Im Schnitt sind das monatlich 130 Euro je Rentner.

Quellensteuer: Quellensteuer fällt auf Kapitaleinkünfte an, die ein Anleger im Ausland erzielt. Dort führt die ausländische Bank direkt Geld an das ausländische Finanzamt ab. Im Inland wird die Steuer zwar auch an der Quelle erhoben, hier heißt sie dann aber nicht Quellen-, sondern → Abgeltungsteuer.

Referenzzinssatz: Fester Orientierungsmaßstab, aus dem sich die Verzinsung eines Papiers ableitet. Bei Banksparplänen kann das zum Beispiel die → Umlaufrendite sein. Ändert sich der Referenzzinssatz, ändert sich auch die Verzinsung der Anlage.

Rezession: Für den Begriff Rezession gibt es keine einheitliche Definition. Weit verbreitet ist folgende Erklärung: Eine Rezession liegt dann vor, wenn die Wachstumsrate des Bruttoinlandsprodukts in zwei aufeinanderfolgenden Quartalen – je im Vergleich zum Vorquartal – negativ ist. Manche Wissenschaftler ziehen zusätzlich auch die Vorjahresquartale für den Vergleich heran.

Riester-Rente: Mit einer Riester-Rente sparen Menschen mit staatlicher Förderung für ihr Alter. 2008 gibt es für Sparer bis zu 154 Euro Grundzulage plus 185 Euro Kinderzulagen, für 2008 geborene Kinder sogar 300 Euro. Um die Förderung zu erhalten müssen mindestens 4 Prozent des Vorjahresbrutto minus der Zulagen selbst eingezahlt werden. Geringverdiener müssen mindestens 60 Euro pro Jahr aufbringen, um sich die vollen Zulagen zu sichern. Alle Riester-Verträge – es gibt Versicherungen, Fondssparpläne und Banksparpläne – garantieren den Erhalt des eingezahlten Geldes inklusive der Zulagen zu Rentenbeginn. In der Ansparphase ist das Geld Hartz IV-sicher.

Rürup-Rente: Der Staat fördert diese Form der Altersvorsorge mit Steuererleichterungen. Damit sollen sich vor allem Selbstständige eine Altersvorsorge aufbauen. Das Finanzamt erkennt die Beiträge bis zur Höhe von 20 000 Euro für Alleinstehende und 40 000 Euro für Ehepaare steuermindernd an und zieht dieses Jahr 66 Prozent als Sonderausgaben ab. 2009 sind es bereits 68 Prozent der Beiträge. Dieser Prozentsatz steigt bis 2025 stufenweise auf 100 Prozent. Rürup-Verträge werden als klassische oder fondsgebundene Rentenversicherung oder als Fondssparplan angeboten. Bei einer klassischen Rente ist eine Rente garantiert, hinzu kommen Überschüsse. Bei Produkten mit Fonds trägt der Kunde das Anlagerisiko selbst. Die Rentenhöhe ist nicht garantiert.

Sparerpauschbetrag: Aus dem früheren Sparerfreibetrag wird ab 2009 der Sparerpauschbetrag. Dieser Freibetrag gilt dann auch für Gewinne aus Wertpapierverkäufen, sodass viele Sparer und Anleger ihn künftig schneller ausschöpfen dürften und unter Umständen höhere steuerpflichtige Einkünfte haben.

Targetfonds: → Zielfonds.

Thesaurierende Fonds: Sie führen Zinsen und Dividenden, die sie erwirtschaften, sofort dem Fondsvermögen zu. Der Vorteil: Der Anleger muss sich um die Wiederanlage der Erträge nicht selbst kümmern. Ab 2009 zieht die Fondsgesellschaft bei in Deutschland aufgelegten Fonds die → Abgeltungsteuer jährlich ab und führt nur den Rest dem Fondsvermögen zu. Bei ausländischen Fonds zieht die Fondsgesellschaft keine Steuern ab, sondern führt die Erträge voll dem Fondsvermögen zu. Auch die Bank, die das Depot des Anlegers führt, zieht dann keine Abgeltungsteuer ab. Anleger müssen thesaurierte Erträge in der Steuererklärung angeben und die Steuer selbst abführen.

Überschussbeteiligung: Bei einer klassischen Lebens- oder Rentenversicherung wird den Kunden eine garantierte Verzinsung zugesagt. Überschüsse können hinzukommen. Sie entstehen, wenn der Versicherer am Kapitalmarkt mehr verdient als in seiner Kalkulation berücksichtigt, die Kosten geringer sind als kalkuliert und seine Kunden früher (Rentenversicherung) oder später (Kapitallebensversicherung) sterben als eingerechnet. Zinsüberschüsse müssen die Versicherungen zu mindestens 90 Prozent an Kunden weiterreichen, Kostenüberschüsse zu mindestens 50 Prozent, Risikoüberschüsse zu mindestens 75 Prozent.

Umlaufrendite öffentlicher Anleihen: Eine Art Durchschnittszins, der aus über hundert Anleihen öffentlicher Herausgeber mit unterschiedlichen Restlaufzeiten errechnet wird.

Unterstützungskasse: Form der → Betriebsrente. Unterstützungskassen werden von Arbeitgebern getragen und unterliegen nicht der Versicherungsaufsicht. Sie sind eigenständige Institutionen, gewähren Versorgungsberechtigten aber keinen eigenen Rechtsanspruch auf Leistungen. Im Zweifel haftet hier der Arbeitgeber selbst für die Rente. Deshalb müssen Arbeitgeber, die ihre betriebliche Altersversorgung über eine Unterstützungskasse organisieren, Mitglied im → Pensions-Sicherungs-Verein sein.

Unverfallbarkeit: Sobald eine Betriebsrente unverfallbar ist, kann die Zusage einem Arbeitnehmer nicht mehr verlorengehen, wenn er den Arbeitgeber wechselt oder seine Firma pleitegeht. Betriebsrenten, die ein Arbeitnehmer mit eigenem Geld anspart, sind vom ersten Tag an unverfallbar. Vom Arbeitgeber finanzierte Zusagen sind seit 2001 gesetzlich nach fünf Jahren unverfallbar, sofern der Arbeitnehmer dann mindestens 30 Jahre alt ist.

Zielfonds: Mit diesen Fonds erwerben Anleger eine auf ein bestimmtes Zieldatum abgestimmte Geldanlage. Die Fonds heißen auch Targetfonds oder Life-Cycle-Fonds. Die Fonds mischen zum Beispiel Aktien und Anleihen, so, dass der Anleger bei Ablauf ein möglichst gutes Anlageergebnis erzielt. Allerdings sind die meisten Zielfonds noch jung, sodass sie ihre Qualität noch nicht unter Beweis gestellt haben.

Zinstreppe: Eine Festzinsvariante, die von Banken bei Einmalanlagen und Sparplänen mit vorzeitiger Kündigungsmöglichkeit angeboten wird: Der Nominalzins steigt während der Laufzeit jährlich an. Damit werden die Anleger, die bei der Stange bleiben, mit einer steigenden Rendite belohnt. Bekanntestes Produkt dieser Art ist der Bundesschatzbrief.

Register

G

H

I

J

K

L

M

N

O

P

Q

R

S

T

U

V

W

Z

Impressum

Stiftung Warentest

Herausgeber und Verlag
Stiftung Warentest
Lützowplatz 11–13
10785 Berlin
Tel. 0 30/26 31–0
Fax 0 30/26 31–25 25
www.test.de

Vorstand
Dr. jur. Werner Brinkmann

Weiteres Mitglied der Geschäftsleitung
Hubertus Primus (Publikationen)

Vertrieb Bücher
Christian Wagner

Autoren
Karin Baur, Anno Fricke, Heinz Landwehr, Ariane Lauenburg, Thomas Luther, Susanne Meunier, Isabell Pohlmann, Michael Sittig, Rüdiger Stumpf, Hermann-Josef Tenhagen, Simone Weidner, Lutz Wilde

Lektorat
Lutz Wilde

Verifikation
Heinz Brakenhoff

Fachliche Beratung
Roland Aulitzky, Uwe Döhler, Stephan Kühnlenz

Layout
Katja Kirst

Titel
Susann Unger

Bildnachweis
Titel: plainpicture / westend 61;
Inhalt: Corbis (S. 7, 8, 85); Historisches Wertpapierhaus (S. 9); Ullstein (S. 12); AP (S. 13); Picture Alliance (S. 17); plainpicture (S. 27, 115); mauritius images (S. 47, 161); getty images (S. 59); M. Kulka / images.de (S. 77); die bildstelle / actionpress (S. 139)

Produktion
Katja Kirst, Liane Hoßfeld

Verlagsherstellung
Rita Brosius

Litho
tiff.any GmbH, Berlin

Druck
Rasch Druckerei und Verlag GmbH, Bramsche

Einzelbestellung
Stiftung Warentest Vertrieb,
Postfach 81 06 60
70523 Stuttgart
Tel. 0 180 5/00 24 67
(14 Cent pro Minute aus dem Festnetz)
Fax 0 180 5/00 24 68
(14 Cent pro Minute aus dem Festnetz)
www.test.de/shop

Redaktionsschluss: November 2008